四國偏禮道指南《しこくへんろみちしるべ》

全訳注

眞　念

稲田道彦　訳注

JN167331

講談社学術文庫

訳者まえがき

読みにくい字の並ぶタイトルの本である。『四國偏禮道指南』は、原本の文中のルビによると「しこくへんろみちしるべ」と読む。現代語訳すれば、「四国遍路のガイドブック」という意味になる。

江戸時代には四国遍路を表すのに、この漢字表記（偏禮）が使われることが多かった。のちに現在の表記とおなじ「遍路」に変わっていくのであるが。

さてここで、「偏禮」にこめられた意図を考えてみよう。

「偏」は広くゆきわたるとか、あまねくという意味で、遍と同じ意味である。「禮（礼）」は、たんなる道ではなく、人として生きる道という意味を含んでいる。路が人の通行する道を示すのに対して、禮の字を使ったということは、「へんろ」という行為に人の道を求める修行者という意味を込めたかったのであろう。

「偏禮」より前には、「邊路」の文字が使われることが多かった。

この「邊」は縁辺という意味で、「へんろ」は四国のへりの道で修行をする人を想定していたと思われる。そして、それ以前には遍路は、「辺地《へじ》」と呼称されていた。辺地で修行する人であった「へんろ」を、人の道を修行する巡礼者「へんろ」に変えたいという気持ちが込められているのである。

＊　＊

四国遍路のガイドブックは、江戸時代に版を変えながら、ずっと出版され続けた。本書のもとになった『四國徧禮道指南』（貞享四〔一六八七〕年）は、最初期に版行された『四國邊路道指南』初版本の改版にあたる本である。多数の改版が出版されたと思うが、現在まで残っているものはそう多くない。初版本は数冊しかその存在が知られていない。このうちの一冊を近藤喜博氏が『四国霊場記集　別冊』の中に写真版で再掲し、解説を付けられている。

本書は、近藤氏本とは体裁を異にする改版本に当たる。微細な違いはあるものの、内容はほぼ同一である。

初版本である近藤氏本との大きな違いは、一ページあたりの行数を六行から八行にし、一ページあたりの文字数を多くして、本を薄くして携行しやすくしているところである。内容については、おそらくは多くの遍路の要請にこたえるためであろう、遍路に宿を貸す人の名前など部分的な修正がくわえられている。

改版本『四國徧禮道指南』には、この本をよりよくしたいという版行者の気持ちを読み取ることができる。近藤氏本とこの改版本との詳細な相違については、他のところで述べたので、そちらを読んでいただきたい（稲田道彦、二〇一二）。

本書のもとになった『四國徧禮道指南』は、たまたま古書店を通して、私の手元に巡ってきた。私にとっては、遍路研究の記念碑的存在である。近藤氏の紹介された初版本と比較することで、多くの知見を得ることのできた本である。

第一に、このガイドブックが書かれた十七世紀後半の江戸時代に、それまでの四国遍路が大きく姿を変えたことである。

もっといえば、江戸時代に入って、一般庶民が四国遍路に参加するようになったことである。中世までは僧侶、行者や聖《ひじり》などという宗教の専門家が四国の中に修行の場を求めて移動していたことが、記録などに断片的に残されている。江戸以前は、あくまでも本格的な修行者たちのみが行っていた「へんろ」が、この時代に一般人に開かれたことがわかる。

第二に、明確に八十八の寺院を参拝し巡礼することが、四国遍路であると定着したのが、この本の出版された十七世紀後半からである。

それまでの山野での修行をもっぱらにしながら巡礼していた「へんろ」が、寺院を参拝しながら四国の各地を遍歴するスタイルへと作り上げられていく時代であった。遍路の大衆化の時代に、このガイドブックは人々に必要とされ、大いに活用されたロングセラーであった。

現代のわたしたちにとっても、ありがたい本である。というのも、巡礼について具体的に記されているので、当時の巡礼がどのようなものであったかを再現することができるからだ。しかも、多くの地名が掲載されていることにより、遍路のルートのほぼ全貌を知ることもできる。たいへん貴重な資料なのである。

＊　　＊

原本の著者は、跋文《ばつぶん》により眞念《しんねん》と知られる。

残念ながら、彼についての情報は限られている。彼が関与した出版により、大坂の寺嶋に暮らした僧であることがわかる。また、没年は訳者解説で述べるように、元禄五（一六九二）年と考えられている。抖擻《とそう》する頭陀《ずだ》と自称し、四国を十回または二十回まわったと他の本の中で述べている。四国遍路の歴史の中で自らの身命を尽くして四国遍路をした人が多くいたが、そのなかで彼は名前が知られている数少ない人物の一人である。

＊　　＊

本書ではくずし字の原文を翻刻し掲出したうえで（【読み下し文】）、【現代語訳】を付した。そして眞念が歩いたであろう遍路道を、地図上に示した（【地図】）。訳者が自らの足で歩いて現地を確認した。江戸期の遍路道のすべてが判明したわけではないが、ほとんどのルートは解明した。現代の四国遍路と比較して、変化したことと、変化していないことを読み取って、楽しんでいただければ幸いである。

また、訳者は二〇一三年に『四國徧禮道指南　読み下し文と解説』という本を香川大学瀬戸内圏研究センターより出版した。この本は『四國徧禮道指南』の影印本に読み下し文をつけたものである。大学内の出版物で、在庫切れとなり、現在は入手できないが、原本のPDFを瀬戸内圏研究センターのホームページのリンクより見ることができる。原本にご興味のある方は、そちらもご覧いただきたい。

二〇一五年六月七日

稲田道彦

凡例

・本書の底本は、眞念著『四國徧禮道指南』（貞享四年・一六八七）の八行本である。同年、同著者による『四國邊路道指南』（六行本）もある。詳細は、「訳者解説」を参照のこと。
・原文のくずし字を翻刻するにあたり、なるべく原文を忠実に再現したが、読みやすさを考えて一部改めた箇所がある。
・原文の改丁や改行は、特に意味があると思われる箇所のみ尊重した。
・【読み下し文】では、読みやすさを考慮して適宜、原文にはないスペースを追加した。
・【読み下し文】では、原文の割り文字は基本的に並字として翻刻した。また、左側についていたルビは（　）で下に付した。
・【読み下し文】では、原文のルビは旧かな遣いのままとした。訳者が追加したルビは〔　〕で示した。また誤りのあるルビは下に〔　〕で正しいルビを付した。
・【現代語訳】は大胆に意訳した。そのため主語や目的語、特に動詞を補った。地名は現代通用している地名に置き換えた。現代の地名と江戸期の地名の対応関係が明白でない場合、原文の地名を〔　〕で補った。また、訳者が存在を確認できなかった地名は原文のままとした。また原文の「この間」を「次に」とした箇所が多い。
・【現代語訳】において、適宜（　）で、または本文末尾に、訳者の判断で注記を付した。
・江戸時代の文献であるため、現在では差別的で不適切な用語・表現等があるが、歴史的な事実としてそのままとした。

目次

四國徧禮道指南

全訳注

『四國偏禮道指南』【読み下し文】

四国徧禮道指南序(1)

此道《このみち》しるべのなれる事は　真念《しんねん》法師五相三密《〔ご〕さうさんみつ》の縄牀《しやうぐ》〔じょうしょう〕を出て　南海《なんかい》千里の金場《きんぢやう》を踏《ふま》れしに　多岐《ぎ》羊腸行脚《やうちやうあんぎや》のきもをけし　杳《はるか》に人家《じんか》なふしては　岩もる水に枕をかたむけ　遠《とを》く客舎《かくしや》（タビヤ）を絶《たえ》ては　山を帯《おぶ》雲をしとねとせられしまゝに迷方《めいはう》をあはれむ心せちにして　ふたゝびみたび烏藤《うとう》をめぐらし　谷ふかく又濱をつくし　聞て書見《かきみ》てしるされ　九々にあまる寺《じ》號《がう》村つゞき　道の遠近いちじるしく一巻の瑞《たから》となりぬ　これを梓《あづさ》にことぶきして　あまねく扶桑《ひのもと》にほとこさんとせられし　衣鉢《ゑはち》の外《ほか》に餘《よ》長（タクワエ）なく　むなしくやみなん事《こと》をかなしまれけるに　大坂野口氏寶財《のぐちうぢほうざい》を大師の恩海《をんかい》になげられしかば　つゐに求願《ぐぐはん》事たりぬ　余《よ》又御廟《ごびやう》の側《かたはら》に年月侍《はべ》るまゝ　咒力《しゆりき》久しく救通《ぐつう》（ヒロマリ）の善巧《ぜんぐ》（テダテ）ならんかしと　しゐて清書《せいしよ》をこはる　いなむ事を　高祖《かうそ》の奉為《おんため》にわすれて疎懶《そらん》（モノウキ）の塵《ちり》を手向《たむけ》　水《みつ》の邊《ほとり》へ拂《はらひ》　修法《しゆほう》のいとま〳〵尼妙心《あまみやうしん》も見やすく童児《わらはべ》もきゝやすきやうに省略《せいりやく》するものなり

南無遍照金剛

寓居高野山奥院護摩堂

本樹軒主洪卓謹書

一　巡禮《じゆんれい》の道すぢに迷途《めいと》おほきゆへに十方の喜捨《しや》をはげまし　標石《ひやうしやく》（シルシ　イシ）を建《たて》おくなり　東西《とうさい》左右《さゆう》のしるべ幷施主《せしゆ》の名字《みやうじ》彫刻《てうこく》入墨《いれずみ》せり　年月をへて文字《もじ》落《おち》れは邊路《へんろ》の大徳　幷《ならびに》其わたりの村翁《そんをう》再治《さいぢ》所　奉　仰也《あふきたてまつるところなり》

一　此道しるべの外　八十八ケ所の縁起寶物等　其住侶《ぢうりよ》〳〵の御方《かた》より事書《かき》を乞請《こひうけ》四国偏礼霊場《れいちやう》記全部《ぜんぶ》七巻　高野山雲《うん》石堂主本大和上の筆削《ひつさく》をもて板行《はんかう》せしむるなり　此道しるべの中には拝所《おがみしよ》　ことの外《ほか》　村つゞき旧跡《きうせき》幷由来《ゆらい》諺《ことわざ》等を書載《のせ》たり

一　此道しるべの中　村々の隔《へたて》に○を印《しる》すなり　道ののりもいひつたえのまゝ　遠きもちかきも有

一　用意《ようい》之事　札はさみ板　長《たけ》六寸　幅《はゞ》二寸

奉　年号月日　偏禮四國中霊場同行二人　おもて

南無大師遍照金剛　国郡村　からかきやう　假名印

右のことくこしらへるなり　但し文箱《ふばこ》にしてもよし

佛像文字共　大坂北久太郎町心齋橋筋板木屋五郎右衛門刊之　幷邊路札有

紙札《かみふだ》調《とゝのへ》やう

奉納偏禮四國中霊場同行二人

札ばさみの懸《かけ》やう　順《じゅん》にめぐる時は字頭を左にし　逆《ぎやく》のときは右にかくるなり

一　紙札《かみふた》うち様《やう》の事　其札所本尊大師　太神宮　鎮守《ちんじゅ》惣して日本大小神祇《じんぎ》　天子《てんし》　将《しやう》軍《ぐん》　国主《こくしゅ》　主君《しゅくん》　父母《ふも》　師長《しちやう》　六親眷属《ろくしんけんぞく》　乃至《ないし》　法界平等利益《はうかいひやうどうりやく》と打《うつ》べし　常《つね》に同行《どうぎやう》の恩得《おんどく》を感《かん》し　宿札茶《やどふだちや》札用心《ようじん》有べし　男女ともに光明真言《くはうみやうしんごん》大師の寶号《ほうがう》にて回向《ゑかう》し　其札所の哥三遍《べん》よむなり

一　負俵《おいたはら》めんつう笠杖《かさつえ》ござ脚半足半其外《きやはんあしなかそのほかし》資具《ぐ》（モチモノ）心にまかせらるべし　惣して足《あし》半《なか》にてつとむべしといひつたへたり　草鞋《わらうづ》は札所ことに手水《てうす》なき事有て手を汚《けが》すゆへに　但草履《ぞうり》わらうづにてもくるしからず

此本の中《うち》に　宿設《やどほとこ》す衆《しゅ》　書付《かきつけ》たる所少々《せう〳〵》これ有　是は　某《それかし》数《す》度《ど》偏礼《へんろ》の時　日くれ宿なき時は難儀《なんぎ》に及《をよ》びしにより　心ざしの人をすゝめ　諸偏礼《しよへんろ》にもかくあらんと書付し處に　人により定かたる宿のやうに心得し衆《しゅ》も有へけれとも　宿にも用事差合《じさしあひ》の節《せつ》は偏禮の人料簡《れうけん》可有事也〔あるべきことなり〕

一　両所〳〵の渡海　男壱人女壱人のりあひ不成〔ならず〕　男女共に壱人も不成候

四国邊路道指南全

摂刕大坂より阿州徳嶋へ渡海　堂嶋玉江橋阿波屋勘左衛門方にて渡り様次第可相尋之《〔これあいたずねるべし〕》　銀弐匁　徳嶋迄船賃　海上三十八里　大坂ゟ《〔より〕》下り　偏礼宿徳嶋内町魚棚橋屋㐂右衛門

一　同所より讃刕丸亀志度高松へ渡海は北堀江壱丁目田嶋屋伝兵衛かたにて渡りやう可相尋之《〔これあいたずねるべし〕》　白銀弐匁　丸亀迄船賃　但海上五拾里　右は大坂より両所へ渡海の次第　宗旨《しゆし》手形《かた》は證明《しやうみやう》の人あれは　生玉新蔵院《いくたましんぞういん》ゟ被出《いださる》　礼物《れいもつ》はいらず

一　阿州霊山寺より札はじめは大師御巡行の次第と云傳《〔いわる〕》　但十七番《ばん》の井戸寺《いどじ》より札はじめすれば勝手《かつて》よし　委《くはし》く徳嶋にて可被尋《〔たずねらるべし〕》　讃岐《さぬき》丸亀城下へわたる時は宇足津道場《うたつだうぢやう》寺《じ》より札はじめよし

一　阿刕とくしまより霊山寺《れうぜんじ》まで二里半○徳嶋佐古《とくしまさこ》町九丁目より右へ行　やそう川○屋さう村　此間にあくい川有○高崎《たかさき》村　此間にすみぜ川有○さだかた村○しやうずゐ村　此間に吉野川といふ大河　舟わたし○川さき村

一　壱番　霊山寺　南むき　平地　板野郡板東村

座像長二尺
本尊釈迦
大師御作

詠歌
霊山《れうぜん》のしやかのみまへに　めくりきて
よろつのつみも　きえうせにけり

これより極楽寺《ごくらくじ》まて十町〇ひの木村

一　二〃　極楽寺　山をうしろにし東向　板野郡ひのき村

坐像長四尺五寸
本尊弥陀
行基作

詠哥
極楽《ごくらく》の　みたの浄土《じやうど》へゆきたくは
　南無阿みた佛　口くせにせよ

是より金泉寺まで　廿《〔にじゆう〕》五町○河ばた村○大てらむら

一　三〃　金泉寺　これ又山をうしろにし南むき　板野郡大寺村

坐像長三尺
本尊釋迦
大師御作

詠哥
極楽の　たからの池を　おもへたゝ
　こかねの泉《いつみ》　すみたゝえたる

黒谷まて一里　おかの宮大師堂あり○ふき田村○いぬふし村○なとう村　標石《しるしいし》有　是
より十八丁谷へ入なり

一　四〃　大日寺　又黒谷寺ともいふ　うしろ左右《さゆう》山　南向　板野郡黒谷村

座像長壱尺五寸
本尊大日
作者不知

詠歌
なかむれは　月白妙《しろたへ》の夜半《よは》なれや
たゝくろだにゝ　墨染のそて

これより地蔵寺まて十八町

一　五〃　地蔵寺　うしろ右山　南向　まへにはす池《いけ》　中《なか》に弁財天《べんさいてん》のやしろあり　板野郡やたけ村

坐長壱尺七寸
本尊地蔵
作者不知

詠哥
六道《ろくだう》の　能化《のうけ》の地蔵大ほさつ
みちひきたまへ　此世後《のち》の世

此寺妙薬《めうやく》あり　参詣《さんけい》の輩うけらるべし　世俗《せぞく》まんびやうゑんとなつく　安楽寺《あんらくじ》まで一
里○かんやけ村○七ちやう村○ひきの村

一　六〃　安楽寺又瑞運寺《ずいうんじ》ともいふ　板野郡ひきの村

詠哥

かりの世に　知行《ちぎやう》あらそふむやくなり

　あんらく国の　しゆごをのそめよ

十らくじまて拾丁○たかを村

一(2)　七〃　十楽寺《じふらくじ》　後《うしろ》は山　堂は南向　板野郡たかを村

坐長二尺
本尊弥陀
作者不知

詠歌
人間《にんげん》の　八苦《はっく》をはやくはなれなは
いたらんかたは　九品《ほん》十らく

くまだにまて壱里　野原なり○はらだ村○どなり村

一　八〃　熊谷寺《くまたにし》　うしろさゆうは山　堂南むき　阿波郡どなり村

立長六尺
本尊千手
作者不知

詠哥
薪《たきゝ》とり　水くま谷の寺にきて
難行《なんぎやう》するも　後の世のため

はうりんじまて十八町

一　九〃　法輪寺《はうりんじ》　平地　南向　阿波郡

坐壱尺五寸
本尊釈迦
作者不知

詠哥
大乗《たいじやう》の　ひはうもとかもひるがへし
転法輪《てんはうりん》の　えんとこそきけ

きりはたまて廾五町○あきつき村○きりはた村

一　十〃　切幡寺《きりはたじ》　堂南向　阿波郡切はた村
霊山《りやうぜん》ゟ是までを十里十ケ所といふ

大師御作
本尊千手
秘佛

詠哥
よくしんを　たゝ一すちに切幡寺
後の世までの　障《さはり》とそなる

是より藤井寺まて壱里半○大野しま村○あは嶋村　此間よし野川　舟渡し○をゑ村

一　十壱番　藤井寺　うしろ左右やま　東むき　麻植《をゑ》郡

坐長三尺
本尊薬師
大師御作

詠哥
色も香も　無比《むゐ》中道《ちうだう》の藤井寺
　しんによの波の　たゝぬ日もなし

これよりしやうさんじまて三里　山坂にて宿なし　壱里半ゆきて柳《やなぎ》の水有　大師いませし日旅人《りよしん》のつかれをかなしませ給ひ　菩薩道具《ぼさつだうぐ》の楊枝《やうじ》を路《みち》のかたはらに立たまへは大悲《たいひ》の水わき出　いまにたえせぬ加持力《かぢりき》　やうじもいとうるわしき糸柳《いとやなぎ》となりてありそれよりして遍路のともがら　涸魚《かくぎよ》（■■ナキウヲ）のくるしみを一杓《いつしやく》の下にのがる　又標石あり○さうち村谷川有　こりとり河といふ　垢離《こり》して焼山寺へ登　十八町　坂中に薬師堂有

一(3)　十二〃　焼山寺《しやうさんじ》　南向　名西《みやうざい》郡

後の世をおもへは　恭敬《くぎやう》しやうさんじ
しでやさんづの　なんじよありとも

座四尺五寸
本尊虚空蔵
大師御作

ぜんじやう有　是より一の宮まで五里　さうち村へもどりゆきてよし　寺より南八丁わきに右衛門三郎の塚しるしの杉《すぎ》幷地蔵堂有　くわしく伊豫《いよ》石手寺《いしてじ》の縁起《ゑんぎ》にのす　一の宮への道これよりも有　但少々坂あり○さうち村○あかは村○ひろ野村　入田村
二本木の茶屋《ちやや》　焼山寺より是迄山路《やまぢ》谷《たに》合数《あまた》有

一　十三番　一宮寺《いちのみやじ》　平地　東むき　名東《めうとう》郡

詠哥
あはの国　一の宮とはゆふたすき
かけてたのめや　この世後の世

秘佛
本尊十一面
作者不知

おくのいん有
是より常楽寺《じやうらくじ》まで十五町　此間川有○ゑんめい村

一　十四番　常楽寺《じやうらくじ》　平地　南向　名東郡

座長八寸
本尊弥勒
作者不知

常楽の　岸《きし》にはいつかいたらまし
　ぐぜいのふねに　のりおくれすは

是より国分寺へ八町

一　十五番　国分寺《こくぶじ》　平地　南むき　みやうどう郡

詠歌

うすくこく　わけ〱色をそめぬれは
　るてんしやうじの　秋のもみぢば

座壱尺五寸
本尊薬師
作者不知

これよりくわんおんし迄十八町

一　十六〃　観音寺《くわんおんじ》　平地　南むき　みやうどう郡

立六尺
本尊千手
御作

わすれすも　道引《みちひき》たまへ観音寺

西方世界　みたの浄土へ

ゐと寺まて十八町○かうの村▲但ゐど寺ゟ打はじむる時はくわんおん寺にもつく　藤井寺まて家つゞき　此間おゐつか弥三右衛門邊路をいたはりやとかす

一　十七番　井土寺　明照寺ともいふ　平地　南むき　名東《みやうとう》郡

おもかけの　うつしてみれはゐどの水
むすへはむねの　あかやをちなん

坐五尺
本尊薬師
御作

是よりおんざんじへ五里○あくい川　徳しままでは家つゞき○徳嶋○せみかはな○二

けんや村茶屋有　此間につめた川橋有〇ほつけ川はしあり　是より壱丁ほと行標石あり〇にしつか村〇枝村〇しぼ村〇たの村標石有

一　十八番　恩山寺《おんざんじ》　南向　壱丁餘《よ》山上　かつら郡

座壱尺五寸
本尊薬師
作者不知

こをうめる　その父母の恩山寺
　とふらひかたき　事はあらしな

此寺のまへつるまき坂の下に一くろやぶといふ竹有　大師降誕のむつきをおさむといひ傳たり　立江寺へ壱里〇天王村宮有　茶屋有　たのなか山

一十九番　立江寺《たちえじ》　平地　ひかしむき

坐六尺
本尊地蔵
御作

いつかさて　西のすまゐの我たちへ
　ぐぜいのふねに　のりていたらん

是より鶴林寺《くはくりんじ》まて三里○たてえ村石橋《いしはし》九つ　此はしのうへに白鷺《しらさぎ》居ときは往来《わうらい》の人渡《わた》る事あしゝ　をしてわたりぬれはあやまち有　標石あり○くしふち村　しるし石有　左へ三十町わき　いはわきといふ村　取星寺《しゆせうじ》　此寺に大師鉤召《かうてう》の星《ほし》有　玲瓏《れいろう》（スキトヲリ）として青黒色　厨子《つじ》〔づし〕ひいどろ蓮花座《れんげざ》に安《あん》ず　其外霊寳《れいほう》多《おほ》し　すこし本道よりまわりなり　同村正安寺《しやうあんじ》御作の観音有　大道より五丁ほと左標石有○ぬえ村○なかつの村△十四五町北かつら川をわたり星谷岩屋寺《ほしたにいはやし》に廣十畳敷三角《ひろさぢうでうしきさんかく》のいはほあり　此中《なか》に

明白《みやうびやく》なる鏡石《かゞみいし》あり　三丈許《ばかり》の瀧《たき》有　かたはらに弁財《べんざい》天の社《やしろ》有　取星寺の星天降《ほしあまくだり》給ふ石とて十丈餘の大石あり　霊場《れいぢやう》目をおどろかす　かならず立よらるべき所也○星谷より靏林寺奥院まて三里　此間半里川はたを行○よこせ村　ほし谷へよらず靏林寺へ直《すぐ》に行《ゆく》時は○もり村　是より靏林寺へ十八町坂　但奥院へかける時には森《もり》村より二里半此間かつら川有○もり村ゟ是まて十五丁餘　此所五郎兵衛所に荷物をき奥院へ懸る○与川内村○坂本村▲此村大師回錫《あんぎや》の折ふし　かりのやどりのやどなく霜ふかき萩《はぎ》ののらに御枕をかたむけいのらせ給《たまひ》しより今《いま》の世まて此里人露霜を見る事もなし　御ふしとの跡とて今にあり　又長福寺《ちやうふくじ》　古佛《こぶつ》あまたあり○きはだ村坂本にことなり霜ふかければ際立《きはだ》といふよし　おかし○大くほ村少行て　くわんじやうかたきおがみしよなり▲くはんじやうか瀧《たき》又は不動の滝《たき》ともいふ　日に三たび明王五色《こしき》の雲とともに降臨《ごうりん》し給ふ　辰巳《たつみ》の刻にいよ〳〵たしかにおかまれさせ給ふ　拝所《おがみしよ》より八町あがり奥院へいたる▲月頂山《ぐはつてうさん》　慈眼寺《じげんじ》　靏林寺奥院《くはくりんじおくのいん》　本尊不動《ふどう》　𑖮𑖯𑖽《はん》上人の作　寺ゟ三丁餘西に堂あり本尊十一面不動いつれも大師御作　又同所にふしきの峯《みね》あり　半腹《はんふく》に一丈許《ばかり》の卒塔婆《そとば》有　大師なさしめ給ふよし　少のぼり岩穴《いはあな》あり　口に一心といふ白字《しろじ》御筆《ひつ》のよし　俗《ぞく》胎内《たいない》くゝりといふ　入口ほそきゆへいつも身《み》にうすきものをき　あない者《しや》たいまつし二十間ほと行《ゆき》　じねんせきのはたけまんてんかい金剛杵諸佛龍等《こんかうしよしよぶつりうどう》あきらかにおかまれ

給ふ　又十間餘《よ》ゆき口六尺高《たか》さ壱丈餘　其おく二十畳《でう》じきほと四方岩《しはうのいは》にまんだら大師御ほり　即《すなはち》護摩《ごま》幷聞持法《もんぢのはう》なさせられし　口よりおくすべて三十間餘《よ》　霊洞《れいとう》（ふしぎのほら）ことはに演《のべ》がたし　歌に

天飛《あまとぶ》や　つるのおくやま　おくさへて
たのむふかさや　のりにかよはん

是より荷物《にもつ》をきたる横瀬《よこせ》へもどる○たなの村

一　廾番　靏林寺《くはくりんじ》　たつみ　勝浦《かつうら》郡

哥

しけりつる　靏《つる》の林《はやし》をしるべにて
大師そいます　地蔵帝釋《ぢぞうたいしやく》

立長三尺
本尊地蔵
大師御作

是より大龍寺まで一里半　是はちかみちなり　大師御行脚《あんぎや》のすぢは加茂《かも》村　そのほと二里旧跡《きうせき》も有○大井村なか川舟わたし○わかすぎ村家四五軒有

一　廿壱番　大龍寺　たつみむき　那賀《なが》郡

本尊虚空蔵
秘佛

おくの院有
大龍《だいりう》のつねに住《すむ》ぞや　けに岩屋《いはや》
しやしんもんぢは　守護《しゆご》のためなり
平等寺《びやうどうじ》まで二里　三拾丁ほと深山《しんさん》　本道《ほんみち》は山中村かゝる三里　今の道《みち》はすぐなり○あ
せび村　おゝね坂○あらたの村

一　廾二番　平等寺《びやうどうじ》　後山《うしろ》　南むき　なかの郡

坐像二尺
薬師如来
御作

平等に　へだてのなきときく時は

あらたのもしき　佛とそ見る

是より薬王寺《やくわうじ》迄五里○寺のまへ川わたり廾丁程は村つゝき○月夜《つきよ》村　此名《このな》子細《しさい》ありたづねらるべし○かねうち坂ふもとに茶屋《ちや》有　さかせ川　此河《かは》の蜷貝《にながい》とがりなし　大師加持し給ふなり○小野村　此間まつ坂　標石あり○たい村　とまごえ坂○きゝ浦清右衛門宿を〔か〕す　おほ坂○ひわさたい村　をた坂くたり川有○きたかわち村○ひわさ浦　川有

一　廾三〃　薬王寺《やくわうじ》　後山《うしろ》　南向《みなみ》　かいふ郡ひわさ村

本尊薬師
御作秘佛

みな人の　やみぬるとしの薬王寺

るりのくすりを　あたえましませ

右弐拾三ケ阿劦分《あしうぶん》　是より土佐《とさ》ひかし寺迄廾壱里　内十里阿波分《あはぶん》○かた村　よこかう坂○山川内村　こゝにうちこし寺真言道場《じしんごんだうちやう》　邊路いたはりとして国主《こくしゆ》ゟ御建立《ごこんりう》　少《すこし》ゆきかんばか坂山越○たち花○こまつ○ほとり○かうち○むぎ浦　ひわさより是まて山谷《たに》川多《おほ》し　あふ坂といふ坂あり　あさ川まて二里　此間八《や》坂々中八《さかさかなかや》はまはま中《なか》あり　此あふ坂にていにしへ行基《ぎやうぎ》ほさつ　さばといふうほつけし馬追男《むまをふおのこ》とゆきつれ　いかなる方便《はうべん》にや　鯖《さば》一つこはせ給りしに　彼男いかりのり奉《たてまつ》りけれは　御哥

あふ坂や　八坂さかなか　さばひとつ
行基《キ》にくれで　こまそはらやむ

とつらねたまひにけれは　たちまちその馬たほれふしぬ　男おどろきかくたゝ人ならぬ御方しらぬはしづのわざとひれふして　わびたてまつりけれは又

あふ坂や　八坂さか中鯖ひとつ
ぎやうぎにくれて　駒《こま》ぞはら止《やむ》

馬をどりあがり本のごとくなりぬ　ぼさつ同事《どうじ》の済度《さいど》よしある事にや　右八坂々中八濱はま中の次第○逢坂○うちすま○松坂○ふるえ○しだ坂○ふくら村○ふくら坂○さ

はせ村○はぎの坂○さか中大すなといふはま○かぢや坂○あはの浦坂すき天神宮有いせだ川　しほみちくれば河上へまはりてよし○いせだ村○あさ川浦　大道ゟ左に町有○いな村観音堂あり　此村市兵衛宿を施《ほどこ》す○からうと坂　是迄八坂々中八濱々中○めんきよ村大師堂有　村はつれゟ左に海浦《かいふ》おくうら　とも浦といふ町　みなとにぎはしき所なり　諸邊路此町へ入　大道へ出れはまはり道ゆへに奥浦橋本屋右衛門作○ともうら嶋屋久右衛門　両人として皆共成佛道のためすぐ道をつけ奥浦ゟ那佐村へいづる　めんきよ村より此間に河有　おく浦へ行にも此河を渡る○たかそね村大師堂有次に母《はゝ》川といふ河有　此河を母川といふ事　大師御じゆん礼の折ふし　旱《ひでり》にて魑魅《りみ》〔ちみ〕（テング）鬚焦《ひげこが》れ河伯《かはく》（カハタラウ）民《たみ》つきけるに一人《ひとり》の女のはる〳〵と山間《さんかん》より水をひさげて来りしに　大師一滴《てき》を乞《こは》せ給《たま》ひにければ女の申けるは亢陽《ひでり》（コウヤウ）月久《つきひさ》しくて一人二人《ひとりふたり》のいときなき渇《かつ》（カキ）をみるに忍びすして命をがんくつになげうち求得《もとめえ》し幸《さいはひ》に今日《けふ》わがはゝきみのことぶきつき給ふ日なれば　三寶《さんぼう》に奉《たてまつ》るとておしむいろなかりければ　かの女まことの慈悲水《じひすい》に大師加被の月《ひ》うかぶ河水となりて　いかなるひてりにもつくることなし○なさ坂○なさ村○しゝくゐ浦町有　入口右きをんのやしろ　又圓頓密寺《ゑんどんみつじ》邊路のため守護《しゆご》よりたてらる　次に川わたりて河波さかひ目《め》ばん所古《こ》目《め》といふ所に有　是にて往来《わうらい》の切手《きつて》あらたむ　行過さか有　阿土両国《あとりやうごく》の境《さかい》の峠《たうけ》あり○

かんの浦　是より土佐《とさ》領入口に番所《ばんしよ》有　土佐一国の御かきかへ出る　町中にやしろ有かた原町みなとよし○白はま町　明神の社《やしろ》ゆきて川　標《しるし》石かんのうら坂　いくみ坂ともいふ○生見《いくみ》村○相間《あいま》　此おきの岩《いは》に法然《ほうねん》上人の筆《ひつ》みだのみやうごうありて　汐干《しほひ》見ゆるといひつたふ　此間に坂有○のねうら入口宮立《いりくちみやたち》有　弁大師堂五右衛門宿をかす其外　志《こゝろざし》有人多《おほ》し　調《とゝのへ》物《もの》してよし　町末《すへ》に川あり○ふしごえ番《ばん》所　こゝにてかんの浦《うら》切手《きつて》は裏書いつる　ふしごえ坂　是より一里よは　とびいしとて　なん所海邊也《じよかいへんなり》○入《いり》木《き》村八まんの宮　弁川○さきのはまうらのねゟこれ迄四里○おさき村　かぶか坂村もあり○しゐな村○かみみつ村　下三《しもみ》津《つ》村　是より東寺《ひがしでら》迄廾町餘《よ》の中《うち》に見所《みとこり》おほし　まつ大あなおくへ入事十七八間　高壱丈《たかさいちぢやう》或《あるい》は三四丈廣《ひろさ》は二三間或は五《ご》けん十間《じつけん》　大守《たいしゆ》石《いし》をうがち五社建立《ごしやこんりう》あり　愛染権現《あいぜんごんげん》と號《がう》す　此岩屋《いはや》に毒龍《どくりう》ありて人畜《にんちく》をそんがいしけるに大師辟除《びやくぢよ》〔へきじょ〕し　其あとに権現《ごんげん》を安置《あんぢ》し給ふ　東《ひかし》に太神宮御社《ぐうのみやしろ》有　過《すぎ》て霊水《れいすい》これを亡者《まうじや》にたむける　過《すぎ》て聞持道場《もんぢたうちやう》　又庵《いほり》有　うしろに岩窟《がんくつ》　口《くち》壱間餘《よ》　奥《おく》へ六七間　本尊によいりん石佛《せきぶつ》　座《ざ》二尺龍宮《りうぐう》ゟ上り給ふよし　石にてづしだん　わきだち二尺六寸の〔二《に》〕王両《わうりやう》のとびらに天人のうけぼり　ごと〱く石《いし》な〔り〕(4)　権化《ごんけ》にあらずは　たれか此妙用《このめうよう》（フシギ）をなさんや　その外龍燈時《ほかりうとうとき》にあがり　霊瑞《れいずい》（きたい）無《む》邊《へん》（かぎりなし）の幽溪《ゆうけい》（ヨキケイ）なり　東寺《ひかしてら》へは女人禁制《きんぜい》のゆへに　此所に札おさめ海邊《うみへ》をす

ぐに津呂浦《つろうら》へ出る　男《おのこ》は聞持堂《もんぢだう》より七丁　東寺へのぼる

一　廾四〃　東《ひがし》寺又は最御《ほつみ》崎寺《さきし》　南向　安芸郡《あきこほり》

大師御あかめ

法性《ほつせう》のむろとゝいへど　われすめは

うゐの浪風　よせぬ日もなし

明星《みやうじやう》の出ぬるかたの　ひがしてら

くらきまよひは　なとかあらまし

是より津寺まて壱里　十丁程《ほど》下り坂○つろ浦　右のいはやゟ女人是へいづる　よきみ

なと　石のきりとほし目《め》をおどろかす○むろ津浦《うら》(5)こゝにも石の切通《きりとをし》　右両所《みぎりやうしよ》のみなと
大《おほ》きなるけいゑい筆にもつくされず

一　廿五〃　津寺　津《しん》照寺ともいふ　ふもとより半丁　石だんみなみむき　あき郡室

津浦

詠哥

のりのふね　入か出るか此津てら
まよふ我身を　のせて給へや

秘佛
本尊地蔵
御作

是より西寺《にしてら》迄壱里　少行川有○うきつ浦過て標石《しるしいし》有　女人《によにん》は是より左へ行《ゆき》　行道《ぎやうたう》さき

といふ所に大師御作の不動有　女人はこゝにて札おさむ　西寺《にしてら》へは女人制《せい》し給ふゆへなり　此さきに土石《といし》といふ名物《めいぶつ》の硯石《すゞりいし》あり　とる事はならず　によ人は是よりくろみ村へ出　男はしるし石より右へゆく　小川有○もと村　是より西寺まで四丁坂

一　廾六番　西寺《にしてら》　金剛頂寺《こんがうちやうじ》ともいふ　あき郡

詠哥

往生《わうじやう》に　のぞみをかくる極楽《ごくらく》は
つきのかたふく　にしてらのそら

秘佛
本尊薬師
大師御作

是よりかうのみねじ迄七里○ぐろみ村○きらかは村　此間川有○はね浦　西寺より三

里　此間川有　中やま坂しんざん也○かりやうご浦　此間はね石といふ海邊《うみべ》也○なはり浦町あり　この間大河《だいが》　舟わたし○たの浦よき町なり　此間八幡宮大師堂寺《てら》も有
過《すぎ》安田《やすだ》川《かは》○安田浦町有　町はづれにしるし石有○たうのはま　かうの峯《みね》まて坂ふもとにやうしん庵《あん》　荷物《にもつ》をこゝに〔お〕き札しまひよし

一　廾七〃　神峯寺《かうのみねじ》　山上　堂南向　あき郡たうのはま村

三佛のちかいのこゝろ　かうのみね
やいばのぢごく　たとひありとも

坐壱尺二寸
本尊十一面
作者不知

この谷にくわつ貝《がい》とてつちの貝に成たる有　是は大師此浦人《うらひと》の貝もち来しに逢《あひ》たまひ

乞《こは》せ給ふけれは　人のくわぬ貝なるよし　御いらいしけれは　かのもの〻けんどんなる事をあはれみ又のちのよのために加持《かぢ》し給ふにより　その〻ちは煮《に》てもあぶり物にしてもたぶべき物にあらすなりにければ谷へすて〻げる　今の世まで石貝《いしがい》となりて有　彼浦人《かのうらひと》もはづかしく又ありかたくとんせいしけり　是より大日寺まで九里○おふ山　かうの村次不動堂○いおき村　この間いおき川あき川二瀬あり○あき浦町過　しんぜう濱《はま》壱里　すなふかし　やなかれのふもとにちや屋有○やながれ山下りて小川《かは》○わじき村　手井山ふもとに茶屋あり○手井村　山中に村有○手井浦みなと町有　此間小川　やす濱《はま》○きしもと村○あかおか村　町過て橋《はし》有○のいち村しるし石有○大たに村

一　廾八番　大日寺　山上　堂は南向　か〻み郡大谷村

露霜と　つみをてらせる大日寺
　なとかあゆみを　はこばざらまし

座四尺五寸
本尊大日
行基作

是より国分寺《こくぶ》へ壱里半○ぼたひじ村○ぶやうし村　此間に物部《ものい》〔ものべ〕(6)川　大水《みつ》の時は大日寺ゟの市《いち》町へもどり舟わたし有　つねはかちわたり○といたしま村○いは松村　松本村○上野田村○はたえた村　此間に川有○国分《こくぶん》村

一　廾九番　国分寺　平地　堂は南むき　なか岡郡国分村

立長三尺
本尊千手
行基作

国をわけ　たからをつみてたつ寺の
すゑの世までの　りやくのこせり

是より一宮まで壱里半此間に小川《こかは》有○やわた村　此間小坂　山上《さんじやう》に八まん宮○でうりんじ村　地蔵堂有　本尊石佛《せきぶつ》御作　此堂年ひさしく破損《はそん》に及しに當《たう》村七兵衛再興し大師御影《みゑい》こんりうし幷宿をほどこす○たきもと村坂有　峠《とうげ》より土佐《とさ》かうちの城見ゆる

一　三十番　一宮《いちのみや》　平地　堂は南向　長岡郡一宮村

人おほく　立あつまれるいちの宮

むかしもいまも　さかえぬる哉

秘佛
本尊弥陀
作者不知

是より五臺山《ごだいさん》迄二里○あぞうの村国の守の氏神《うぢかみ》有　此山中におたま屋あり　麓《ふもと》にけんりう院過てひしま橋　次に丸山有○かうち城下　町入口に橋あり　山田橋といふ　次番所有　往来手形改　若《〔もし〕》町にとまる時は番所より庄屋へさしつにて宿をかる　町なかにさゐんば橋過て農人まち　町はづれをみつかしらといふ　是よりつゝみ　ひだりは田《た》也　右《みぎ》は入うみ行てたるみの渡　次に及古寺　禅宗風景ほんなうのくもをはらふかたはら町　これより五臺へ八町さか

一　三十壱番　五臺山　たつみ　長岡郡

秘佛
本尊文殊
行基作

なむもんじゆ　三世の佛の母ときく
我も子なれは　ちこそほしけれ

是よりぜんじぶじへ一里半　五臺山ゟ八丁下江川有　舟わたし　つゝみを行○下田村
此間さか有○十市村　是ゟすこし坂

一　卅二〃　禅師峯寺《ぜんじぶじ》　南向　長岡郡十市村

秘佛
本尊十一面
御作

しつかなる　わかみなとのせんしふし
うかふこゝろは　のりのはやふね

をしなへて浄土〳〵の　せんしふし
くもゐをてらす　月をこそ見れ

是よりかうふくじまて壱里半　壱里はうみ邊《べ》也○たねざきごさ町といふ　しるし石有
わたしへいつ　此口《くち》浦戸といふ　屋形有　城下へ三里　入うみ舟屋多《おほ》くあり　是より
渡し　五丁ほと海中《かいちう》　右《みぎ》にさしまといふ小嶋《こしま》あり○みませ浦　片原町○なか濱村

一　卅三〃　高福寺《かうふくじ》　雪溪寺《せつけいじ》ともいふ　平地　南向　長岡郡長濱村

座長四尺
本尊薬師
運慶作

たびの道　うえしもいまはかうふくじ
　のちのたのしみ　有明《ありあけ》の月《つき》

是より種間寺《たねまじ》へ二里　出口《でぐち》に橋《はし》有　此間小坂《さか》有○東もろき村○にしもろき村　次川有

一　卅四〃　種間寺《たねまじ》　たつみむき　あがわ郡

世中《よのなか》に　まける五《ご》こくのたねま寺
　ふかき如来の　大ひなりけり

坐四尺六寸
本尊薬師
漢土人作

是よりきよたきへ二里○もりやま村○ひろおか村　此間二《に》淀《よど》川といふ大河《だいが》有　舟わたし　わたしば川上に有時は荷物をかけきよたきへ行　わたしば大道筋川しもに有時は荷物を高おか町にをき札所へゆきてよし○高岡

一　卅五〃　清滝《きよたき》寺　南向　高岡郡高岡

すむ水を汲は　心のきよたきし
なみのはなちる　岩《いは》の羽衣《はごろも》

秘佛
本尊薬師
行基作

是より清瀧寺迄二里半　井せき村　此間小河有○つかち村○宇佐坂○うさ村　かち道《みち》を行時《ゆくとき》は　此村西《このむらにし》に荷物を置《をく》　青龍寺へ行　但舟にて行は　いのしりへ荷物持行○ふくしま浦此間に入海《いりうみ》　渡《わた》し有　舟賃《ちんし》四銭《せん》○いのしり村此所に荷物を置札所へ行　此間りう坂○りう村

一　卅六〃　青竜寺《せうりうじ》　山上　堂南向　高岡郡龍《りう》村

秘佛
本尊不動
大師御作

わつかなる　泉水《せんすい》にすめる青龍は
佛法守護《ふつはうしゆご》の　ちかひとそきく

是より仁井田迄十三里　但いのしりへもとり　よこなみといふ所迄三里　舟にてもよし　此間景《けい》よし左《ひだり》にまき馬おほし　又八坂々中八濱々中有　かちみちはうさ村のにしへいづる○うさ坂又ははいかたともいふ○はいかた村○かうそ村○しあひ村○しあひ坂○出見《いづみ》村　此所をいづみといふ事　花山院離宮《くはさんのいんりきう》の御時　天気《てんき》たゝならずして　都《みやこ》のそら御なつかしく　いくたびか門《かと》のほかへ出御《しゆつぎよ》なりしかは　いづ見と名づく　又土佐《とさ》の大平かもとへ御製《ぎよせい》（ヲンウタ）
土佐の海に　身はうき草のゆられきて

よるへなき身を　あわれとも見よ

御返《かへ》し大平

あわれをは　いかにあふかん　およひなし

身は入海の　藻《も》かくれにゐて

つゐに此所にて崩《ほう》じ給ふとなん　千光密寺《せんくはうみつじ》に廟碑《びやうひ》有〇出見坂又はたちめ坂とも〇たちめ村〇あかくま坂今《いま》はとをらずうみ邊《べ》を行〇させぶ坂とをらず〇するぎ村〇たていし坂とをらす〇だうめき坂〇よこなみ村　是まで八坂々中八濱々中　大師の御なかめとて

道筋《みちすぢ》にぬきなし機《はた》をたてをきて

をりてはうみ〱　をりてはうみ〱

いのしりより横《よこ》なみ船にてもよし　うさよりのかち道《みち》はなんじよゆへ　船御ゆるしのよし申傳《つた》ふ　此浦を浦のうちと云鳴無《をとなし》大明神とて国守造営《こくしゆざうゑい》の宮朱門彩瓦景《しゆもんさいぐはけい》もよし

一《ひと》とせ　一条院《いちでうのいん》土佐のはたへわたらせ給ふ時

なにしあふ　人のしらぬもことはりや

うらのうちなる　おとなしのみや

なにきゝし　土佐の入江の舟ちかひ
のりて見んとは　おもはさりしに

となん口號《くちすさみ》給ふよし○おく浦村此間ほとけさか○かうた村○土《つち》さき村　とりこえ坂○今《いま》ざいけ村大師堂　又すさき川有○かとや坂○あわ村○やけさか峠《どうけ》〔とうげ〕　右の方冷水有○くれ村　大道よりひたり町有　たちはな屋平兵衛小左衛門やとをほとこす其外志ある人有○そえみゝず坂○とこなへ村○かげの村武《ぶ》兵衛やどかす○かい坂本村○六たんぢ村○かみあり村○かわゐ村しるし石あり　此間に少山越《こへ》　うしろ川引舟あり　是はねゝさき村善六邊路のため作りをく　過て大河洪水の時は手まへの山に札をさめ所あり　水なき時は五社へ詣《まふづ》

一　卅七番　五社《しや》あり　東向　高岡郡みやうち村

此在所惣名仁井田《いた》村といふ

右薬師地蔵
本尊阿弥陀
左観音不動

五社ともに秘佛御作のよし

むつのちり　五つのやしろあらはして
　ふかきにいたの　神のたのしみ

別當《べつたう》岩本寺くぼ川町に居《きよ》す　是よりあしすり迄廾壱里○くぼ川村此町しもゝと七郎兵衛宿をかし善根《ぜんこん》なす人あり○おかさき○ふる市○きんしよの村川坂有○みねのうへ村かた坂くたり○いちのせ村○たち花川村○こほしの川村○かいな村○こぐろの川村○ふばすら村此間ふばわら坂○くま井村此間くまこえ坂○ふじなわ村○しらいし○中つの村○佐賀《さが》浦町ごしやよりこれ迄六里　一の瀬《せ》より是迄三里　いよぎ谷とて山路《ぢ》谷川《たにかは》

かす〳〵有○白濱《しらはま》村此間になだみね坂○いた村弥兵衛其外宿かす　是より七八町有井《ゐ》川村ありゐの庄司《しやうじ》のせきたう有○川口村川坂あり○うきつ村是ゟ海はたを行　ふきあけ川わたりて汐干《しほひ》の時はすぐにゆく　みち汐の時は右へ行○入野村かきぜ川引《ひき》舟有○たの浦是より七八町はまを行　標石《しるしいし》有　むかふ山はなは下田道　こなたは舟わたし少まはり道○いでくち村　此間小川坂有○たかしま村　大河舟わたし　さね崎《ざき》村天満といふ所に引舟有○ま崎村　薬師堂有　つくらふち村　此間いつた坂くたりて小川有○市野瀬《いちのせ》村さかうらより是まで八里　此村に眞念庵《しんねんあん》といふ大師堂遍路に宿かす　是よりあしすりへ七里　但さゝやまへかけるときは此庵に荷物をきあしすりよりもどる月さんへかける時は荷《に》物もち行　此月山はあしずりゟ九里有　本尊三ケ月なりの石いはれ有て御堂《みだう》なし　あしずりゟこの間の道中《だうちう》　しみづうら入海渡し有　ましの浦のびわばこいし　みさきのうち　たゐまといふ所に田つくしのいそべとて　ごんごにつきせぬ　けいき岩《いは》〔がん〕〳〵と目をおどろかす所也《なり》　お月よりてら山迄七里半　此間ひめのゐ村庄屋㐂兵衛並《ならび》に村中より諸邊路のためすぐ道をつける　又あらせに霊《れい》げんの地蔵まします　但初邊路《たゞししよへんろ》はさゝ山へかくるといひつたふ　右両所の道あなひ眞念庵にて尋らるへし　此間小川四瀬《よせ》あり○市のゝ村○をがた村しるし石有　川有　洪水《かうずい》の時は下ノかやうら船渡り有　此かやうら太郎左衛門其外宿かすなり　つねにはをが

たしるし石より右へわたる○貝《かい》がけ村○くもゝ村山道○おほき村(7)　此間海邊行過山路《ゆきすぎやまぢ》
○いぶり村　大師堂○くぼつ宮有《みやあり》○つろ村此間山路○大たに村
一(8)　卅八〃　蹉陀《あしずり》山　平《ひら》山　後《うしろ》深山　南向　幡多《はた》郡いさ村

立八尺
千手観音
古佛

おくのいん有

ふたらくや　こゝをみさきの舟のさほ
とるもすつるも　のりのさたやま

是より寺山迄十三里　右眞念庵へもとり行○眞念庵○成山村○おほかめうち村　眞念

庵より是迄山路溪川《たに》○上ながたに村　しるし石　いにしへは左へゆきし　今は右へゆく　但大水の時は左へ　つねはゑの村川有　水ましの時は庄屋幷村翁《そんおう》邊路をたすけわたす○いその川村　やきこめ坂○ありおか村○やまた村

一　卅九〃　寺山院　山をうしろにし南向　はた郡中村

南無《なむ》薬師《やくし》　諸病悉除《しよびやうしつじよ》の願《くはん》こめて
まはる我身を　たすけましませ

秘佛
本尊薬師
御作

是まで十六ケ所土州《としう》分　豫州《よしう》くはんじざいじまで七里　内三里半まつをさか峠《とうけ》までは土佐《とさ》分　寺山おしをか村○わだ村此間うしのせ川○すくも村町有　与助宿をかす　其

外諸事調物よし　与《よ》刕入口は時により米《こめ》も調かたし　こゝにてしたくしてよし○かいつか村○にしき村こふか原村○大ふか原村番所有　土佐《とさ》通路《つうろ》の切手《きって》はこれへわたすこれ松尾坂峠　土豫のさかひ標《しるし》石有　其まへ休息《やすみ》所ゟひりやうかしま　おきの嶋　ひろせ嶋　漁家《ぎょか》多く見ゆ○是ゟ豫刕○こやま村　番所切手を改る○ひろみ村　さゝへかける時は荷物を此所にをく○うはおほたう村○じやうへん村

一　四十〃　観自在寺《くはんじざいじ》　平地　南向　宇和《うわ》平城村

立壱尺二寸
本尊薬師
作者不知

しんくはんや　じざいの春に花さきて
うきよのかれて　すむやけたもの

これよりいなりへ道《み〔ち〕》すぢ三有《みつ》
一すぢ　なだ道のり十三里
一すぢ　中道《なかみち》大がんだう越《こえ》のり十三里
一すぢ　さゝ山越のり十四里半
三すぢともに岩《いは》ぶち満願寺《まんぐはんじ》に至《いた》る　先灘道《まづなだみち》つゞき観自在寺　此間山路たにあい○ながす○する木○かしわ此間二里の坂○かみはたち○しもはたち○はうわら　あみた堂あり　宿かす○いはまつ○いはぶぢ満願寺　次《つぎ》に中道《なかみち》つゝき　くわんじざいじ○なが月○大かんとう坂二里○さうず村○しやうかんどう坂三里○ひでまつ村○岩渕《いはぶち》満願寺
次にさゝ山越《こえ》　観自在ゟひろみ村へもとり○いたお村○まさき村　此村庄屋代々《しやうやだい〳〵》とざゝぬなり　ありがたきいはれ有　たつねらるべし○はらい川　垢離《こり》してさゝやまへかくる　篠山観世音寺《さゝやまくはんぜおんじ》　本尊十一面立像《りふぞう》五尺○寺より三町西《にし》に天狗《ぐ》堂　其上三所権現《うへさんじよごんげん》此所に札おさむ○矢《や》はづの池《いけ》中に怪《け》異《い》の石《いし》有　池をまはりにさゝ竹有　夜ことに龍馬《りうめ》きたりてはむよし　諸病によしとて諸人もちさる　馬のやむに猶《なを》よしといひつたふ○まき川村ばんしよ有切手改む　大師堂あり　庄屋長左衛門宿かす○みうち村庄屋伊左衛門宿かす　さんざい村○岩渕《いはぶち》村　満願寺《ぐはんじ》山をひたりにし東《ひかし》向宇和郡つしま郷　本尊薬師行基作秘佛　うた

よろつよの　ねかひをこゝに満願寺

ほとけのちかひ　たのもしき哉

此寺八十八ケの中にあらすといへとも　大師草創《さうそう》の梵宮《ぼんぐう》（らて）にて　そのかみは大がらんなりしがはゑとし久《ひさ》しくつくるになん〱とす　今出《いた》す所の霊場記《れいぢやうき》　此道しるへ両通《りやうつう》の料物《れうもつ》をあつめ　彼寺《かのてら》をしゆりせん事　眞念念願《しんねんねんぐはん》

△四国《しこく》偏禮《へんろ》霊場記《れいぢやうき》

△四国《しこく》邊路《へんろ》道《みち》しるべ全

○野井《のゐ》村観音堂有　此村伊左衛門　延寳年中《ゑんほうねんぢう》七とせの間邊路に足半《あしなか》をほどこし　志《こゝろざし》ふかき人宿かす　過て地蔵堂《ぢぞうだう》有　のいのさか○いわゐのもり村地蔵堂○ひえ田○よりまつ村　毘沙門堂《びしやもん》　これより宇和嶋城下《うわじまじやうか》迄なみ松よき道也○城下町の入口に願成寺《ぐはんじやうじ》又はもといぎともいふ由緒《ゆいしよ》有寺なり　本尊大師《たいし》の御影《みゑい》札を打なり　すこしゆき橋《はし》有番所《ばんしよ》有切手を改む　此城下に三十三所の観音有　調物自由《とゝのへものじゆう》　町の出口《でぐち》にも番所あり

次に橋有わたり左かたはら町を行○下村こん屋庄兵衛宿かす　此間明神宮○なかあいだ村　此所八幡宮有○みつま村　此間年《とし》に七度《なゝたび》なる栗《くり》あり○むでん村　大師堂　窓《まどか》峠《とう〔げ〕》坂《さか》○とがり村

一　四十一〃　稲荷宮《いなりのみや》　南向　宇和郡とがり村

立長一尺
本尊十一面
作者不知

此神《このかみ》は　三国流布《さんごくるふ》の密教《みつきやう》を
まもり給《たまは》ん　ちかひとそ聞

是より佛木寺まて卅町〇なりゐ村観音堂　大師堂〇　則《すなはち》村

一　四十二〃　佛木寺《ぶつもくじ》　平地　南向　宇和郡則村

草も木も　佛になれる佛木寺
なをたのもしき　鬼畜人天《きちくにんてん》

明石寺迄三里　はなが坂○下川村《したかふ》　河有○かいた村○いなん坊《ばう》村○明石村《あけいし》此間明石と

いふ大石是を白王権現《はくわうごんげん》といふ　此石《このいし》には色々《いろいろ》子細《しさい》有

坐四尺

本尊大日

御作

一　四十三〃　明石寺　山上たにあひ　南向　宇和郡明石村

きくならく　千手《せんじゆ》の誓《ちかひ》ふしきには

大ばんじやくも　かろくあけいし

座三尺
本尊千手
唐佛

是より菅生《すがう》山《さん》迄井一里○うの町　調物よし　大師堂有○し〔下〕まつば村○上まつば村○あう江村○東たゞ村　番所切手改○とさか村こゝにうわ嶋と大ず領とのさかひ過て戸坂ざか二里有　八町ほどのぼりそれよりくだる○北たゞ村此間小川二瀬有○大ず城下諸事調物よき所なり　町はづれに大川有　舟わたし　わたりて十王堂《じふわうたう》　侍《さふらひ》やしきも有　次にばい人町○わかみや村　こゝに大師堂有　甚之助宿かす　ゆき過とよか橋《はし》　ゆらい有○にゐやの町　調物よし　はたごやも有○くろち村いづみがたう坂○内のこ村町左は大道右は邊路道　過て川わたり　千《ち》せ坂○むらさき村此間中戸坂《なかと》○いよき村○大瀬村大師堂　雲林山寿松庵《うんりんさんじゆせうあん》是有　此所にすまゐする曽根《そね》の清左衛門　先祖《せんぞ》経営《けいゑい》（イトナミ）して永《なか》くみほとけの御弟子《みでし》に奉《たてまつ》り　遍路の人を憩《いこは》しむる所とせり　其人のよめるとて

白妙の　雲の林のこなたより
寿松《ことぶくまつ》に　夢《ゆめ》さむるかな

○川のぼり村阿みた堂有○梅津《むめつ》村薬師堂　かひのくにしふ江五左衛門こんりう　庄屋喜三宿かす○下たど村○地蔵堂○なかたど村八幡宮○上たと村過て三嶋明神宮○うずき村大師堂○二明《にみやう》村　爰《〔ここ〕》にかつらき明神　行てはしわたり大師堂　過てひわだ坂　此《この》峠《とうけ》ゟ久万《くま》の町すがう山《さん》見ゆ　大洲領《おふずりやう》松山領のさかひなり　但紫村ゟうずきの間天然《てんねん》の幽景《ゆうけい》目をおどろかす○久間《くま》の町　荷物をき　すかう山《さん》幷いは屋へまふづ　此町は邊路をあはれむ人多《おほ》し　橋本屋与三右宿かし　おぐら屋作右　邊路屋有

一　四十四〃　菅生《すがふ》山《さん》　山上　南向　うきあな郡すがふ村

立四尺三寸
本尊十一面
天竺《てんぢく》ゟ百済《はくさい》　百済より當山来

今の世は　大悲《だいひ》の恵《めぐ》み菅生山
　つゐにはみたの　ちかひをそまつ

是より岩屋寺まて三里　此間たうのみね坂峠に地蔵堂有○はた野川住吉大明神　過て薬師堂有　ゑんま堂　又ゆきて左右に道有　右《みき》よし　是より岩屋まて一里　坂山道すからおがみ所おほし

一　四十五〃　岩屋寺　東向　うきあな郡竹谷村

大聖《だいしやう》の　祈《いのる》ちからのけにいはや
　石の中にも　極楽《ごくらく》そある

秘佛
本尊不動
御作

是よりじやうるりじへ八里　但岩屋ゟ下向《げこう》には下道を行　ふもとに家里《いゑさと》ひとつ橋　又橋ひとつすぎて古岩屋先亡回向《せんぼうゑかう》する所也　是ゟ久万《くま》町へもとる　くまよりじやうるりへ五里○ゆこの村(9)○ひかし明神村○西明神村ゆきて坂有　見坂《みさか》となつく　此峠より眺《てう》望《はう》すれは　ちとせことふく松山の城堂々《たう〱》とし　ねがひは三津《みつ》の濱浩《はまこう》々乎《こ》たり　碧浪渺《へきらうびやう》洋《やう》　中《なか》ににによつと伊予《いよ》の小富士《こふじ》　駿河《するが》の山のことし　ごゝ嶋しま山やま嶋　かす〱の出船つり船邊路のうきをはらす　くだりて坂半過桜休場《さくらやすば》の茶屋　大師堂この堂は此村の長右衛門建立して宿をほどこす○ゐのき村地蔵堂○くほの村こゝに大師堂○くたに村此間小川有○じやうるり村

一　四十六〃　浄瑠璃寺《じやうるりじ》　平地　東向　うきあな郡じやうるり村

秘佛
本尊薬師
行基作

極楽のしやうるりせかい　たくらへは
うくるくはらくは　むくひならまし

是より八《や》坂寺《さかじ》迄五町

一　四十七〃　八坂寺　平地　東向　うきあな郡八坂村　正面《しやうめん》は此寺のちんしゆなり

札所は南

花を見て　哥よむ人はやさかてら
讃佛乗《さんぶつじやう》の　えんとこそきけ

座長三尺
本尊阿弥陀
恵心作

是より西林寺まで一里○ゑわら村　大師堂あり此村の南に右衛門三郎の子八人の塚《つか》有石手寺《いしてじ》の縁起《えんき》にくはし○小村大師堂　此間川三瀬有○たかゐ村九郎兵衛　吉右衛門其外宿かす

一　四十八〃　西林寺《さいりんじ》　平地　南向　浮穴郡高井村

立三尺
本尊十一面
御作

みた佛の　世界をたつねきゝたくは
　にしの林の　寺へまいれよ

是より浄土寺《じやうどじ》まて卅五町此間○土井村小川二瀬

一　四十九〃　浄土寺　山を後《うしろ》　南向　くめ郡たかのこ村

十悪《じふあく》の　わか身を捨《すて》すそのまゝに
　じやうどの寺へ　まいりこそすれ

秘佛
本尊釈迦
行基作

是よりばんだじ迄十五町　少ゆき八幡の宮　しんたて町過右《みき》へしるし石有

一　五十〃　繁多寺《ばんだじ》　平地　西向　温泉《うせん》郡

よろつこそはんたなりとも　をこたらす
しゆびやうなかれと　のぞみいのれよ

長三尺
本尊薬師
行基作

石手迄廾丁〇げば町〇石手村

一　五十一〃　石手寺　後山　東向　温泉郡石手村

西方《さいはう》を　よそとは見まじ安養《あんやう》の
寺にまいりて　うくる十らく

坐長弐尺五寸
本尊薬師
行基作

是より大山寺《だいさんじ》まて二里　少行薬師堂　過て河のゝ古城《ふるしろ》湯月とりつく(10)　今竹はやしと成外《と》堀《ほり》有　次領主の氏神ふもとは社家《しやけ》　同所《どうしよ》に一遍《いつぺん》上人の寺有　過て○道後《だうご》の湯《ゆ》　景行《けいかう》天皇《てんわう》より代々の天子行幸《てんしぎやうがう》有て浴《よく》し給ふと日本記に見えたり　推古《すいこ》の御宇《ぎよう》　聖徳《しやうとく》太子も来《きた》り給へり　源氏《げんじ》物がたりにいよのゆけたとかきしも此所なり　湯《ゆ》つほすべて五《いつ》つ先《まづ》かぎゆとて雑人《ざふにん》はいらず　此湯《ゆ》の中《なか》に石佛《せきぶつ》のやくします　御足の下より湯《ゆ》出る事谷《たに》川のごとし　二の湯《ゆ》女　三の湯おとこ　第四は養生湯とて男女へたてなく諸国湯治の人夜日《よひ》をきらはず　第五の湯は非人《ひにん》幷に牛馬入なり　湯のわきに玉の石《いし》とてまろき石あり　この石に哥あり

伊予の湯の　ほとりにたてる玉《たま》の石《いし》
これぞ神代の　はしめなりけり

井けたのうた

いよのゆの　井けたはいくつひたり八《やつ》

右はこゝのつ　中は十六

又

伊豫のゆの　井けたはいくつ数しらす

おほへすよます　君やしらなん

くはしくは湯《ゆ》屋明王院《やみやうわういん》に記《き》有て　爰に町すこし有　松山城下へこれよりひだりへ行少まはりなれとも諸事自由なるがゆへに出てよし　それより三津の濱へ一里並木　湊町にて賑《にきは》し舟屋多し　太山寺《だいさんじ》へは古三津《ふるみつ》よりすぐ道も有　すぎ小坂有　但松山へよらぬ時は道後ゟ○山越村是は道後より右への道なり　此所に正月十六日櫻とて毎年此日にあたり爛熳《らんまん》するなり　ゆへにかくなづく　寺数おほく有ゆへに寺町ともいふ○たに村　此所にむろおかやまとてよこ堂本尊薬師　諸邊路札打也○あんじやうし村○太山寺村爰に太山寺の惣門《そうもん》有　是ゟ本堂まて八丁ふもとに茶屋あり

一　五十二〃　太山寺　少山上　南向　和気郡太山村

立六尺二寸
本尊十一面
行基作

太山へのほれはあせの出けれと
　のちよおりへはなにのくもなし

是より圓明寺《ゑんみやうじ》へ十八丁

一　五十三〃　圓明寺　平地　南向　和気郡和気濱村

来迎のみたのひかりの　圓明寺
　てりそふかげは　よな〳〵の月

立二尺五寸
本尊弥陀
行基作

村○大谷村長右衛門宿かす○あはゐ村○かのみて村三右衛門宿かす○柳はら村村過てあはゐ坂○柳はら村町有○ほうてう村町中に橋有　行てかうの坂ふもとに大師堂○あさなみ村番所有　切手をあらたむる　過てまど坂ひろいあけ坂此間一里餘《よ》むらなし○きくま村　町有　此間小川有　行てたちは坂○たね村○さがた村小川次町有○新町○縣《あがた》村爰に松山札の辻《つじ》より十里といふ一里塚《つか》有　同所標石《しるしいし》有

一　五十四〃　延命寺《ゑんめいじ》　少山上　堂有　南むき

坐二尺
本尊不動
行基作

くもりなき　鏡のえんとなかむれは
のこさすかけを　うつすもの哉

是より別宮《へつくう》まて壱里　是は三しまの宮のまへ札所なり　三嶋まては海上七里有　故に
是よりおかむ

一　五十五〃　三嶋宮　平地　東向　おち郡　本尊大通智勝佛《つうちしやうぶつ》

この所　見しまにゆめのさめけれは
別宮とても　おなしすいしやく

此間薬師堂是より泰山寺《たいさんじ》まて一里二丁程　左は今治《いまはる》城下諸事調物自由○日吉村○馬越《むまこえ》村大師堂有○小泉村

一　五十六〃　泰山寺　ひかしむき

坐二尺四寸
本尊地蔵
大師御作

みな人の　まいりてやかてたいさんし
来世のいんたう　たのみをきつゝ

是よりやはた宮まて十八町行て惣蛇《そうぢゃ》川といふ川有○よむら次右衛門宿かす○いかなし村

一　五十七〃　八幡宮　二丁山上　東向

秘佛
本尊あみた
作者不知

この世にて　弓箭をまもる八幡也
　来世は人を　すくふ弥陀佛

是より佐《さ》禮《れい》迄井町山道小さか

一　五十八〃　佐礼山　山上《せんしやう》　南むき

立六尺
本尊千手
作者不知

立よりて　されいの堂《たう》にやすみつゝ
六字をとなへ　経《きやう》をよむへし

是より国分《こくぶん》寺まで一里○にや村○松木村　此間小川有○国分村

一　五十九〃　国分寺　少山上　堂南向　をち郡国分村　此所に新田義助朝臣はかしるし有　今治《いまはり》御家中ゟ石塔建立

守護のためとても　あかむる国分寺
いよ〳〵めくむ　薬師なりけり

座長四尺
本尊薬師
行基作

これよりよこみねじまて六里〇さくらゐ村こんや傳右衛門宿かす〇ながさは村　是より山道　醫《い》王山《わうさん》といふ　此間山手にせた効験殊勝《こうげんしゆしやう》の薬師尊ます　過て六軒《けん》茶屋といふ新《しん》村〇くす村大日堂〇中村　此所にびしやもん堂有　次道すぢ左によこ井《ゐ》水　過て大明神河原　標石有　いにしへは一の宮かうおんじよこみねと順に札おさめしかども一の宮を新やしき村へうつし奉るによりて今は大明神河原より右へ　よこみねかうおん一の宮と打《うつ》〇きたじん町〇たんはら町　西にあたり紫尾《しひ》山八幡　ふもとに大師御作生木の地蔵　霊異《れいい》あげて計《かぞへ》がたし〇しんでん村〇大戸村　此所に荷物をきよこみねまて二里〇ゆなみ村地蔵堂有〇ふるほう村地蔵堂　大戸ゟ山路谷合

一　六十〃　横峯《よこみね》寺　山上　にしむき　周郡

座二尺三寸
本尊大日
行基作

たてよこに　みねや山邊《やまへ》に寺たてゝ
　あまねく人を　すくふものかな

是よりかうおんじまて三里　右の大■(11)村へもどる　よこみねより二町のほり　いしつち山のくろか■(12)のとりゐ有　これよりいしつち山へ九里　毎年六月朔日同三日の日ならてぜんぢやうする事なし　此川有○みやうくち村○香苑《かうおんじ》寺村

一　六十一〃　香園《かうおんじ》寺　平地　東向　周郡かうおんし村

座壱尺二寸

本尊大日

春日作

後の世を　おそるゝ人はかうおんし

とめてとまらぬ　白瀧の水

これより一の宮まで八町

一　六十二〃　一ノ宮　平地　東向　周郡新屋敷

立一尺二寸
本尊十一面
作者不知

さみたれの　あとに出たる玉の井は
しらつほなるや　一の宮川

是ゟ吉祥寺《きちじやうじ》まて七町　壱町程のわきに小まつの町城下ニ有

一　六十三〃　吉祥寺　平地　にしみなみ　にゐ郡氷見《ひみ》村

坐二尺
本尊毘沙門
大師御作

みの中の　あしきひはうを打すてゝ
みなきちじやうを　のぞみいのれよ

是ゟ里《さと》まへ神寺へ一里○ならの木村　石佛《せきぶつの》地蔵堂あり○にしいつみ村過《すき》て　たんといふ所

一　六十四〃　里前神寺《さとまへかみじ》　山上　堂は東向　新居《にゐ》郡
蔵《ざ》王権現《わうごんげん》の社これすなはち石鎚山《いしづちさん》のまへ札所なり　本札所は石鎚山前神寺　麓《ふもと》より十二里有

秘佛
本尊弥陀
作者不知

前は神うしろは佛　ごくらくの
よろつのつみを　くだくいしつち

此札所は高山《かうさん》　六月朔日《ついたち》おなしく三日ならて参詣《さんけい》する事なし　このゆへに里まへ神に札をおさむなり　里まへ神より三角寺《さんかくじ》へ十里○すのうち村○あんぢうむら此間にかも川といふ川あり○大まちこれより五町餘　ひだりに西条《さいてう》とてしろした有○ふくたけ村○上しまやまむら○はんぎう村○なか村○すみの村薬師堂あり○こくりやう村　此間はらあり池田原といふ○なが野村○せき村此間川有○うへの村大師堂有○ど井村地蔵堂有○中村○小林村与三右衛門宿かす　観音堂有○つね村○のだ村○おさだ村○さむ川村○くでう村与右衛門宿かす　大師堂有○なかの庄村○利兵衛やとかす地蔵堂有

中そね村○たきのみや村牛頭《ごづ》天皇の社幷に薬師堂○よこお村三角迄坂　中曽根村　今村孫兵衛庭中に奇石あり　龍寶と名つく禅宗南山叟の詠有

一　六十五番　三角寺　東向　宇麻郡

立六尺弐分
本尊十一面
御作

おそろしや　三の角にも入ならは
心をまろく　みたを念せよ

是ゟ雲邊寺《うんへんじ》まで五里　右二十六ケ所伊豫分　三角寺より奥院まで五十八丁坂道　奥院八丁前に大久保《くぼ》家二三軒有　荷物をきてよし
但おくの院一宿の時は荷物持行　奥院本尊大師御影《みゑい》　御自作詠哥

極楽は　よもにもあらし此寺の
　みのりの声を　聞くそたつとき
此所旧跡《きうせき》しけきをおそれ略す　奥院より荷物置たる所へもどり雲邊寺へ行　過て大久保　一昼《ちう》村　それより平山へ出る　奥院より是まて山路○三角寺ゟ雲邊寺へ行は寺の下ゟ左へ行○金川村○内野々村　坂有○平山村茶屋有○はんた村観音堂○りやうけ村観音堂○たいお村地蔵堂○ねきのお村太左衛門宿かす　坂有　峠に与刕阿波のさかひ有　大さかひとなつく　是ゟ雲邊寺迄二里阿刕○さの村爰に地蔵堂幷阿州番所有　往来切手改む　同所に清色寺とて真言地守護御方より邊路いたはり　雲邊へ五十丁坂○坂中ニ御作ノ泉有

一　六十六〃　雲邊寺　巽向《たつみ》　三好郡はくち村

はる〳〵と　雲のほとりのてらに来て
　月日をいまは　ふもとにそ見る

右此寺は阿州豫刕讃州三国の境なり阿刕領主より造営《さうゑい》し給ふ　しかれとも讃州札所の

坐三尺三寸
本尊十一面
大師御作

数に入　是より小松尾迄二里半一里半はくたり坂　此間池ふたつ有　ふたつめにしるし石有○べつそう村此間野原○辻村文右衛門　九十郎　八右衛門宿借ス

一　六十七〃　小松尾山　東向　豊田郡辻村

坐長二尺五寸
本尊薬師
大師御作

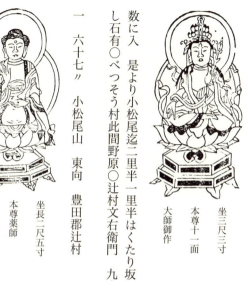

植置し　小松尾寺をなかむれは
　法のをしへの　風そふきぬる

是ゟ琴引迄二里○はら村○いけのしり村○しゆつさく村○観音寺町調物してよし　過て川ふもとに十王堂有　是ゟ琴引迄坂三町

一　六十八〃　琴引八幡宮　南向

秘佛
本尊弥陀
作者不知

笛の音も　松ふく風も琴引も
　うたふもまふも　のりのこゑ〳〵

是ゟ瞻望《せんばう》すれは蒼海《さうかい》天と一色《しき》にして国々島々直下《ちよくか》して　右は有明のはま　左は川みなと出入舟おほく　観音まち数《す》千《せん》の軒をならふ　是ゟ観音寺迄二町

一　六十九〃　観音寺　山地　堂南向

観音の　大悲のちからつよけれは
おもきつみをも　引あけてたへ

座二尺五寸
本尊正観音
御作

是ゟ本山寺迄一里　観音町へ出る川有○かうか村○なかれをか村○よしをか村過て川有　本山村

一　七十〃　本山寺《もとやまじ》　平地　坤《ひつしさる》向

此所は家居《いゑゐ》よく景気もよし　然とも邊路宿不自《〔ふ〕じ》由《ゆう》なり

坐二尺五寸
本尊馬頭
御作

おくのいん有

本山にたれかうへける　花なれや
はるこそ手をれ　たむけにそ成

是ゟ弥谷《いやたに》寺迄三里○上寺村いせはやしとて太神宮ます○かさをか村○かつま村○しんみやう村少過　しるし石有　観音寺より是迄左右並松○大見村大師堂太郎衛門宿かす

一　七十一〃　弥谷寺　南むき　みの郡

悪人とゆきつれなんも　いやたに寺
只かりそめも　よきともそよき

是ゟまんだら寺迄一里　白方《しらかた》へかけぬれは山越《こえ》に行道有　まんだら寺へは二王門より

立長三尺五寸
本尊千手
大師御作

左へゆく○ひどの村○みゐの上村○よしはら村

一　七十二〃　万茶羅《まんたら》寺　平地　堂は東向

わつかにも　まんたらおかむ人はたゝ
　二たひみたひ　かへらさらまし

座二尺五寸
本尊大日
大師御作

寺より三町西に水くきのをかとて西行法師のすめる庵のあと有　其所にてよめりけり
とて
　山里に　うき世いとはんとももかな
　　くやしく過し　むかしかたらん
又堂の前に笠かけのさくらとて有　おなし人のよめるとて
　笠はあり　その身はいかに成ぬらん
　　あはれはかなき　あめか下哉
是ゟ出釈迦《しゆつしやか》寺迄三町

一　七十三〃　出釈迦寺　少山上　堂有　東向

まよひぬる　六道衆生すくはんと
たつとき山に　出る釈迦てら

秘佛
本尊釈迦
御作

外に虚空蔵尊います　此寺札打所　十八町山上に有　然ともいはれ有て堂社なし　故に近年ふもとに堂幷に寺をたつ　爰にて札ををさむ　是ゟ甲山寺迄卅町〇廣《ひろ》田村

一　七十四〃　甲山寺　山をうしろにし堂東向

坐二尺五寸
本尊薬師
御作

十二神　みかたにもてるいくさには
をのれと心　甲山かな

是ゟ善通寺《せんづう》迄十丁

一　七十五〃　善通寺　堂壱町東に南むき

坐四尺五寸
本尊薬師
大師御作

われすまは　よもきえはてし善通寺
　ふかきちかひの　法《のり》のともしひ

是ゟ金倉《そう》寺迄卅丁　こんひらへかくる時は爰に荷物をき行　壱里半標石有〇善通寺
直《すぐ》に行は上吉田村〇下吉田村〇金倉寺村

一　七十六〃　金倉寺　平地　堂は東むき

立二尺八寸
本尊薬師
智證作

まことにも　神仏僧をひらくれは
眞言加持の　ふしぎなりけり

是ゟ道隆寺迄一里○かつら原村○かも村

一　七十七〃　道隆寺　平地　堂は東むき

立二尺五寸
本尊薬師
大師御作

ねかひをは　佛道隆に入はてゝ
　ぼだいの月を　みまくほしさに
是より道場寺《だうぢやうし》迄一里半○なかづ村石佛の地蔵堂有　次川有○塩屋村左の方に天神の宮
○丸亀城下町中に橋有　左はみなと調物自由　どき川ゟ西丸亀領東は高松領　過て少
海邊
一　七十八〃　道場寺　少山上　堂東向　鵜足《うたつ》郡宇足津《うたつ》村

坐一尺八寸
本尊阿みた
御作

をとりはね　念佛申道場寺
　ひやうしをそろへ　かねをうつ也
是ゟ崇徳《しゆとく》天皇迄一里半○うたつ村○さかゐで村塩釜《しほがま》あり並松　野沢の水霊水《れいすい》　五丁山
上に醫《い》王《わう》善逝《ぜんせい》石佛大師の御作　此尊《そん》を木壇《もくだん》に安置し奉れは　野沢の水湧《わき》出す　よて石
座に置奉よし
一　七十九〃　崇徳天皇　山地　堂南向　阿野郡北西庄村
正面はちんじゅ　ひたり札所

立二尺三寸
本尊十一面
作者不知

しやうらくの　うきよの中を尋ぬへし
天王さへも　さすらへそ有

是ゟ国分《こくぶん》寺迄一里半　行過　あや川有○かも村過て　相坂有

一　八十〃　国分寺　平地　堂南向　あの郡国分村　此所に平四郎忠三郎宿かし

立壱丈六尺
本尊千手
大師御作

国をわけ　野山をしのき寺〳〵に
　まいれる人を　たすけまします

是ゟ白峯《しろみね》寺迄五十町　此間に坂有　国分坂といふ　十町程上る　谷川有　平四郎忠三郎宿かす(13)

一　八十壱〃　白峯寺　山上　堂坤《ひづしさる》〔ひつじさる〕向　あの〻郡南青海《あをみ》村

霜さふく　露白妙の寺の内
　みなをとなふる　のりのこゑ〳〵

此寺に児《ちご》か嶽《たけ》とて百餘丈の嶽有　延寶年中みな月のそら　後の備劦やすな郡そね原の

立三尺三寸
本尊千手
作者不知

寶泉密寺の雲識《うんしき》　歳十八　高祖のいときなき捨身の御誓《ちかひ》をや学《まね》びけん　此嶽より飛落けるに　うつゝに黄衣《くはうゑ》したる僧半腹《はんふく》にましてとめうけ玉《たま》ふ事ふたゝひ　道通る賈人《あきひと》此寺の蒼髩《そうけい》（デッチ）　此形容《このありさま》を見つけ駭《おどろ》き汗《あせ》して告《つげ》かたえけるほどに人々集《あつま》りふためきしに　おもひもよらぬ後の谷よりつたひ道もなき百餘丈の底を飛出て来《き》にけり　佛神のふしぎ愚意の及ふ事にあらず　是より根来寺迄五十町山路にして村なし　此間にいちの宮へのしるし石あり

一　八十二〃　根《ね》香《ころ》寺　山上の堂南向　あのゝ郡なり

立三尺八寸
本尊千手
御作

宵のまの　たえぬる霜のきえぬれは
あとこそかねの　ごんぎやうの声

是ゟ一宮迄二里半標石有○山口村○飯田村　八幡の宮過て　かうどう川○小山村○成相村

一　八十三〃　一之宮　平地　堂は東向　かゞは郡一宮村

立三尺五寸
本尊正観音
大師御作

さぬき一の宮の御前に　あふきゝて
　神の心を　たれかしらゆふ

是ゟ屋島寺迄三里　但佛生山へかくる時は一の宮ゟ屋嶋寺迄三里半　又高松城下へ行は一宮ゟ屋嶋寺迄四里有也○かのつの村○大田村八幡標石有○ふせいし村八幡宮○まつなは村行て大池有　堤《つゝみ》を行○北村三十番神宮有　過て小川有○ゑひす村○春日村○かた本村　是ゟ屋島寺十八町　坂地蔵堂有

一　八十四〃　屋嶋寺　山上　堂は南向　八幡郡八嶋

梓弓《あつさ》やしまの宮に　もふてつゝ
いのりをかけよ　いさむものゝふ

座三尺
本尊千手
大師御作

是ゟ薬師寺迄壱里有　寺ゟ東坂十丁くだり　ふもとに佐藤次信の墓《はか》有　領主ゟ壱丈四方の切石にて壇《だん》きつき　其上に五尺の石塔を建立し　碑《ひ》の銘《めい》あり　古《ふる》の五輪《ごりん》塔《たう》も有なつけ浦を壇の浦となつく　又あひ引の汐　西東より汐みち　南面山《なんめんさん》のふもとをめぐり南海の中邊《ちうへん》にて満合《みちあひ》　互《たがゐ》に引也　此入海三町ばかり渡りて　奈須《なす》の与市駒《こま》立岩《たていは》有又いのり石有　其南脇《みなみわき》にすさきの堂　本尊正観音大師御作　其南に惣門　次信射《ゐ》をとさるゝ所有　大夫黒といふなん馬の墓有　或はさじきの岡　名切《なきり》水弁に瓜生《うりふ》山とて源氏の本陣所有　其外旧跡《きうせき》数々あり　惣名はむれ村といふ　右の惣門よりやくりへ十八丁行て坂

一　八十五〃　八栗寺《やくり》　山上　堂は南向　寒川郡むれ村

立五尺
本尊千手
大師御作

煩悩《ぼんのう》を　むねの智火《ちくは》にてやくりをは
　しゆぎやうじやならて　誰かしるへし

奥の院へは四丁山上のぼる　是ゟ志度《しど》寺迄壱里半○たい村皆々　志《こゝろざし》有　宿かす　此所に道休禅門《だうきうぜんもん》か墓有　此禅門なかく大師に帰命《きみやう》し奉り　はき物せずしてじゆんれいする事十二度　すべて廾七度の邊路功成て終《つゐ》に身まかるとて
　今までは　とをき空とそおもひしに
　　とそつの浄土　そのまゝの月

皆々御回向《ゑこう》頼《たのみ》たてまつる○大町村○しど村町の西に園子尼《その〻こあま》の寺有　本尊文殊　町末東
新左衛門庄三郎宿かす　此所ゟ先《さき》一日《ひとひ》路《ぢ》米なき時有　こゝにて調てよし

一　八十六〃　志度寺　南向　寒川《さんかは》郡

いささらは　こよひはこゝにしとの寺
いのりのこゑを　みゝにふれつゝ

立五尺二寸
本尊十一面
ふだらく観音の御作

是ゟ長尾寺迄一里○長ゆく村○みやにし村

一　八十七〃　長尾寺　平地　南向　さん川郡長尾村

あし曳の山鳥のをの　長尾てら
秋の夜すから　みたをとなへよ

立三尺六寸
本尊正観音
大師御作

是より大久保寺迄四里○まへやま坂有　がく村爰にごま山とて大師御すほうの所有
経座ともいふ　過て小坂有

一　八十八番　大窪《くぼ》寺　山地　堂南向　寒川郡

坐三尺
本尊薬師
大師御作

南無薬師　諸病なかれとねかひつゝ
　まいれる人は　大くほの寺

是ゟ阿芻きりはた寺迄五里○ながの村是迄壱里さぬき分○大かけ村是ゟ阿芻分○犬のはか村○ひかひだに村　番所切手改む　大くぼ寺是迄山路　谷川あまた有是よりきりはたじまて壱里

　是迄讃岐廾三ケ所

四箇国総《すべて》八十八箇

谷ふかきくつ屋迄乞食《こつじき》(14)なさせたまひしがゆへなりと云て　今は劣根僅《れいこんわづか》に八十八ケの札所計《〔ばかり〕》巡拝《じゅんはい》し往還《わうくはん》の大道に手をこまぬく御代《みよ》なれは　三百有餘《ゆうよ》里の道法となりぬ　巡

礼のはじめたる事　其源《みなもと》不生なり　其功修《しゆ》多羅の中に説《とく》がごとし　こゝをもて俊秀《しゆんしう》たる高納《かうのう》いにしへに徘徊《はいくはい》し　錫々《しやく〳〵》たる智杖《ちぢやう》今の世に絡繹《らくゑき》たり　我《わが》遍照金剛　道を李唐《りたう》に得《え》玉ひしより其分身《ぶんしん》　鯨《くじら》よる浦　善知鳥《〔うとう〕》飛濱《とぶはま》まで勧善懲悪《てうあく》の迹《あと》　今世《よ》に残《のこし》て會《あひ》津の塩　唐濱《たうはま》の貝《かゐ》　ひとり焼種《しやうしゆ》の膽《きも》をひやす　就中《なかんづく》南海四国は託生有縁《たくしやううえん》の所にして　八十八ケの精舎歴々《しやうしやれき〳〵》とし　緇素《しそ》　老若《らうにやく》　今に歩《あゆみ》を運《はこ》ふ　某甲《それかし》其流に浴《よく》する年年久し　ひとゝせ　大師八百五十年忌の春　宿願《しゆくぐはん》弥《〔いよいよ〕》芽《きざ》し四国邊路道しるべをし　うゐ参《まいり》の翁《おきな》にしひがししらぬ女《おふな》わらべにたよりせんと　筆を手にし　巡礼かずたびして一まくりの反故《ほんご》を懐《いだ》く　しかし神歌の疑《うたがは》しき字つゞき　一里塚《つか》の　つがなき道のり　かへて人のまどひとやならんと　既《すで》に覆醤《ふしやう》とせり　こゝに野口氏我功《わがこう》のなる事をよみして　剞劂氏《きちつし》(15)に命《めい》じて四国邊路道指南となりぬ　願以此功徳普及於一切《ねがはくはこのくどくをもてあまねくいつさいにおよび》我等與衆生皆共成佛道《われらとしゆしやうとともにぶつだうをしやうぜん》

旹貞享丁卯冬十一月宥辯真念謹白

〈裏表紙前〉

阿波徳嶋迄渡海
四ツ橋すみや町油屋善左衛門
同町　　阿波屋十兵衛
右阿波屋勘左衛門　日前ニ切手出シ申候
讃岐へ渡海ノ時は
北堀江壱丁目田嶋屋伊兵衛ゟ切手出シ申候
貞享の板磨滅して文字不分明に
より今復梓をあらたむるもの也

注

（1）原本では乱丁があったため、正した。
（2）「二」は原本にはないが、他の体裁と揃えた。
（3）原本では、十二番と十三番の順序が逆だったが、正した。
（4）〔二〕と〔り〕は、他本により補った。
（5）原本では印刷が消えていたため、東北大学狩野文庫本で補った。
（6）難読。ここでは、「といた」と読んだが、他本では「とさかしま村」と読む。
（7）原本では「おかき村」だが、他本により「おほき村」とした。

（8）「一」は原本にはないが、他の体裁と揃えた。
（9）他本では、「ゆかの村」とある。
（10）難読。近藤本では「古城湯月となつく」と読む。
（11）原本では判読できず。「大戸村」と読む。
（12）「くろかね」と読めれば意は通る。他本では「くろかね」。
（13）「平四郎忠三郎宿かす」がくり返し書かれている。
（14）ルビの位置を正した。
（15）「剞《き》劂《けつ》氏」が正しく、「板木師」の意。

『四國徧禮道指南』【現代語訳】

四国徧禮道指南　序

この本、『四国遍路道しるべ』ができたのは、著者の眞念法師が寺院の奥にある五相三密の縄牀《じょうしょう》（縄を張った腰掛け）から出て、南海道にある千里に及ぶ霊場（聖地）に出かけられたおかげです。羊の腸のように細くてグニャグニャしていて、絡み合って分かれ道の多い道で、苦心しながら歩いて行かれました。ずっとずっと人家は見当たらず、岩から流れる水を飲みながら野宿されました。宿所は遠くて、もはやないものと思えば、山をご自分のねぐらと決め、雲に包まれて寝る心地で、四国を回られました。眞念法師は多くの遍路が道に迷うことを哀れに思われて、道を調べるために二度三度と杖をついて四国を巡られました。谷深くに入り、浜を歩きつくし、四国をよく見、地元の人によく聞いてこの本を書かれました。

かけ算の最後の九九の八十一より多い八十八の寺院や村が続き、それへ至る道も遠かったり近かったりします。これをつなげ一巻の書にまとめられました。これを版木に起こして印刷し、日本中に配りたいと思っておられました。まったく蓄えもなく、空しいこととあきらめておられました。これを聞いた大坂の野口氏が自分の財産を、信奉する弘法大師のために差し出されて、ついに眞念法師の願いが叶えられました。

私は高野山の弘法大師の御廟のかたわらに長い年月を過ごして参りました。仏法がこの世に広まっていくことを願いながら修行してきました。そのためになることを眞念法師より頼まれました。眞念法師の書かれた原稿を版木に彫るために清書してほしいとおっしゃるのです。断ることなどありましょうか。高祖弘法大師のために不精な気持ちのかけらを供えて忘れ、その気持ちを水に流して、私は修行のあいまに、無学な女性にも読みやすくなるよう、子供がきいても意味が分かるように、眞念法師の原稿を省略しながら書き直しました。

南無遍照金剛（ああ弘法大師様）

高野山奥院護摩堂に住む本樹軒の主・洪卓が謹んで書きました。

一　巡礼の道筋には迷いやすい所が多いので、方々の人に喜捨をお願いして、標石《ひようしやく》（原文ルビでは「しるしいし」とも）を建てておきました。東西左右を示す文字と喜捨をしてくださった施主の名字を石に彫刻し墨を入れておきました。年月がたって文字の墨が消えてしまった時には奇特な遍路や、標石のある村の古老が再び墨を入れてくださることをお願いするところであります。

一　この道しるべ（『四國徧禮道指南』）の他に、八十八ヵ所のお寺の縁起や宝物等をそれぞれのお寺の住職から書き付けたものをもらい受けて、高野山雲石堂主の本大和上（寂本）が手直しして、『四国徧礼霊場記　全部七巻』として版木におこして印刷いたしました。

この『四國徧禮道指南』の中には拝み所、特に通過する村々の名前、名所旧跡の由来やそこでの出来事、諺などを書き載せました。

一　この『四國徧禮道指南』において、地名の区切りが分からなくなることを恐れ、村名と村名の間に○で印をつけました（【現代語訳】では、一部句読点に置き換えた）。道中の距離については人々の言い伝えのまま書きました。実際はここにあげている数字より遠かったり、近かったりするはずです。(1)

一　用意するもの　札挟み板　高さ六寸　幅二寸

ㅋ　奉　年号月日　徧禮四國中霊場同行二人　おもて側

南無大師遍照金剛　国郡村　から書きます。仮名印

右のように納め札を作ります。札挟みではなく文箱にしてもよろしいです。この本の中の仏像や文字などは大坂北久太郎町心斎橋筋にある版木屋の五郎右衛門が担当しました。また当家では遍路札を売っております。

紙札の準備について

奉納偏禮四國中霊場同行二人

札挟みを首から掛ける時に、順打ちの時は最初に来る文字が左になるように肩にかけます。逆打ちの時は右から掛けるようにします。

一　紙札を奉納する順について。まずその札所の本尊、弘法大師、太神宮（伊勢神宮）、その地の鎮守の神様や神道の大小の神様、天皇、将軍、国主、主君、父母、師長、六親眷属の順に拝み、札を納めます。そして願文では法界平等利益と願いなさい。常に一緒に歩いてくださっている方（弘法大師）の恩得を感じ、宿に納める納め

札や、接待を受けた茶堂でお渡しする納め札を用意しておきましょう。

札所では男女ともに、光明真言・弘法大師の宝号を唱えてお祈りしましょう(1)。そしてその札所の御詠歌を三回唱えましょう。

一　持ち物は、背中に背負いその中に衣類などを巻き込む負い俵、飯などを盛る曲げ木の食器の面桶《めんつう》、笠、杖、茣蓙《ござ》、脚絆、足半《あしなか》、その外の持ち物は各自で必要なものを持っていってください。旅の大概は足半で遍路を行うのがいいと言い伝えられております。草鞋《わらうづ》（わらじ）は札所ごとに手を洗う水が用意されていないことがあるので、ひもをほどいたり結んだりすることで手を汚すからです。でも草履《ぞうり》や草鞋でもかまいません(2)。

この本の中に、遍路に宿を貸してくれる人びとの名前を書いているところがあります。これは私が何度か遍路をした時に、途中で日が暮れ、宿がない時にとても難儀をいたしました。そこで志のある人に働きかけて、諸遍路に宿を貸してくれる人がいますよと、その人の名を書きました。ところがそこに行けば必ず宿を借りることができるように心得違いをする人がいます。善意の人にも用事があったり、取り込みごとがあったりします。遍路をする人はそこのところは料簡《りょうけん》のある対応をしてください。

一　徳島と丸亀への渡海は、船の中に男一人女一人という乗客の構成では出帆しません。また同様に男または女一人という乗客でも出帆しません。

四國邊路道指南　全

一　摂津国大坂より阿波国徳島へ渡海する時は堂島の玉江橋にある阿波屋勘左衛門方に行って、渡り方を尋ねてください。銀二匁が徳島までの船賃です。海上三十八里あります。大坂より下って徳島には遍路宿があります。徳島内町魚棚の橋屋㐂（喜）右衛門方です。

一　摂津国大坂より讃岐国丸亀、志度、高松へ渡海する時は、北堀江一丁目の田嶋屋伝兵衛方にて渡り方を尋ねてください。銀二匁が丸亀までの船賃です。大坂から海上五十里あります。これが大坂から徳島または丸亀までの渡海のしかたです。

宗旨手形が必要ですが、あなたを証明する人があれば、大坂生玉の新蔵院でもらう事ができます。お礼はいりません。

一　阿波国霊山寺より四国遍路巡礼を始めることは弘法大師がなさったご巡行の通りといわれています。但し十七番の井戸寺より巡礼を始めれば、順路の都合が良いようです[3]。詳しくは、徳島でお尋ねください。讃岐国丸亀城下に渡海する場合は宇多津の道場寺（現・郷照寺）より巡礼を始めるのが、都合が良いようです。

一　阿波国徳島より、霊山寺まで二里半です。○徳島佐古《さこ》町九丁目より右に行くと矢《や》三《そ》川があります。○矢三村、次に鮎喰《あくい》川があり、○高崎《たかさき》村、そして隅瀬《すみぜ》川（現・吉野川本流。この川名は消滅）○貞方村○勝瑞《しょうずい》村　この次に吉野川[4]という大河があります。舟渡しがあります。○川崎村を通過します。

一　**一番　霊山寺《りょうぜんじ》**　南向き、平地、板野郡板東村。

●座像　高さ二尺　本尊釈迦如来　弘法大師御作

御詠歌

釈迦が説法された霊鷲山《りょうじゅせん》　そのゆかりの霊山寺で

ご本尊の御前まで巡ってきて　そのお導きで諸々の罪が消え失せてしまいました

これより極楽寺まで十町です。○檜村《ひのき》に至ります。

一　**二番　極楽寺《ごくらくじ》**　山を後ろにし東向き、板野郡檜村。

●座像　高さ四尺五寸　本尊阿弥陀如来　行基作

御詠歌

阿弥陀仏のいらっしゃる極楽浄土へ行きたいのでしたら

南無阿弥陀仏を常に唱えなさい

これより金泉寺まで二十五町です。○川端村○大寺村《おおてら》となります。

一　**三番　金泉寺《こんせんじ》**　これまた山を後ろにし、南向き、板野郡大寺村。

●座像で高さ三尺　本尊釈迦如来　弘法大師御作

御詠歌

極楽にあるという宝の池を一心に想いなさい
水が湧き出している池底の金の泉から　澄んだ水が池を満たしているでしょう

黒谷まで一里です。岡ノ宮に大師堂があります。○吹田《ふきた》村○犬伏《いぬぶし》村○那東村に標石があります。ここから十八町、谷へ入っていきます。

一　**四番　大日寺《だいにちじ》**　又は黒谷寺ともいいます。後ろの左右は山で、南に向いています。板野郡黒谷村。

●座像で高さ一尺五寸　本尊大日如来　作者不明

御詠歌

月明かりで白々と見える夜中に　物思いにふけり眺めていると
この黒谷にいる私の墨染めの袖が黒々と見えます

ここから地蔵寺まで十八町あります。

一　**五番　地蔵寺《じぞうじ》**　後ろの右側が山です。南向きで前に蓮《はす》池があり、その中に弁財天の社があります。板野郡矢武《やたけ》村。

●座像で高さ一尺七寸　本尊地蔵菩薩　作者不明

御詠歌
六道にいる衆生を導き　死後の私たちの魂を救ってくれる地蔵菩薩様
現世と後生の私たちの人生をどうか良いように導いてください

この寺によく効く薬があります。参詣された方々は買い求めるとよろしいですよ。ちまたでは「万病円《まんびょうえん》」といわれています。安楽寺まで一里あります。○神宅《かんやけ》村○七條村○引野村があります。

一　**六番　安楽寺《あんらくじ》**　又は瑞運寺《ずいうんじ》ともいう。(5)　板野郡引野村。(6)

詠歌
この世で領地争いをするような諍《いさか》いは何一つ益がない
それよりも死後の阿弥陀浄土で守護を受けることを望みなさい

十楽寺まで十町あります。○高尾村に至ります。

一　**七番　十楽寺**《じゅうらくじ》　後ろは山、堂は南向き、板野郡高尾村。

●座像　高さ二尺　本尊阿弥陀如来　作者不明

御詠歌

人間世界の八苦(7)を早く離れることができるなら
そのたどりつく先は九品十楽(8)でしょう

熊谷まで一里で野原です。○原田村○土成《どなり》村を行きます。

一　**八番　熊谷寺**《くまだにじ》　後ろ左右が山で、堂は南向きです。阿波郡土成村。

●立像　高さ六尺　本尊千手観音　作者不明

御詠歌

薪を取り、そして水を汲むという修行で熊谷寺に来て
難行をするのも現世のためであり　後生のためでもあります
法輪寺まで十八町です。

一　**九番　法輪寺**《ほうりんじ》　平地で南向き、阿波郡。
●座像　高さ一尺五寸　本尊釈迦如来　作者不明
御詠歌
大乗仏教からの非難も言いがかりも跳ね返して
転法輪（仏教の説教をすること）の縁こそ大事なのです
切幡まで二十五町あります。○秋月村○切幡村となります。

一　**十番　切幡寺**《きりはたじ》　堂は南向き、阿波郡切幡村。
霊山寺より是までを十里十ヵ所と言います。

●弘法大師御作　本尊千手観音　秘仏

御詠歌

欲心をただ一心に　この切幡寺で自分から切り離しましょう

そうしなければ欲にまみれた行動は　あなたが死んだ後に極楽往生することの障害になるでしょう

是より藤井寺まで一里半○大野島村○粟島村（江戸時代は吉野川の中洲）、この次に吉野川があります。舟渡しで渡ります。○麻植《おえ》村を通ります。

一　**十一番　藤井寺《ふじいでら》**　後ろ左右が山で、東向きです。麻植郡。

●座像で高さ三尺　本尊薬師如来　弘法大師御作

詠歌

一色一香無比中道　つまり不二一体(9)という言葉のように

色も香も無比中道の藤井寺で　真如(10)の波の立たない日はありません

是より焼山寺まで三里あります。途中は山坂なので宿がありません。一里半行くと柳の水があります。昔大師がいらっしゃった日に、旅人の疲れを憐れに思われました。そして持っていらっしゃった菩薩道具の総楊枝《ふさようじ》を道の傍らに立てられましたら、そこから慈悲の水が湧き出ました。加持の力を今に失わない楊枝も美しい姿の糸柳の木になって今もあります。それ以来遍路は渇きから解放されることになりました。ここに標石があります。○左右内《そうち》村、谷川があり垢離《こり》とり川ともいいます。ここで水垢《みずご》離《り》をして焼山寺に登ります。十八町あります。坂の途中に薬師堂があります。

一　**十二番　焼山寺《しょうさんじ》**　南向きです。名西郡。

後生を思うならこの焼山寺で恭敬《くぎょう》しましょう（慎みましょう）

死後に死出の山や三途の川の難所がありましょうとも

●座像で高さ四尺五寸　本尊虚空蔵菩薩　弘法大師御作

禅定（山中で修行する所）があります。これより一宮まで五里です。左右内村に戻って行ってもよろしいでしょう。寺より南（東）に八町下った脇に、右衛門三郎の塚印の杉と地蔵堂があります。詳しくは伊予石手寺の縁起に載っています。一宮への道はこれよりも行けます。ただし少々坂があります。○左右内村○阿川村○広野村○入《にゅう》田《た》村、二本木には茶屋があります。焼山寺から二本木まで山道や谷合がたくさんあります。

一　**十三番　一宮寺**《いちのみやじ》(11)　平地、東向き、名東郡。

詠歌

阿波の国の一の宮というこのお宮で
ゆうたすき（木綿の襷）を肩にかけて祈りましょう　現世と来世を

●秘仏　本尊十一面観音　作者不明

奥の院があります。

是より常楽寺まで十五町、この間に川（鮎喰川）があります。〇延命村を行きます。

一　**十四番　常楽寺《じようらくじ》**　平地、南向き、名東郡。

●座像　高さ八寸　本尊弥勒菩薩　作者不明

永遠の悟りである常楽の地の岸にはいつか行き着くでしょう
弘誓《ぐぜい》(12)の船に乗り遅れないようにしておれば

是より国分寺へ八町あります。

一　**十五番　国分寺《こくぶんじ》**　平地、南向き、名東郡。

御詠歌
秋の紅葉が薄くそして濃く色を染め分けています(13)
全ての命が生死により流転しているように秋の紅葉の葉もいろいろの色を見せています

●座像　高さ一尺五寸　本尊薬師如来　作者不明

これより観音寺まで十八町です。

一　**十六番　観音寺《かんおんじ》**　平地で南向きです。名東郡。

●立像　高さ六尺　本尊千手観音　弘法大師御作

観音寺の観音様　私たちを忘れないで必ず導いてください
西方浄土にいらっしゃる阿弥陀仏の世界に

井戸寺まで十八町です。○府中《こう》の村▲但し井戸寺より打ち始める時は観音寺に到着し藤井寺まで家続きの道を行きます。この間にいる小江塚弥三右衛門は遍路をいたわって宿を貸してくれます。(14)

一　**十七番　井戸寺《いどじ》**　明照寺ともいう。平地、南向き、名東郡。

自分の姿を井戸の水に映して
その水に自らの姿が映ればおのれの罪穢《けが》れは消えてしまうでしょう

●座像　高さ五尺　本尊薬師如来　弘法大師御作

これより恩山寺へは五里○鮎喰川、徳島までは家続きです。○徳島○勢見ケ鼻《せいみがはな》○二軒屋村に茶屋があります。次に冷田川に橋があります○法花川（現・園瀬川）にも橋があります。これより一町程いった所に標石があります。○西須賀《にしずか》村○江田村○芝生《しぼう》村○田野村を行きます。標石があります。

一　**十八番　恩山寺《おんざんじ》**　南向き、一町余の山上にあります。勝浦郡。

●座像　高さ一尺五寸　本尊薬師如来　作者不明

子供を産むその父母の恩のある所の恩山寺
その恩を思えばここへ訪れがたいことがあるでしょうか

ここで父母の恩に報いましょう

この寺の前の弦巻《つるまき》坂の下に一黒藪という竹があり、弘法大師降誕の襁褓《むつき》を納めていると言い伝えられています。立江寺へ一里、○天王村（現・不詳）に宮があります。茶屋があり、田中山を通ります。

一　**十九番　立江寺**《たつえじ》　平地、東向き。
●座像　高さ六尺　本尊地蔵菩薩　弘法大師御作

いつの日か西のすまいのこの立江寺に来て
西方浄土へと向かう弘誓《ぐぜい》の船に乗って行きたいものです

これより鶴林寺まで三里、○立江村、九つの石の橋があります。この橋の上に白鷺がいる時は往来の人がその橋を渡ることはなりません。もし禁をやぶって渡れば災難が降りかかるでしょう。標石があります。○櫛渕村に標石があります。左へ三十町行ってその脇に岩脇という村があります。ここに取星寺《しゆしようじ》があります。この寺に弘法大師が秘法でよびよせた、玲瓏として青黒色の星があります。厨子の中にびいどろの蓮花座に安置してありますが、同じ岩脇村に正安寺（廃寺）があります。ここに弘法大師作の観音像があります。この寺にはその他の霊宝が多くあります。少し本道を回り道しますが、同じ岩脇村に正安寺（廃寺）があります。大道より五町程左です。標石があります。○沼江《ぬえ》村○中角村△勝浦川を渡り、十四、五町北の星谷岩屋寺（現・星の岩屋）に広さ十畳敷の三角の巌《いわお》がありま す。この中に明白《みょうばく》の鏡石があります。三丈ばかりの滝があります。傍らに弁財天の社があります。取星寺の星が天下ってくる時に落ちてきた石といって、十丈余の大石があります。この霊場には目を見張る程驚きます。必ず立ち寄ってみるべき所です。○星谷より鶴林寺の奥の院まで三里あります。奥の院に行くには半里ほど川端を行きます。○横瀬村や星谷へ寄らずに直接鶴林寺へ行く時には森村（生名《いくな》の旧地名）から鶴林寺へ十八町の坂道を登ります。但し奥の院に行く時には森村より二里半ありま す。この間に勝浦川を渡ります。○森村より十五町余行った所に住んでいる五郎兵衛の所に荷物を置いて奥の院に出かけると良いでしょう。○与川内村○坂本村▲昔弘法大師が行脚されていた折に、一夜の宿として休む所がなくて霜の深い萩の野原に野宿されました。弘法大師がお祈りをされたからでしょうか、今の世までこの里人は露や霜を見ることがありません。お休みになった場所の跡が今に伝わっています。また坂本村の長福寺には古仏がたくさんあります。○となり村の黄《き》檗村《わだむら》は坂本村と異なり特に霜が深いのでその際立ちが珍しくおもしろく思えます。○大久保村を少し行った所に▲灌頂が滝、または不動の滝ともいう滝があります。日に三回五色の雲とともに不動明王が降臨されます。辰巳の（午前九時）頃にはその姿を最も確かに拝むことができます。この拝所（滝は遥拝する）より八町登った所に▲月頂山慈眼寺があります。鶴林寺の奥の院です。本尊は不動尊です。𑖮𑖽《はん》上人がお作りになりました。寺より三町余り西に堂があります。本尊は十一面観音と不動尊です。いずれも弘法大師の御作です。また同所に不思議の峯があります。その中腹に一丈ばかりの卒塔婆《そとば》があります。弘法大師がこれを作られたと伝えられています。少し登った所に岩穴があります。入り口に一心という白字で弘法大師の書かれた文字があるといわれています。別名胎内くぐりといいます。入り口が細いので、たいてい薄い着物を着て、案内者が松明《たいまつ》を持って、二十間程行きます。自然石でできた幡《はた》、華鬘《けまん》、天蓋《てんがい》、金剛杵《こんごうしょ》、諸仏、龍などが見えてくるので拝みましょう。そして十間余り行くと入り口が六尺で高さが一丈余、その奥に二十畳敷き程の空間があります。四方の岩に曼荼羅があります。弘法大師が彫られました。そこで護摩や虚《こ》空蔵求《くうぞうぐ》聞持《もんじ》法《ほう》をなされました。入り口より奥は全部で三十間余りです。霊洞であることは言葉で説明ができません。歌にこうあります。

天を飛ぶ鶴の奥山のその奥で気持ちが冴えて　本尊に深く深く頼みます
ここでの気持ちは仏教の法《のり》に通じます

ここより荷物を置いた横瀬に戻ります。○棚野村を通ります。

一　**二十番　鶴林寺《かくりんじ》**　辰巳（東南）向き、勝浦郡。

お釈迦様が最期を迎えた鶴林（沙羅双樹）を目印にして登りましょう
そこに弘法大師様がいらっしゃいます
そして地獄の衆生を救う地蔵菩薩も帝釈天もおられます

●立像　高さ三尺　本尊地蔵菩薩　弘法大師御作

これより太龍寺まで一里半あります。今の道は近道です。弘法大師が行脚なさったのは、加茂村から登り道です。その道のりは二里程です。道に旧跡もあります。○大井村、那賀川は舟渡しです。○若杉村に家が四、五軒あります。

一　二十一番　**太龍寺**《たいりゅうじ》　辰巳向き、那賀郡。

●本尊虚空蔵菩薩　秘仏

奥の院があります。

（大師が南舎心《しゃしんが》ケ嶽《たけ》で行われた）虚空蔵求聞持法の守護を受けてこの寺の名を持つ大龍が常に岩屋に住むといいます

平等寺まで二里、三十町程は深山です。本道は山中村（現・不詳。中山村と山口村あり）を通って三里です。今の道はまっすぐ行く道として造られた道です。○阿瀬比村、大根坂《おおね》○新野村《あらたの》を行きます。

一　二十二番　**平等寺**《びょうどうじ》　後ろ山、南向き、那賀郡〔なかの郡〕。

●座像　高さ二尺　薬師如来　弘法大師御作

この寺の名にあるへだてのない平等であると聞く時は

なんと頼もしいことでしょう　仏の姿が近くに感じられます

これより薬王寺まで五里です。○寺の前の川（桑野川）を渡り二十町ほどは家並みが続きます。○月夜村、ここには弘法大師の伝説がありえます。詳しくは地元の人に尋ねてみてください。○鉦打《かねうち》坂、麓に茶屋があります。逆瀬川⑮。この川に棲む蜷貝（カワニナ）には先端の尖っている所がありません。これは弘法大師が加持されたからです。○小野村の次に松坂、標石があります。○田井村、苫越坂○木岐浦の清右衛門が宿を貸してくれます。○大坂○日和佐田井村、小田坂を下ると川（北河内谷川）があります。○北河内村○日和佐浦、川（北河内谷川・日和佐川の合流）があります。

一　**二十三番　薬王寺《やくおうじ》**　後山、南向き、海部郡日和佐村。

●本尊薬師如来　弘法大師御作　秘仏

多くの人が病むという厄年に　薬王寺の薬師如来様
瑠璃の壺の薬を与えてください

今まで述べた二十三ヵ寺は阿波の領地です。是より土佐の東寺まで二十一里、その内十里分は阿波領です。○潟村、横川《よここ》坂○山河内村ここに真言道場の打越寺（駅路寺の一つ）があります。この寺は遍路をいたわって阿波の藩主がご建立されました。少し行くと寒葉坂〔かんばか坂〕があります。山を越えます。○橘○小松○ホトリ○河内○牟岐浦、日和佐よりこれまで山、谷、川が多いです。逢坂という坂があります。浅川まで二里あります。

この先を八坂坂中八浜浜中と言います。これは逢坂で昔、行基《ぎょうき》菩薩が鯖という魚を運ぶ馬追の男と同道されました。いかなる話のはずみか、行基菩薩が鯖を一匹欲しいとおっしゃいました。この男が腹を立て行基菩薩に罵詈雑言を言ったところ、「逢坂や　八坂の坂中で鯖一つ行基にくれないというので　馬の腹が痛みます」とうたわれました。たちまちその馬は横倒しになりました。この男は驚き、この方はただの人ではない、尊い方とは知らないで、下賤の民のなしたことですと、地面にひれ伏してお詫びしました。「逢坂や　八坂の坂中で鯖を一匹行基にくれて　馬の腹痛が治る」、と歌いました。馬は躍り上がり、元のようになりました。このような出来事は高僧が人を救うための教えとして示されたことでしょう。以上が八坂坂中八浜浜中の出来事です。

○逢坂○内妻○松坂○古江○志田坂○福良村○福良坂○鯖瀬村○萩の坂○坂中の大砂という海岸○鍛冶屋坂○粟ノ浦坂を過ぎて天神宮があります。伊勢田川、満ち潮の時は川上に回って渡渉してください。○伊勢田村○浅川浦、大道より左に町が有ります。○稲村に観音堂があります。この村の市兵衛が遍路に宿を施します。○借戸坂〔からうと坂〕。ここまでが八坂坂中八浜浜中に入ります。○免許《めんきょ》村に大師堂があります。村はずれから左に道を取ります。海部奥浦、鞆浦という町があります。港は活気のあるところです。遍路はこの街を行くといいでしょう。大道を行けば回り道になります。それ故に奥浦の橋本屋右衛門作と鞆浦《ともうら》の嶋屋久右衛門両人は皆仏教に帰依し成仏を信じている人たちですが、まっすぐの道を造りました。奥浦より那佐村へ行きます。免許村よりこの間に河（海部川）があります。奥浦へ行くにもこの河を渡ります。○高園村〔たかそね村〕に大師堂があります。次に母川という川あります。この川を母川という理由は、[16]弘法大師が御巡礼の折にこのあたりは干ばつでした。（雨が降らないため）山の化け物は鬚がこげ、魚（「河伯《かはく》の民《たみ》」は、川の神である河伯＝河童の臣下、つまり魚のこと）はいなくなってしまいました。一人の女性がはるばると山間より水を手に下げて来ていました。弘法大師はほんの少しの水をくださいと言われました。この女性が言うには、日照りが長く続いて、幼な子が一人二人、いつも喉が渇いているといっているのを見るのに耐え難くて、自分の命を岩窟に投げ出す捨身の行をして良い結果（功徳）をえました。幸いなことに今日は私の母君の命日（寿のつきる日）なので、三宝（仏、法、僧）に水を奉りましょうといって、惜しむ気配もありませんでした。この女性のまことの慈悲の水に、弘法大師が加持されたしるしの月が浮かぶ河水となってどんな日照りにも水が涸《か》れずに流れています。○那佐坂○那佐村○宍喰浦町があります。町の入り口右に祇園社があります。ここの円頓密寺（駅路寺の一つ）は遍路のために藩主が建てられた寺院です。次に川（宍喰川）を渡って、阿波の境目番所が古目というところにあります。ここで往来切手（手形）をあらためられます。過ぎて行くと坂（宍喰峠）があります。阿波国と土佐国の国境の峠です。○甲浦《かんのうら》、ここから土佐国の領分です。入口に土佐国の番所があります。この番所より土佐一国の「御かきかえ」がだされます。甲浦の町中に社があります。片原町（片側だけに家並みのある町）に良い港があります。○白浜町の明神の社を行くと川（河内川）があります。甲浦坂に標石があります。この坂を生見坂ともいいます。○生見《いくみ》村○相間《あいま》、この沖の岩に法然上人が書かれた南無阿弥陀仏の名号があります[17]。干潮になると見えると言い伝えられています。この次に坂があります。○野根浦、浦の入り口に宮が立っています。また大師堂があります。五右衛門が宿を貸します。その外に遍路に対して志のある人が多いところです。ここで足りないものを調えましょう。町の端に川（野根川）があります。○伏越番所、ここで、甲浦でもらった切手に裏書きしてくれます。伏越坂、これより一里あまりは跳び石といって難所の海岸です。○入木《いりき》村八幡宮、並びに川（入木川）があります。○佐喜浜、浦、野根よりこれまで四里です。○尾崎村、鹿岡《かぶか》坂村もあります。

○椎名村○上三津村、下三津村これより東寺まで二十町余りの中に見所が多くあります。まず大穴、奥へ入ること十七～十八間、高さ一丈あるいは三～四丈で、広さは二～三間あるいは五間から十間です。太守（藩主）が石を掘って五社を建立されました。愛染権現と言います。この岩屋に毒龍がいて、人や動物に害をなしました。弘法大師がこれを退治し、その跡に権現を安置されました。東の穴にある大神宮の社を過ぎると、霊水が湧いており、この水を死者に供えます。次に、求聞持法の道場があり、庵もあります。この後ろに岩窟があり、入り口が一間あまり奥行が六～七間で、本尊は如意輪観音の石仏です。座が二尺の石です。これらは竜宮より上がってきたと言われています。石でできた厨子壇《ずしだん》があります。脇立《わきだち》は二尺六寸の仁王です。厨子の石の両扉には天人の浮き彫りが彫られています。全てが石でできています。権化《ごんげ》(18)以外の誰がこういうことを成し遂げることができるでしょうか。その外に龍燈(19)が時に上がり、どこまでも霊気のあふれる神秘的な景色です。東寺は女人禁制のために女性はここで納経します。そしてここから海辺をまっすぐ津呂浦に向かいます。男は求聞持堂より七町登って東寺に参ります。

一　**二十四番　東寺《ひがしでら》**　または最御崎寺《ほつみさきじ》、南向き、安芸郡。

大師をあげめて
　仏法の霊気あふれる室戸といっても　私が住んでいるので
　有為(20)と同じく生じては消える波風がこの岬に寄せない日はない

●秘仏　本尊虚空蔵菩薩　弘法大師御作

明星が出てくる方向にある東寺　それまでの闇の中で模索していた迷いはなにゆえにあるのでしょうか

これより津寺まで一里です。東寺より十町ほど下り坂です。○津呂浦、右の岩屋より女性はここにでてきます。よい港です。石を切った切り通しは驚くほどです。○室津浦、ここにも石の切り通しがあります。津呂浦と室津浦の港の縄張りなどの工事の壮大さは文字で言い尽くせないほどのものです。

一　**二十五番　津寺《つでら》**　津照寺《しんしょうじ》とも言います。麓より半町ほど登ります。石段は南に向いています。安芸郡室津浦。

詠歌

仏の教えの舟　この津寺の港に入ろうとするのか出ようとするのか

この世で迷っている我が身をその舟に乗せてくださいませ

●秘仏　本尊地蔵菩薩　弘法大師御作

これより西寺まで一里です。少し行くと川（室津川）があります。○浮津浦を過ぎて標石があります。女人はこれより左に行き、行道崎（現・行当岬《ぎょうど》）という所に大師がお作りになった不動があります。女人はここで札を納めます。西寺が女人禁制をしかれているからです。この先では土石《といし》という名物になっている硯石を産出します。でも採取することはできません。女人はこれより黒耳《くろみ》村にでていきます。男は標石より右の道をいきます。小川（元川）があります。○元村、これより西寺まで四町坂を上ります。

一　**二十六番　西寺《にしでら》**　金剛頂寺《こんごうちょうじ》とも言います。安芸郡。

詠歌

人の死後に極楽往生する望みの場所である極楽は
月が沈んでいく西寺の空の先にあります

●秘仏　本尊薬師如来　弘法大師御作

これより神峯寺まで七里です。○黒耳《くろみ》村、吉良川村、この間に川（東ノ川・西ノ川）があります。○羽根浦、西寺より三里です。この間に川（羽根川）があります。中山坂は深山です。○加領郷《かりようご》浦《うら》、この間ははね石という海辺です。[21]○奈半利浦には町があります。この間に大河（奈半利川）があり、渡し船で渡ります。○田野浦はよい町です。この間に八幡宮、大師堂、寺もあります。町を過ぎて安田川があります。○安田浦には町があります。町はずれに標石があります。○唐浜《とうのはま》から神峯《こうのみね》まで坂です。

麓に養心庵があります。荷物をここに置いて、札をもっていきましょう（原文では「札しまひよし」）。

一　**二十七番　神峯寺《こうのみねじ》**(22)　山の上にあり、堂は南向きです。安芸郡唐浜村。

御仏が誓い心を示される神峯寺
たとえ地獄の刃がそこに堕ちた人々を苦しめることがあっても
私は神峯の仏に心から帰依いたします

●座像で高さ一尺二寸　本尊十一面観音　作者不明

この谷に喰わず貝といって土でできた貝があります。これは弘法大師がこの浦の人が貝を持ってくるのにお会いになった時に、少しくださいと言われたところ、「これは人が食べられる貝ではないよ」とお答えしました。その人の、人にものを分け与えるのを惜しむ心を不憫に思われて、そして後の世の人のために加持をなさいました。その時以来、貝は煮ても焼いても食べられないものになってしまいました。谷に捨てたと言います。今の世まで石貝として存続しています。その浦人もこの出来事が恥ずかしく、また諭してくださった弘法大師をありがたく思い俗世間との関係を断って遁世生活に入りました(23)。

ここから大日寺まで九里です。○大山、河野村の次に不動堂があります。○伊尾木村、この間に伊尾木川と安芸川の二つの川があります。○安芸浦の町を過ぎて新城浜まで一里です。砂の多い所で、八流《やながれ》の麓に茶屋が有ります。○八流山を下って小川(赤野川)があります。○和食村、手結《てい》山のふもとに茶屋があります。○手結村、山の中に村があります。○手結浦、港町があります。次に小川(夜須川)があり夜須浜にでます。○岸本村○赤岡村の町を過ぎて橋があります。○野市村に標石があります。○大谷村に至ります。

一 **二十八番　大日寺《だいにちじ》**　山の上で、堂は南向き。香美《かみ》郡大谷村。

すぐ消える露や霜のように罪を照らし消してくれる大日寺
私がこの寺に足を運ばないことがあるでしょうか

●座像　高さ四尺五寸　本尊大日如来　行基作

これより国分寺へ一里半、○母代寺《ぼだいじ》村○父養寺《ぶようじ》村、この間に物部川があります。大水の時は大日寺より野市町に戻り、舟渡があります。いつもは歩いて川を渡ります。○戸板島村○岩次村〔いは松村〕、松本村○上野田村○廿枝《はたえだ》村、ここを過ぎて川（国分川）があります。○国分村となります。

一　**二十九番　国分寺《こくぶんじ》**　平地で、堂は南向き。長岡郡国分村。

●立像　高さ三尺　本尊千手観音　行基作

国を分け国ごとに宝を積み上げて建つ寺は
末代まで私たちにご利益を残してくれます

これより一宮まで一里半、この間に小川（笠ノ川）があります。○八幡《やはた》村、この間小坂があって山上に八幡宮があります。○定林寺《じょうりんじ》村〔でうりんじ村〕に地蔵堂があります。この地蔵堂の本尊の石仏は大師がお作りになりました。それから年月が経って破損しましたが当村に住む七兵衛が再興し、大師の御影も建立しました。そこで遍路に宿を施します。○滝本村、坂があります。この峠から高知の城を見ることができます。

一　**三十番　一宮《いちのみや》**(24)　平地で、堂は南向きです。長岡郡一宮村。

多くの人が集まるこの土佐の一宮
昔も今も人々の信仰を集めて栄えています

●秘仏　本尊阿弥陀如来　作者不明

これより五台山まで二里です。○薊野《あぞうの》村、土佐藩の藩主の氏神を祀る神社（掛川神社）があります。またこの山に亡くなった藩主の先祖をまつるおたまやがあります。麓に見竜院というお寺があります。これを過ぎて比島橋、その次に丸山があります。○高知城下では町の入口に山田橋という橋があって、そして番所があります。ここで往来切手（手形）を改めます。もし町に泊まりたいときには番所から庄屋に指図してもらって宿を借りることになります。町の中に菜園場橋《さえんば》、それを過ぎて農人町、町はずれを三ツ頭㉕といいます。これより堤防の上を行きます。左は田です。右は入り海です。それを行くと絶海《たるみ》の渡しがあります。次に及古寺《ぎゅうこじ》（現・吸江寺《ぎゅうこうじ》）にでます。この禅宗の寺の佇まいは煩悩の迷いを払うようです。片側に家の並ぶ片原町です。これより五台山へ八町の坂道です。

一　**三十一番　五台山《ごだいさん》**　辰巳の方角を向いています。長岡郡。

●秘仏　本尊文殊菩薩　行基作

ああ文殊菩薩様
「三世覚母《さんぜかくも》」というように過去、現在、未来に現れる仏様のお母様と聞きます
私も子供としてあなたの乳（智慧）がほしいです

これより禅師峰寺まで一里半です。五台山より八町下に川（下田川）があります。ここを舟で渡してもらい、堤の上を行きます。○下田村、この間に坂があります。○十市《とおち》村、ここから少し坂になっています。

一　三十二番　**禅師峰寺**《ぜんじぶじ》　南向きです。長岡郡十市村《とおち》。

●秘仏　本尊十一面観音　弘法大師御作

静かな海にほど近くその水の源となっている禅師峰寺
水に浮かぶ私の心には法《のり》の早船に乗っていきたいという思いがつのっています(26)

すべてが浄土のような禅師峰寺
空のかなたの雲を照らしている月をご覧なさい　ここが浄土であることがわかります

これより高福寺まで一里半です。一里は海辺を行きます。○種崎御座町といいます。標石があります。渡し場にでます。この湾口を浦戸といいます。屋形（貴人の邸宅）があり、高知城下に三里の所です。浦戸湾は入りくんでいて、舟屋が多くあります。ここから渡し船に乗ります。五町ほど海を行くと右に狭島《さしま》(27)という小島があります。○御畳瀬浦《みませ》、片側に家並みのある片原町、長浜村に至ります。

一　**三十三番　高福寺《こうふくじ》**　雪蹊寺《せっけいじ》ともいいます。平地で南向き。阿川郡〔長岡郡〕長浜村。

●座像で高さ四尺　本尊薬師如来　運慶作

飢えを感じた旅の道も今は幸福な気持ちで高福寺に来ています
後の世を楽しみに　夜明けの空に残る月が美しく照っています

これより種間寺まで二里です。寺を出たところに橋があります。そして小さい坂があります。〇東諸木村《ひがしもろぎむら》〇西諸木村、次に川（新川川）があります。

一　**三十四番　種間寺《たねまじ》**　辰巳向き、吾川郡。

世の中に五穀の種をまく種間寺
その種のように深い大慈悲の心をご本尊の薬師如来が与えてくださっていることです

●座像　高さ四尺六寸　本尊薬師如来　中国渡来仏〔漢土人作〕

これより清滝寺へは二里行きます。○森山村○弘岡村、この次に仁淀《によど》川という大河があります。舟で渡ります。渡し場が川上にあるときには荷物をもって直接清滝寺に行きます。渡し場が街道沿いの川下にあるときには荷物を高岡のまちにおいて札所に行くといいでしょう。○高岡を通ります。

一　**三十五番　清滝寺《きよたきじ》**　南向き、高岡郡高岡。

湧き出る澄んだ水を汲めば心が清らかになります
清滝寺の湧き水は水が跳ね散って岩に羽衣がかかっているようです

●秘仏　本尊薬師如来　行基作

これより青龍寺〔清瀧寺〕まで二里半です。井関村、その次に小川（波介川《はけかわ》）があります。○塚地村○宇佐坂○宇佐村、歩き道を行くときはこの村の西に荷物を置き青龍寺へいきます。ただし横浪まで三里を舟で行くときは対岸の井尻《いのしり》まで荷物を持っていくといいでしょう。○福島浦から（内ノ浦湾の）入海が続き、海を舟で渡ります。舟賃は四銭です。○井尻村に荷物を置いて札所に行くといいでしょう。次に竜坂があります。○竜村に行きます。

一　**三十六番　青龍寺《しょうりゅうじ》**　山上にあって、堂は南向き。高岡郡竜村。

●秘仏　本尊不動明王　弘法大師御作

わずかにある泉水に住んでいる青竜は
仏法を守護する誓いの印と聞きます

これより仁井田まで十三里、ただし井尻に戻り横浪という所まで三里あります。舟で行ってもよろしい。舟から眺めるこの間の風景はよいです。左に牧場が見え、馬が多く飼われています。また八坂坂中八浜浜中という景色が続きます。歩いていく道は宇佐村の西にでます。○宇佐坂または灰方《はいかた》ともいいます。○灰方村○高祖村○塩間《しわい》村

○塩間坂○出見《いずみ》村、この所を出見ということは、花山院《かざんいん》（九六八〜一〇〇八）が離宮を構えられた時代の出来事に由来します。天候が普通ではなく、花山院は都の空が懐かしく思われて、幾度も門の外へお出でになられたので、出見と名づけられました。
また土佐の大平《おおひら》氏の所へおくられた花山院の歌があります。

土佐の海に私の身は浮草のように揺れながら流れよりました
寄る辺のない私の　身を哀れと思ってください

大平氏のお返しの歌

哀れとおっしゃることをどのようにとらえていいでしょうか　お応えするには
私には分がすぎます　私の身は入海の藻に隠れているように力も何もない身で
すから

花山院はついにここでお亡くなりになられたと聞きます。(28)千光密寺に廟と碑があります。
○出見坂または立目坂ともいいます。○立目村○あかくま坂を今は通らないで海岸の道を行きます。○させぶ坂も今は通りません。○摺木《するぎ》村○立石坂も通りません。○どうめき坂○横浪村、これまで八坂坂中八浜浜中です。弘法大師の詠歌があります。

道筋に抜きなし機《はた》を立てておいて
織りては績《う》み績み　織りては績み績み(29)

井尻より横浪は船でもよろしい。宇佐よりの歩き道は難所なので船のお許しがあるといいます。この浦を浦ノ内といいます。鳴無《おとなし》大明神といって土佐国の国主が造営した宮は朱門と色のついた瓦でいい景色です。先年一条院が土佐の幡多《はた》にいらしたときに、

名前だけは知られていますが　人が知らないのも道理です　浦の内にある鳴無しの宮
名前がとどろいている土佐の入り江の舟違いの実景を　この私が舟に乗って見るとは思ってもいませんでした

と口ずさまれたといわれています。
○奥浦村この次に仏坂○神田《こうだ》村○土崎村　とりこえ坂○今在家村に大師堂があります。そして須崎川（現・新荘川）があります○角谷《かどや》坂○安和《あわ》村○焼坂《やけざか》峠、この右のほうに冷水があります。○久礼村、大道の左に町があります。立花屋平兵衛や小左衛門が宿をほどこします。其の外にも志のある人が多いところです。○添蚯蚓《そえみみず》坂○床鍋村

○影野村の武兵衛が宿を貸してくれます。替坂本《かいさかもと》村○六反地村○神有村○川井村に標石が有ります。これから少し山越えをします。山の後ろは川です。曳舟があります。これは根々崎村の善六が遍路のために作っておいたものです。少し行って大河（四万十川）があります。洪水のときは手前の山に札をおさめるところがあります。水かさがないときは五社（現在の高岡神社）に詣ります。

一　**三十七番　五社**[30]あります。東向き。高岡郡宮内村。
この惣の名を仁位田村といいます。

●右薬師如来　地蔵菩薩　本尊阿弥陀如来　左観音　不動明王　五社とも秘仏で弘法大師御作とのことです。

六つの塵（煩悩）を取り去るため　五つの社が霊験を示して
仁井田の神は我々を救うことを深く心待ちにしていらっしゃいます

別当の岩本寺はここから離れた窪川町に寺を構えています。これより足摺まで二十一里です。○窪川村ではこの町の下本七郎兵衛が宿を貸してくれます。善根を積む人がいます。○岡崎○古市○金上野《きんじょの》村に川（吉見川）と坂があります。○峰ノ上村、片坂を下って、市野瀬村○橘川村○拳ノ川《こぼし》村○荷稲《かいな》村○小黒ノ川村○不破原《ふばはら》村〔ふばすら村〕、次に不破原坂○熊井村そしてくまこえ坂○藤縄村○白石○中角《なかつの》村〔佐賀浦町、五社よりこれまで六里、市野瀬よりこれまで三里、この道は伊与喜谷と言って山道と谷川が数々あります。○白浜村、次に灘峰坂○伊田村の弥兵衛その外の方が宿を貸してくれます。これより七、八町で有井川村に着きます。有井の庄司が建てた石塔があります。○川口村には川（蜷川）と坂があります。○浮津村これより海岸を行きます。吹上川を渡って潮が引いているときはまっすぐに海岸を行きます。満ち潮の時は右へ行きます。○入野村、蛎瀬川には曳舟があります。これで川を渡ります。○田野浦より七～八町は浜辺を行きます。標石があります。向こうの山端の道は下田を通る道です。こちらは船渡しへ至る道で、少し遠回りの道になっています。○山口《いでぐち》村の次に小さい川と坂があります。○竹島村〔たかしま村〕から大河（四万十川）を舟渡しで渡ります。○実崎《さんざき》村の天満という所に曳舟があります。○間崎村に薬師堂があります。津《つ》蔵淵《くらぶち》村を過ぎると伊豆田坂があります。下った先に小川（市野瀬川）があります。○市野瀬村に至ります。佐賀浦より市野瀬村まで八里です。この村に眞念庵という大師堂があります。遍路に宿を貸します。これより足摺へ七里あります。ただし篠《ささ》山《やま》を通っていくときはこの庵に荷物を置いて足摺までを往復するといいでしょう。月山《つきやま》へ行くときは荷物を持って行ってください。この月山は足摺から九里ありまず。本尊は三日月の形をした石です。言い伝えはありますが、御堂はありません。足摺より月山までの間に清水浦で入海渡しがあります。益野《ましの》浦の琵琶ばこ石、三崎のうちのたえまという所に竜串の海岸といって、言葉で言い尽くせないほどの奇岩があり、目を見張るばかりの所です。月山から次の札所の寺山まで七里半、この間の姫ノ井村の庄屋㐂（喜）兵衛並びに村中が諸遍路のためにまっすぐの道をつけました。また荒瀬に霊験のある地蔵がいらっしゃいます。

ただし初めての遍路は篠山へ行くものだと言い伝えられています。月山と篠山の道案内は眞念庵にて尋ねてください。市野々から足摺に向かって小川が四つあります（下ノ加江川、久百々川、大岐川、以布利川）。○市野々村○小方村ここに標石がありますす。川（下ノ加江川）があります。洪水のときには下ノ茅浦（現・下ノ加江）から湾の渡し船があります。この加江浦の太郎左衛門やその外の方が宿を貸してくれます。平常時は小方の標石より右にわたります。○鍵掛《かいがけ》村○久百々村、山道です。○大《おお》岐《き》村、次に海辺の道を行きます。過ぎるとまた山道です。○以布利村に大師堂があります。○窪津には宮があります。○津呂村では山道を行きます。○大谷村を通っていきます。

一　**三十八番　嵯陀山《あしずりさん》**（「さださん」とも）　平山で後ろは深山、南向き。幡多郡伊佐村。

●立像　高さ八尺　千手観音　古仏

奥の院があります。

補陀落《ふだらく》浄土を目指す人々が出立していくここ足摺岬で

舟の棹を取って進むのも　棹を捨てて進むのも仏法のおしえの通りです

これより寺山まで十三里です。順路は先に述べた眞念庵に戻って行きます。○眞念庵○成山村○狼内村〔おほかめうち村〕、眞念庵よりこれまで山道と谷川に沿う道です。○上長谷《かみながたに》村に標石があります。昔は左に行く道を通りましたが、今は右へ行く道を行きます。ただし大水の時は左へ行くといいです。いつもは江ノ村に川（中筋川）

があります。増水の時は庄屋や村の長老が遍路を助けて川を渡してくれます。○磯ノ川村次に焼米坂、有岡村○山田村を進みます。

一　**三十九番　寺山院《じさんいん》**　山を後ろにして南に向いています。幡多郡中村。

ああ薬師如来さま　諸病をことごとく除いてくださいという願いを込めて
遍路道を回る私の身を助けてください

●秘仏　本尊薬師如来　弘法大師御作

これまでの十六ヵ所の札所が土佐国の領内です。伊予の観自在寺まで七里あります。その内三里半の松尾坂峠までが土佐領です。寺山、押ノ川〔押岡村〕○和田村、次に牛瀬川（松田川）を通り、宿毛《すくも》村には町があります。当所の与助が宿を貸してくれます。その外いろいろのものを買い調えるのに良い所です。伊予に入ってすぐの地域では時には米を買うこともできないのでここで持ち物を支度していきましょう。○貝塚村○錦村、小深浦村〔こふか原村〕○大深浦村〔大ふか原村〕、ここに番所があります。土佐通路の切手はここで渡します。ここが松尾坂峠です。土予の境界の標石があります。その前に休み所があり、そこから蒲葵《びろう》島、沖ノ島、ひろせ島（現・不詳）、多くの漁家が見えます○これより伊予国です。○小山村で宇和島藩の番所が往来手形を改めます。○広見村。観自在寺から篠山越えで稲荷へ向かうときは荷物をここに置いて観自在寺までを往復します。○上大道《うわおおどう》村○城辺村を通り過ぎます。

一　**四十番　観自在寺《かんじざいじ》**　平地南向き、宇和郡平城村。

●立像　高さ一尺二寸　本尊薬師如来　作者不明

心の中で御仏に願をかけている身ですが
この観自在寺の名のように　春には思い思いの花が咲きます
浮世を逃れてこの寺に住むけだもののように澄んだ心になりたいものです

これより次の札所の稲荷へ行くのに三つの道筋があります。
一筋　海岸を行く灘道　十三里の道のり
二筋　中の道で大岩道《おおがんどう》越えの道　十三里の道のり

三筋　篠山越えの道　十四里半の道のり

この三つの道は全部岩渕の満願寺に至ります。最初に観自在寺からの灘道ですが、山道と谷あいの道を行きます。○長洲《ながす》○摺木《するぎ》○柏これから二里の坂（柏坂）にかかります。○上畑地○下畑地○芳《ほ》原《わら》に阿弥陀堂があり宿を貸してくれます。○岩松を経て、岩渕の満願寺に至ります。次に中道です。観自在寺から、長月○大岩道《おおがんどう》坂が二里あります。○僧都《そうず》村○小岩道《しょうがんどう》坂が三里○秀松《ひでまつ》村○岩渕の満願寺へ至ります。最後に篠山越えの道筋です。観自在寺より広見村に戻ります。○板尾村○正木村の庄屋は代々夜に雨戸を締めません。それについてはありがたい言い伝えがあります。尋ねてみてください。○祓《はらい》川（篠川）、ここで水垢離をして篠山へ登ります。篠山観世音寺の本尊は十一面観音、立像で五尺あります。○寺より三町の西に天狗堂があり、その上に三所権現堂があります。ここに札をおさめます。○矢筈の池の中に不思議な石があります。池の周りに笹竹が生えています。毎夜、龍馬が来てこれを食べます。この笹竹が諸病に効くといってみんなが持ち去ります。特に馬の病気にはもっとよい効能があると言い伝えられています。○槙川村ここに番所があって往来手形と船あがり切手を改めます。大師堂があります。庄屋の長左衛門は宿を貸してくれます。○御内《みうち》村の庄屋の伊左衛門が宿を貸してくれます。山財《さんざい》村○岩渕村に至ります。

満願寺は山を左にして東向きで、宇和郡津島郷です。本尊は薬師如来、行基作、秘仏です。

御詠歌

いつの世でも人の願いをかなえてくれる満願寺
仏の誓いを頼もしく思います。

この寺は八十八ヵ所の中に入ってはいませんが、弘法大師が創建なさった由緒あるお寺で、前の時代には大伽藍の大寺院でしたが、栄えていた年は久しく過去になり、まさに廃れようとしています。今出版中の『四國徧禮霊場記』とこの『四國徧禮道指南』の二つの出版による利益を集めて、この満願寺を修理することが眞念の念願となっています。

△四国徧禮霊場記
△四国邊路道しるべ　全

○野井村、ここに観音堂があります。この村の伊佐衛門は延宝年間の七年間、遍路に足半を施し続けました。この村の志が深い人が宿を貸します。次に地蔵堂があります。野井坂○祝森《いわいのもり》村に地蔵堂があります。○稗田《ひえだ》（現・保田）○寄松村に毘沙門堂があります。これより宇和島城下まで松並木の良い道です。○城下町の入り口に願成寺または元結掛《もとゆいぎ》ともいう由緒のある寺があります。遍路は本尊の弘法大師の御影に札をおさめます。少し行くと橋があり、ここの番所で切手を改められます。この城下には西国三十三ヵ所の観音がまつられています。物を調達するのによいところです。町の出口にも番所があります。次に橋があります。それを渡り左側に家並のある町を行きます。○下村の紺屋庄兵衛が宿を貸してくれます。次に明神宮があります。○中間《なかいだ》村、ここに八幡宮があります。○光満《みつま》村ここを過ぎると一年に七度実をつける栗があります。○務田《むでん》村に大師堂があります。窓峠の坂を超えます。○戸雁《とがり》村を通っていきます。

一　**四十一番　稲荷宮《いなりぐう》**(31)　南向き、宇和郡戸雁村。

●立像　高さ一尺　本尊十一面観音　作者は不明

稲荷神はインド・中国・日本の三国に流布する密教を守ってくださるという誓いをなさっている神様ということです

これより仏木寺まで三十町です。○成家《なりえ》村、ここに観音堂と大師堂があります。○則《すなわち》村

一 **四十二番 仏木寺《ぶつもくじ》** 平地で南向き、宇和郡則村。

●座像で高さ四尺 本尊大日如来 弘法大師御作

草も木も仏になる仏木寺 でもさらに心強いことに

鬼界、畜生界、人界、天界にいる命が仏になることができるということです

明石寺まで三里です。歯長《はなが》坂○下川村（現在は下川《ひとうがわ》と読む）、川（肱川《ひじ》）がありま す。○皆田《かいた》村○稲生《いのう》村（伊南坊《いなんぼう》村）、明石《あげいし》村。ここに明石という大石があります。この石を白王権現といいます。この石には色々と言い伝えがあります。

一 **四十三番 明石寺《めいせきじ》** 山の上で、谷あいを南向き、宇和郡明石村。

聞くところによると　千手観音の誓いの不思議により
大きな大石も　軽く持ち上げるという奇瑞がこの明石寺にはあるとのことです

●座像　高さ三尺　本尊千手観音　中国からの渡来仏

これより菅生山まで二十一里です。○卯之町は買い物に良い所です。大師堂があります。○下松葉村○上松葉村○大江村○東多田村、ここに宇和島藩の番所があり、切手を改めます。○鳥坂《とさか》村、ここに宇和島領と大洲領の境があります。過ぎて鳥坂坂、二里の坂です。八町ほど登りそれよりずっと下ります。○北只《きたただ》村これから二つの小川（伴造川、嵩富《かさとみ》川）があります。○大洲城下は諸事物品の調達に良い所です。町はずれに大川（肱川）があります。ここは舟渡しがあります。渡ったところに十王堂があります。侍屋敷もあります。その次にばい人町○若宮村ここに大師堂があります。また甚之助が宿を貸してくれます。ここを過ぎて十夜ヶ橋《とよがはし》にでます。ここには弘法大師にまつわる由来があります。○新谷《にいや》の町、ここも物を買い足すのにいいところです。旅籠屋《はたごや》もあります。○黒内坊〔くろち村〕、泉ケ峠の坂○内子《うちこ》村、町の左を行くのが大道です。右を行くのが遍路道です。川（小田川）を渡り、知清《ちせ》坂○村前《むらさき》村、これを過ぎて中土坂〔中戸坂〕があります。○五百木《いよき》村（ここでもう一度小田川を渡っている）○大瀬村に大師堂（現・千人宿大師堂）があります。雲林山寿松庵がそうです。ここに住んでいる曽根清左衛門は代々永きにわたり、遍路のお世話をしてきました。遍路の人が休める場所を願って作りました。その人が詠んだ歌です。

白い雲のむらがっているこちらのほうから
松が祝福するかのように見え　夢からさめる心地です

○川登《かわのぼり》村に阿弥陀堂があります。○梅津村に薬師堂があります。これは甲斐の国の渋江五左衛門が建立しました。庄屋の喜三が宿を貸してくれます。○下田渡村○地蔵堂○中田渡村に八幡宮（新田八幡社）があります。○上田渡村を過ぎて三嶋大明神宮があります。○臼杵村に大師堂があります。○二名《にみょう》村〔二明村〕、ここに葛城明神があります。次に橋を渡ると大師堂があります。ここを過ぎて鴇田《ひわだ》坂と峠、ここより久万の町や菅生山を見ることができます。ここが大洲領と松山領の藩境になっています。ただし村前村〔紫村〕から臼杵の間は自然が作った奥深い風景が目を引くでしょう。○久万の町に荷物を置いて菅生山と岩屋寺へまいります。この町には遍路に恵みをかける人が多くいます。橋本屋与三右が宿を貸します。小倉屋作右も宿を貸します。また泊まることのできる遍路屋があります。

一　**四十四番　菅生山《すごうさん》**　山上にあり南向き、浮穴郡菅生村。
●立像で高さ四尺三寸　本尊十一面観音　天竺から百済を経て当山に安置

今の世に多いなる恵みを与えている菅生山
終末の世が至ったなら、阿弥陀仏の救済の誓いによって救われるでしょう

これより岩屋寺まで三里あります。途中峠御堂《とうのみどう》峠〔たうのみね坂峠〕に地蔵堂があります。○畑野川に住吉大明神があります。ここを過ぎると薬師堂、閻魔堂がありま す。さらに行くと道が二つに分かれます。右の道を取ります。ここから岩屋寺まで一里です。坂や山の道の途中には拝所がたくさんあります。

一　**四十五番　岩屋寺《いわやじ》**　東向き、浮穴郡竹谷村。
●秘仏　本尊不動明王　弘法大師御作

大聖（御仏）がお祈りをなさる力はまさに岩屋のように盤石《ばんじゃく》です

その岩屋の名を持つ岩屋寺の石中にも極楽がありますこれより浄瑠璃寺へ八里あります。ただし岩屋より帰りは川沿いの下道を行きます。麓に家里が一つあります。橋があり、また橋を一つ過ぎたところに古岩屋があります。ここは先に亡くなった方の回向をするところです。ここから久万町に戻ります。久万より浄瑠璃寺へ五里です。○ゆか村○東明神村○西明神村を過ぎて坂があります。三坂《みさか》といいます。この峠より眺望すると、長い年月、祝福され繁栄してきた松山の城が堂々としています。特に眺めたい景色は、三津の浜が広々と広がり、青い海に白い波がひるがえりながら寄せています。その海の中ににょっと伊予の小富士（興居島《ごじま》の小富士）が駿河の富士のように突き出ています。たくさんの島と島の山がある中にあまたの舟がちりばめられています。この風景を見ると遍路の気持ちを晴れ晴れとさせてくれます（原文では「うきをはらす」）。坂を半分下ったところに、桜休み場の茶屋と大師堂があります。この堂はこの村の長右衛門が建立して遍路に宿をほどこしています。○榎村の地蔵堂○窪野村、ここに大師堂があります。○久谷村に小川（久谷川）があります。○浄瑠璃村に至ります。

一 **四十六番　浄瑠璃寺《じようるりじ》** 平地で東向き、浮穴郡浄瑠璃村。
●秘仏　本尊薬師如来　行基作

極楽の浄瑠璃の世界を比べてみれば
この世で受ける和楽《からく》〔くはらく〕はその報いなのでしょう（浄瑠璃世界に行くため
には和楽をつつしみなさい）

これより八坂寺まで五町です。

一 **四十七番　八坂寺《やさかじ》** 平地で東向き、浮穴郡八坂村。
正面にあるのはこの寺の鎮守です。札所は南側にあります。

八坂寺の名のように咲く花を見て歌を詠む人は　弥栄《いやさか》（ますます栄える）でしょう
歌は仏法を讃嘆して人を教化するきっかけになると認識しなさい

●座像　高さ三尺　本尊阿弥陀如来　恵心(32)作

これより西林寺まで一里です。〇恵《え》原《ばら》村〔ゑわら村〕に大師堂があります。この村の南に右衛門三郎の亡くなった八人の子供の塚があります[33]（八ツ塚）。（四国遍路の創始物語のひとつの）右衛門三郎にまつわる話は石手寺の縁起に詳しく書いてあります。〇小村に大師堂があります。次の札所までの間に川が三つ（御坂川、重信川、内川）あります。〇高井村の九郎兵衛と吉右衛門、そのほかの人が宿を貸してくれます。

一　**四十八番　西林寺《さいりんじ》**　平地、南向き、浮穴郡高井村。

●立像　高さ三尺　本尊十一面観音　弘法大師御作

阿弥陀仏のいらっしゃる西方の世界（極楽浄土）を訪ねてその教えを聞きたいのなら
西林寺に詣りなさい

ここから浄土寺まで二十五町あります。この次に土井村（土居村か）と小川が二つ（悪社川、小野川）あります。

一　**四十九番　浄土寺《じょうどじ》**　山を後ろにして南向き、久米郡鷹子《たかのこ》村。

自分の身にそなわっている十悪を捨てないでそのままにして浄土であるという寺の浄土寺に参ることだけをなさい（そうすれば、十悪を捨てることができます）

●秘仏　本尊釈迦如来　行基作

これより繁多寺まで十五町あります。少し行くと八幡宮（日尾八幡社）があります。しんたて町を過ぎて右に標石があります。

一　**五十番　繁多寺《はんたじ》**　平地で西向き、温泉郡。

この世の諸事が繁多でありましょうとも気を抜かずに諸病にかからないように望んで祈りなさい(34)

●高さ三尺　本尊薬師如来　行基作

石手寺まで二十町○げば町○石手村に至ります。

一　**五十一番　石手寺《いしてじ》**(35)　後ろが山で東向き、温泉郡石手村。

西方浄土とは別の場所とは思えないでしょう

ここ安養の寺に詣でると　極楽の十楽を受けることができます

●座像で高さ二尺五寸　本尊薬師　行基作

この寺より太山寺〔大山寺〕まで二里です。少し行くと薬師堂を過ぎます。そして河野氏の古城の湯築《ゆづき》城（湯月城とも書く）に差し掛かります。今は竹林になっています。外堀があります。この場所は次の領主の氏神となっていて麓は社家の家になっています。同じところに一遍上人にゆかりの寺（宝厳寺）があります。○道後の湯にでます。景行天皇より代々の天子が行幸なさいまして温泉に入られたと『日本記』に書かれています。推古天皇の時代に聖徳太子もいらっしゃいました。『源氏物語』に伊予の湯桁と書かれているのもここのことです。湯壺が全部で五つあります。まず鍵湯といって、雑人の入らない湯があります。この湯の中に薬師の石仏が安置されています。この足元から湧き出る湯は谷川のようです。二の湯は女性の入る湯です。三の湯は男の湯です。第四の湯は養生湯といって男女の別なく入ります。諸国の湯治の人が夜、昼となく入ります。第五の湯は非人と牛馬が入ります。湯の脇に玉の石という丸い石があります。この石に歌が彫ってあります。

伊予にある温泉のほとりにある玉の石
この石こそ天地が始まった時からある石です

また温泉の井桁にも歌が彫ってあります。

伊予の湯の井桁の数はいくつでしょう　左に八
右に九つ　中に十六

そして

伊予の湯の井桁の数はいくつか数え切れません
覚えることも数を読むこともできません　あなたもわからないでしょう

詳しくは湯屋明王院に記されたものがあります。ここは小さい町になっています。松山城下へはここから左に行きます。少し回り道になりますが色々な用を足すのに都合がよいので行ってもいいと思います。そこから三津の浜へ並木の道が一里ありま す。港町はにぎわっています。舟屋（舟のある家、漁家のことか？）も多いです。太山寺へは古三津よりまっすぐ行く道もあります。小さな坂を越えていきます。また道後から松山へ寄らないで行く時は道後より右へ行く道を取って、山越村の道を行きます。ここに正月十六日桜といって、毎年この日に丁度満開になる桜があります。そのためこの名がつけられました。この辺りには寺が多く、寺町といいます。○谷村、ここに室岡山といって横堂《よこどう》があります。本尊は薬師如来で多くの遍路がここに札をおさめます。○安城寺村○太山寺村ここに太山寺の惣門があります。ここから本堂まで八町で、麓に茶屋があります。

一　**五十二番　太山寺《たいざんじ》**　少し山の上で南向き、和気郡太山寺村。
●立像で高さ六尺二寸　本尊十一面観音　行基作

太山寺へ登れば汗が出ますが

後生を思えばこれくらい何の苦になりましょうか(36)

これより円明寺へ十八町あります。

一　**五十三番　円明寺《えんみようじ》**　平地で南向き、和気郡和気浜村。

阿弥陀仏が来迎するときの光がさす円明寺
その光は夜な夜なの月の光のように照り輝いています

●立像で高さ二尺五寸　本尊阿弥陀如来　行基作

村(37)○大谷村の長右衛門が宿を貸してくれます。○粟井村○鹿峰《かのみね》村〔かのみて村〕の三右衛門が宿を貸してくれます。○柳原村を過ぎて粟井坂(38)○柳原村ここには町があります。○北条村、町中に橋（立岩川）があります。過ぎて鴻之坂、その麓に大師堂（鎌大師）があります。○浅海村《あさなみむら》に番所があって往来切手を改めます。これを過ぎて窓坂、ひろいあげ坂、この次には一里余り人の住む村がありません。○菊間村には町があります。小川（菊間川）があります。それを行くとたちは坂、種村○佐方村に小川（佐方川）があります。次に町（大西町）にでます。○新町○阿方村〔縣村〕、ここに松山札の辻より十里という一里塚があります。そして同所に標石があります。

一　**五十四番　延命寺《えんめいじ》**　少し山の上に、南向きの堂があります。

●座像で高さ二尺　本尊不動明王　行基作

曇りがない澄んだ鏡のご縁と鏡を眺めれば
心の内もすべてが映っていることよ

これより別宮まで一里です。ここは三島の宮の前札所です。本来お参りする大三島まで海上で七里あります。そのためここから遥拝します。

一　**五十五番　三《み》嶋宮《しまぐう》**[39]　平地で東向き、越智郡。

●本尊大通智勝仏

ここにある宮は三嶋の宮です　三嶋（大三島）で見ているうちに覚めた夢のように
ここ三嶋の宮は大三島の大山祇《おおやまづみ》神社の別宮といっても
大三島と同じ垂迹(40)で仏が姿を現したものです

次の寺までに薬師堂があります。ここから泰山寺まで一里二町ほどあります。左に今治城下があります。諸事調達に便利です。○日吉村○馬越村に大師堂があります。○小泉村を通過します。

一　**五十六番　泰山寺《たいざんじ》**　東向き

●座像　高さ二尺四寸　本尊地蔵菩薩　弘法大師御作

人がみなお参りをしてやがて退散するという泰山寺
ご本尊の地蔵菩薩に来世への引導を頼んでおいて

これより八幡宮まで十八町あります。途中に蒼社川〔惣蛇川〕という川があります。○四村《よむら》の次右衛門が宿を貸してくれます。○五十嵐《いかなし》村を過ぎます。

一　**五十七番　八幡宮**《はちまんぐう》(41)　二町ほど山の上で、東向き。

●秘仏　本尊阿弥陀如来　作者不明

この世を弓矢で守護する八幡神は
来世では人を救う阿弥陀仏でいらっしゃいます

これより作礼（仙遊寺）まで二十町あります。山道で小さな坂道です。

一　**五十八番　作礼山**《されいざん》（仙遊寺《せんゆうじ》）　山上で南向き。

●立像で高さ六尺　本尊千手観音　作者不明

作礼寺に立ち寄って堂に休みつつ
南無阿弥陀仏の名号を唱え経を読みなさい

これより国分寺まで一里あります。○新谷《にや》村○松木村に川（頓田川）があります。

○国分村に至ります。

一　**五十九番　国分寺《こくぶんじ》**　少し山の上で堂は南向きです。越智郡国分村。ここに新田《にった》義助《よしすけ》朝臣《あそん》の墓印があります。今治御家中より石塔が建立されました。

国を守護するための寺といってあがめられる国分寺
伊予の国に恵みをもたらす薬師仏がいらっしゃいます

●座像で高さ四尺　本尊薬師如来　行基作

これより横峯寺まで六里○桜井村の紺屋伝右衛門が宿を貸してくれます。○長沢村ここから山道です。医《い》王山《おうさん》を過ぎます。そして山手にご利益抜群の世田の薬師尊がいらっしゃいます（世田薬師栴檀寺《せんだんじ》）。ここを過ぎて六軒家（六軒茶屋）という新村があります。楠村に大日堂○中村、ここに毘沙門堂があります。次に道筋の左によこ井水[42]があります。ここを過ぎて大明神河原に標石があります。昔はここから左の道を取り、一ノ宮、香園寺、横峯の順に札をおさめましたが、一ノ宮が新屋敷村に移されましたことにより、今は大明神河原より右の道を取り、横峯、香園寺、一ノ宮の順に札をおさめます。○北新町○丹原町、この町の西にある福岡八幡宮の麓に弘法大師が作られた生木《いきき》の地蔵（正善寺）があります。この地蔵の霊異をあげると数え切れません。○新田村○大頭《おおと》村、ここに荷物を置いて横峯寺まで二里です。○湯浪村に地蔵堂があります。○古坊村に地蔵堂があります。大頭より山道と谷あい道です。

一　**六十番　横峯寺《よこみねじ》**(43)　山上で西向き、周桑郡〔周郡〕。

●座像　高さ二尺三寸　本尊大日如来　行基作

横峯寺の名の通り峰や山のほとりに縦横に寺を建てて広く人を救う横峯寺の大日如来よ

これより香園寺まで三里です。先に述べた大頭村に戻ります。横峯寺より二町登り石鎚山の黒金《くろがね》の鳥居があります。ここから石鎚山へは九里です。毎年六月一日から三日の三日間だけ禅定（修行参拝の登山）が許されます。川（妙之谷川）があります。○妙口村○香園寺村に至ります。

一　**六十一番　香園寺《こうおんじ》**　平地で東向き、周桑郡(44)〔周郡〕香園寺村。

●座像で高さ一尺二寸　本尊大日如来　春日作

後生を恐れる人は香園寺に詣でて
止めても止まらずに流れでる奥の院の白滝不動の恵みを受けましょう

ここから一ノ宮まで八町あります。

一　**六十二番　一ノ宮《いちのみや》**(45)　平地で東向き、周桑郡〔周郡〕新屋敷。

●立像　高さ一尺二寸　本尊十一面観音　作者不明

五月雨の後にできた玉の井の湧水は
この白壺に建てられた一ノ宮（宝寿寺）に川のように流れています

ここから吉祥寺まで七町です。一町ほど脇に城下の小松の町があります。

一　**六十三番　吉祥寺《きちじょうじ》**　平地で西南に向いています。新居郡氷見村。

●座像で高さ二尺　本尊毘沙門天　弘法大師御作

自分の中の誹謗する悪い心を捨てて
この吉祥寺で皆が吉祥を望んで祈りましょう

これより里前神寺へ一里です。○楢木村に石仏地蔵堂があります。○西泉村を過ぎてたんという所（現・不詳）に至ります。

一　**六十四番　里前神寺《さとまえがみじ》**　山の上で堂は東向き、新居郡。蔵王権現の社が石鎚山の前札所です。本来の札所は石鎚山の前神寺で、麓の里前神寺より十二里あります。(46)

●秘仏　本尊は阿弥陀如来　作者不明

寺名にあるように前に神　後ろは仏をまつる前神寺では
極楽往生のために数多くの罪を石の鎚で砕くことよ

この本来の札所は高山（石鎚山成就）にあります。六月一日から三日間以外に参詣することはできません。そのために里前神寺で札を納めます。里前神寺から三角寺へ十里あります。○洲之内村○安知生《あんじゅう》村そして加茂川という川があります。○大町から五町ばかり行って左に西条という城下があります。○福武村○上島山村○萩生《はぎゅう》村○中村○角野村には薬師堂があります。○国領村、池田という野原が次にあります。○長野村○関村（関の原か）には川（関川）があります。○上野村には大師堂があります。○土居村には地蔵堂があります。○中村○小林村の与三右衛門が宿を貸してくれます。観音堂もあります。○津根村○野田村○長田《おさだ》村○寒川《さんがわ》村○具定《ぐじょう》村の与右衛門が宿を貸してくれます。大師堂もあります。○中之庄村○ここの利兵衛が宿を貸します。地蔵堂もあります。中曽根村です。○たきのみや村には牛頭天王の社と薬師堂があります。○横尾村から三角寺まで坂道です。中曽根村の今村孫兵衛の庭の中に奇石があります。この石を竜宝と名づけています。禅宗の南山叟（南山の翁）の詠歌があります。

一　**六十五番　三角寺《さんかくじ》**　東向き、宇摩郡。

●立像で高さ六尺二分　本尊十一面観音　弘法大師御作

恐ろしい謂われのある三つの角（三角寺の境内、またはこの寺の三角の護摩壇）の内に入るならば　心を丸くして阿弥陀仏を念じましょう

ここから雲辺寺まで五里です。右に挙げた二十六ヵ所の札所が伊予の領分です。三角寺より奥の院まで五十八町の坂道です。奥の院の八町手前の大久保（廃村か）に家が二、三軒あります。ここに荷物を置いておくと良いでしょう。ただし奥院に一泊するときは荷物を持っていきます。奥の院の本尊は弘法大師の御影です。ご自分で詠われた歌は

極楽はどこにでもあるらしい
この寺の御法《みのり》の声を聞くと尊い気持ちになります

この所の旧跡は密集しているので、詳しい記述を省略します。奥の院より荷物を置いた所に戻り雲辺寺へ行きます。大久保、市仲《いっちゅう》村それより平山にでます。奥の院より

平山まで山道です。ここからは奥の院に行かないで直接雲辺寺へ行く時の記述です。○平山寺の下から左へ行きます。○金川村○内野々村（現・不詳）、坂があります。○平山村、ここには茶屋があります。○半田村に観音堂があります。○領家村にも観音堂があります。○田尾村〔たいお村〕に地蔵堂があります○葱尾村の太左衛門が宿を貸します。坂道になります。峠（境目峠）に伊予と阿波の境があります。大境と名づけられています。これより雲辺寺まで二里、阿波国の領内です。○佐野村、ここに地蔵堂があります。また阿波藩の番所があり、往来切手を改めます。また同所に青色寺といって真言宗の寺があります。阿波藩の守護（藩主）が遍路をいたわり建てたものです。雲辺寺へ五十町の坂道です。○坂の途中に弘法大師が湧き出させた伝説の泉があります。

一　**六十六番　雲辺寺《うんぺんじ》**　辰巳（南東）向き、三好郡白地村。

はるばると雲のほとりの雲辺寺に来て
いまは歩いてきた月日を山の麓に広がる景色に見ます

●座像で高さ三尺三寸　本尊十一面観音　弘法大師御作

この寺は阿波、伊予、讃岐、三国の境にある寺です。寺は阿波国に建っています。この寺は阿波藩の藩主が造営されました。でもこの寺は讃岐の札所の数に入れて数えます。ここから小松尾寺まで二里半あります。そのうちの一里半は下り坂です。池が二つあります（新池と岩鍋池）。二つ目の池のそばに標石があります。○べつそう村、この辺りは野原です。○辻村では文右衛門、九十郎、八右衛門が宿を貸します。

一　**六十七番　小松尾山《こまつおざん》**　東向き、豊田郡辻村。

●座像で高さ二尺五寸　本尊薬師如来　弘法大師御作

小松を植えておかれた小松尾寺をながめれば
仏の法の教えの風が吹き抜けることよ

ここから琴弾まで二里です。○原村○池之尻村○出作村《しゆつさく》○観音寺町ここは買い物によいです。過ぎると川（財田川）の麓に十王堂があります。○これより琴弾まで坂道が三町です。

一　**六十八番　琴弾八幡宮《ことひきはちまんぐう》**(47)　南向き。

●秘仏　本尊阿弥陀如来　作者不明

笛の音も　松のこずえを吹く風も　海から引き上げた琴を弾く音も
歌うのも舞うのも　聞こえるのは法《のり》の声々

ここから遠くを見通すと、蒼い海が空と一色に溶け込み、国々島々を見下ろし、右に有明の浜、左には観音寺の河港に出入りする舟が多く見えて、観音寺の町には数千の家が軒を連ねています。ここから次の札所の観音寺まで二町です。

一　**六十九番　観音寺《かんおんじ》**　山地、堂は南向き。

観音の衆生を苦しみから救おうとする力がつよいので
重い罪を背負っている人も引き上げてください

●座像　高さ二尺五寸　本尊正観音　弘法大師御作

ここから本山寺まで一里です。観音町にでるには川（財田川）があります。○小岡村○流岡村○吉岡村をすぎて川（財田川）があります。本山村に至ります。

一　**七十番　本山寺《もとやまじ》**　平地で坤《ひつじさる》（南西）向き。

この所は家のたたずまいもよく人々の見かけも良いように見受けます。けれども遍路が宿をとるのに不自由なところです。

●座像　高さ二尺五寸　本尊馬頭観音　弘法大師御作

奥の院があります。

本山寺に誰が植えた桜の花なのでしょうか
春こそ手折って仏様に手向けましょう

ここから弥谷寺まで三里です。○上寺村にいせはやしといって太神宮があります。○笠岡村○勝間村○新名村を少し過ぎて標石があります。観音寺からこれまで左右は松並木です。○大見村に大師堂があります。太郎衛門が宿を貸してくれます。

一　**七十一番　弥谷寺**《いやだにじ》　南向き、三野郡。

悪人と道連れになってしまったとしても
ここ弥谷寺ではかりそめにでも　良い友を持ちたいものです

●立像　高さ三尺五寸　本尊千手観音　弘法大師御作

これより曼荼羅寺まで一里あります。（海岸寺や仏母院のある）白方《しらかた》に行こうとするのでしたら山越え道を行きます。曼荼羅寺へは仁王門から左の道を取ります。○碑殿村○三井之江村○吉原村を行きます。

一　**七十二番　曼荼羅寺《まんだらじ》**　平地で堂は東向き。

少しでも曼荼羅を拝もうとする人は
二度三度と　輪廻《りんね》転生の道に帰ることはないでしょう（解脱して極楽に行けるでしょう）

●座像　高さ二尺五寸　本尊大日如来　弘法大師御作

寺より三町西に、水茎の丘といって西行法師が住んだ庵の跡があります。ここで西行が詠んだ歌として、

この山里に　現世の生活を捨てた友がいたなら
むなしく過ぎた　悔やまれる昔の日々を語り合いたいものだ

また堂の前に笠かけの桜という木があります。西行が詠んだ歌として

笠は残っているが　その笠をつけていた人はどうなったのでしょうか
現世では人の命は儚くて哀れな運命です

ここから出釈迦寺まで三町あります。

一　**七十三番　出釈迦寺《しゅつしゃかじ》**　少し山上にあります。堂は東向きです。

六道にあって迷っている衆生《しゅじょう》の魂を救おうと弘法大師が立ち上がり尊い山の上に釈迦如来が出現されたのがこの寺です

●秘仏　本尊釈迦如来　弘法大師御作

本尊のほかに虚空蔵尊がいらっしゃいます。この寺の札を納めるところは十八町登った山上にあります。しかし理由《わけ》あってここには堂社はありません、それゆえ近年麓に堂と寺を建てました。遍路はここに札を納めます。これより甲山寺まで三十町です。○弘田村に至ります。

一　**七十四番　甲山寺《こうやまじ》**　山を後ろにし、堂は東向き。

●座像　高さ二尺五寸　本尊薬師如来　弘法大師御作

十二神将が味方してくれている戦では　自身とその心を甲山《かぶとやま》ではないが　十二神将が　か太く守ってくれるでしょう

これより善通寺まで十町です。

一　**七十五番　善通寺《ぜんつうじ》**　堂は一町東にあり、南向きです。

●座像　高さ四尺五寸　本尊薬師如来　弘法大師御作

私が住んでいる世では希望の灯りは決して消え果てないでしょう

善通寺の深き誓いである法の灯は救いのあかりです

ここから金倉寺までは三十町です。もし金毘羅宮に参拝するのでしたらここ善通寺に荷物を置いて行くといいです。一里半の距離です。標石があります。善通寺から直に次の札所の金倉寺に行く時は上吉田村○下吉田村○金蔵寺村に至ります。

一　**七十六番　金倉寺《こんぞうじ》**　平地で堂は東向き。

●立像　高さ二尺八寸　本尊薬師如来　智證大師作

まことの神、仏、僧を解明すれば
真言加持の不思議を実感することよ

これより道隆寺まで一里。○葛原村〔かつら原村〕○鴨村を行きます。

一　**七十七番　道隆寺《どうりゆうじ》**　平地で堂は東向き。

●立像　高さ二尺五寸　本尊薬師如来　弘法大師御作

仏道の隆盛な道隆寺に願いをしっかりと入れて
菩提の月を見たいとおもいます

ここから道場寺まで一里半です。○中津村に石仏の地蔵堂があります。川〈金倉川〉があります。○塩屋村の道の左の方に天神の宮があります。○丸亀城下は町中に橋があります。左が港で買い物するのに不自由がありません。土器川より西側は丸亀領で東側は高松領です。ここを過ぎると海辺の道を少し行きます。

一　**七十八番　道場寺**《どうじょうじ》　少し山の上にあります。堂は東向きです。鵜足郡宇足津村(48)。

●座像　高さ一尺八寸　本尊阿弥陀如来　弘法大師御作

踊り跳ねて念仏修行をする道場寺
拍子をそろえて念仏の鐘を打っていることよ

これより次の崇徳天皇まで一里半です。○宇多津村○坂出村、塩田の塩釜がありま す。松並木です。霊水の野沢の水がでます。そこから五町上った山上に医王善逝（薬師如来）の石仏があります。大師の御作です。この尊像を木壇に安置し奉ったところ、野沢の水が湧き出さなくなったといいます。それ故石座にかえて安置しなおしたといいます。

一　**七十九番　崇徳天皇**《すとくてんのう》(49)　山地、堂は南向き、阿野郡北西庄村。
正面は鎮守で左が札所です。

●立像　高さ二尺三寸　本尊十一面観音　作者不明

苦しみがなく安楽な浮き世を尋ねてみなさい
最高の地位の天皇（崇徳院）でさえさすらってここで亡くなったのですから

ここより国分寺まで一里半です。ここを過ぎて綾川があります。〇加茂村を過ぎて、綾坂〔相坂〕があります。

一　**八十番　国分寺《こくぶんじ》**　平地で堂は南向き、阿野郡国分寺村。

●立像　高さ一丈六尺　本尊千手観音　弘法大師御作

四国では国ごとに国分寺が建っているが
千手観音が野山をのりこえて寺々に参る人を助けてくださいます

これから白峯寺まで五十町あります。次に坂があります。国分坂といいます。十町ほど上ると谷川があります。(50) このあたりの平四郎と忠三郎が宿を貸してくれます。

一　**八十一番　白峯寺《しろみねじ》**　山上で堂は坤（西南）を向いています。阿野郡北〔南〕青海《おうみ》村。

霜で寒く　露が白く光る寺の内で
参集の人々が唱える　読経の声々

●立像　高さ三尺三寸　本尊千手観音　作者不明

この寺に児《ちご》が嶽《たけ》といって百余丈の高さの嶽があります。延宝年中の六月のある日、のちの備後国安那郡曾根原にある宝泉密寺の歳十八の雲識が、弘法大師が小さいときに捨身の誓いをなさって、身を投げられたことを知って、この児が嶽より飛び降りました。実際に黄色い衣の僧が嶽の中ほどに現れて受け止められたということが二度ありました。道を通る商人やこの寺の下働きの人がこのありさまをみて、驚いて汗して大声で人々に知らせているうちに、人々が集まり慌てふためいていると、思いがけず後ろの谷より、伝い道もない百余丈の谷底より雲識が飛び出てきました。仏神の不思議には私のような人間の思慮が及ばないことばかりです。ここから根香寺〔根来寺〕まで五十町で山道ばかりで、村はありません。この間に一ノ宮へ行く標石がありま す。(51)

一　**八十二番　根香寺《ねごろじ》**　山上で堂は南向き、阿野郡。

●立像　高さ三尺八寸　本尊千手観音　弘法大師御作

宵の時に絶えずあった霜が朝に消えてしまい
そのあとに寺の鐘がなり勤行の声が聞こえています

ここから一宮まで二里半です。標石があります。○山口村○飯田村、八幡の宮（岩田神社）を過ぎて香東川○小山村○成合《なりあい》村を過ぎていきます。

一　**八十三番　一之宮《いちのみや》**　平地で堂は東向きです。香川郡一宮村。

●立像　高さ三尺五寸　本尊正観音　弘法大師御作

讃岐一宮の神の御前に参上して
神の御心を誰か白木綿《ゆう》にかけて祈っているのでしょうか　私は誰か知りません

ここから屋島寺まで三里です。但し仏生山法然寺へ出かけるときは一之宮より屋島寺まで三里半あります。又高松城下へ行く時は一宮より屋島寺まで四里あります。直接屋島寺へ行く遍路道は、○鹿角《かのつの》村○太田村に八幡宮（広田八幡宮）があり標石もあります。○伏石村にも八幡宮（伏石神社）があります○松縄村を行くと大池（野田池）があります。堤を進みます。○木太《きた》村には三十番神の宮があります。過ぎると小川（詰田川）があり、○夷《えびす》村○春日村○潟元村です。ここから屋島まで十八町です。坂があり途中に地蔵堂があります。

一　**八十四番　屋島寺**《やしまじ》　山上にあり堂は南向きです。山田郡〔八幡郡〕屋島。

屋島の宮に詣でて　祈りなさい

勇みたっている武士たちよ(52)

●座像　高さ三尺　本尊千手観音　弘法大師御作

これより八栗寺（原文は「薬師寺」とあり誤り）まで一里あります。屋島寺より寺の東の坂を十町下ると麓に佐藤継信（原文は「次信」）の墓があります。ここに藩主より一丈四方の切り石で壇を築きその上に五尺の石塔を建立しました。碑銘がありま す。古くからある五輪塔もあり、この浦を壇ノ浦と名づけられています(53)。また相引の汐といって、島の西と東から潮が満ち、屋島寺のある南面山の麓をめぐり南の海峡の中ほどで満ちあい、そして互いに引きます。この入り海を三町ばかり渡ったところに那須与一の駒立岩があります。また祈り石があります。その南脇に洲崎の堂(54)がありま す。本尊が正観音で弘法大師の御作の像です。その南に惣門があります。佐藤継信が射られた所とされる場所です。太夫黒という馬の墓もあります。あるいは桟敷の岡、名切の水並びに瓜生山といって源氏の本陣の所もあります。その外にも源平合戦の旧跡は多数あります。惣名は牟礼村といいます。右の惣門より八栗へ十八町行って坂を上ります。

一　**八十五番　八栗寺《やくりじ》**　山上にあり、堂は南向き、寒川郡牟礼村。
●立像　高さ五尺　本尊千手観音　弘法大師御作

八栗寺で　胸の智火で煩悩を焼く理《ことわり》を
修行者以外のだれが知るでしょうか

奥の院へは四町山の上に登ります。ここから志度寺まで一里半です。○田井村、村人の皆々に志があり宿を貸します。この所に道休禅門の墓があります。この禅門はとても弘法大師に帰依されていて、履き物をはかずに巡礼することが十二度にのぼり、全てで二十七度の遍路の功をとげられて、ここで亡くなられる時にこう詠みました。

今までは遠き空にあると思っていました
兜率《とそつ》浄土の月がそのまま　今の私の頭の上に掛かっています

遍路の者はここで回向をお願い申し上げます。○大町村○志度村、町の西に園子尼《そのこに》の寺（地蔵寺）があります。本尊は文殊菩薩です。町末の東に住む新左衛門と庄三郎が宿を貸してくれます。ここから先には一日中、米の調達ができないことがあるのでここで入手していきましょう。

一　**八十六番　志度寺**《しとじ》　南向き、寒川郡。

さあさようなら（山号にある補陀落渡海にでるのでしょうか）
今宵はここの志度の寺にいます　寺では祈りの声がずっと聞こえていきます

●立像　高さ五尺二寸　本尊十一面観音　補陀落観音の御作

ここから長尾寺までは一里です。○長行村○宮西村があります。

一　**八十七番　長尾寺**《ながおじ》　平地で南向き、寒川郡長尾村。

長尾寺で秋の（山鳥の尾羽のように）長い夜を一晩中
阿弥陀仏の名号を唱えましょう

●立像　高さ三尺六寸　本尊正観音　弘法大師御作

これより大窪寺まで四里です。○前山に坂があります。額村、ここに護摩山といって弘法大師が修法をなされた所があります。経座ともいいます。ここを過ぎて小さい坂があります。

一　**八十八番　大窪寺《おおくぼじ》**　山地で堂は南向きです。寒川郡。

●座像　高さ三尺　本尊薬師如来　弘法大師御作

ああ薬師如来さま　諸病がないようにと願いながら
人が詣でるのは大窪の寺です

これより阿波国切幡寺（十番）まで五里です。○長野村までの一里分は讃岐領です。○大影村、ここから阿波領です。○犬墓《いぬのはか》村○日開谷村、番所があって往来切手を改めます。大窪寺からこれまで山路です。また谷川が多数あります。ここから切幡寺まで一里です。

ここまで讃岐の国の札所は二十三ヵ所です。四ヵ国総てで八十八ヵ所あります。

＊　　＊

弘法大師は谷深く窟屋まで訪れる乞食行《こつじきぎょう》をなされたということですが、今ではわずかに、八十八箇の札所を数えて巡拝し、行き帰りの大道で何もせずに見過ごしてしまう時世ですので、三百に余りある里数の道のりとなります。巡礼を始めたことのその起源は詳らかではありません。またその功は経文の中に説いている通りです。これをもって才知の秀でている高衲《こうのう》（高位の僧）が昔、歩き回り、その尊い錫杖が今の世に伝えられて人々の往来が絶え間なく続いています。私たちの遍照金剛（空海）が仏教の道理を中国の唐に学ばれたことにより、その教えを受け継ぐものが鯨の寄せる土佐の浦か、善知鳥が飛ぶ浜（陸奥国外ヶ浜）まで勧善懲悪の教えを説いた跡が残っていて、塩のない地を訪れた弘法大師が七日間の護摩を焚き岩から塩水を湧きださせ老婆に塩をもたらした会津の塩の奇跡、石になった唐浜の貝の奇跡は、焼種の辜《つみ》を顧みないようなもの[55]だと心配しています。その中で特に南海道の四国は托生有縁（他のものに頼って生きることに縁のある）の地です。八十八ヵ所の僧が修行する寺院が整然と存在しています。僧や俗人、老人や若者、それらがともに今も四国の道を歩んでいます。私もその流儀で四国を歩いて年月を重ねてきました。先年、弘法大師八百五十年忌の年の春に、私の宿願がどうにもこうにも抑えられず四国遍路の手引きを書くために、初めて参る翁、西東が何かも知らぬ女や子供に教えたいと、筆を手にし、何度も何度も巡礼し一かたまりの書き潰しができました。しかし御詠歌の疑わしき字並び、一里塚の統一感のない距離数、これは人々を惑わすもとになるかもしれないとおもい、すでに覆醤《ふしょう》(56)としていました。ところが野口氏が私の行いをよいものと考えてくださって、版木の彫師に命じて作らせ『四国邊路道指南』となりました。願わくばこの功徳を以てあまねく一切におよびわれらと衆生と共に仏道を成《じょう》ぜん。

時、貞享丁卯の年の冬十一月に宥辯眞念が謹んで申し上げます

《裏表紙前》

阿波徳島までの渡海

四ツ橋すみや町油屋善左衛門

同町　阿波屋十兵衛

右阿波屋勘左衛門は毎日切手(57)を出しています。
讃岐へ渡海の時は、北堀江壱丁目田嶋屋伊兵衛(58)より切手をお出し致します。
貞享の版木が磨滅して印刷した文字が鮮明でなくなりましたので今版木を改めました。

訳　注

（1）この時代の四国では、国によって一里の距離数が違っていた。

（2）足半は前の部分だけでかかとの部分がない滑りにくいわらじのこと。草鞋は、ワラグッ↓ワラウヅ↓ワランヅ↓ワランジ↓ワラジと音が変化した。

（3）こう述べる一つの理由として、吉野川を渡るには、橋がなくて通行しにくいので、吉野川を渡る回数を減らすという配慮ではないかと思われる。

（4）吉野川は洪水により隅瀬川とつながり、市内を流れる現在の吉野川になっている。眞念が歩いた当時の吉野川は、現在は旧吉野川と呼ばれている。

（5）瑞運寺は徳島藩が決めた駅路寺のうちの一つ。阿波国内の真言寺院八ヵ寺（長谷寺・瑞運寺・福生寺・長善寺・青色寺・梅谷寺・打越寺・円頓寺）に寺領十石を与え、往還する旅人に便宜を図るように定めた。蜂須《はちす》賀《か》家政《いえまさ》が慶長三年（一五九八）に制定した。

（6）原文に本尊の説明がない。

（7）八苦は生・老・病・死の四苦に、愛別離苦（愛する者と別離すること）・怨憎会苦《おんぞうえく》（怨み憎んでいる者に会うこと）・求不得苦《ぐふとくく》（求める物が得られないこと）・五蘊盛苦《ごうんじょうく》（人間の肉体と精神が思うがままにならないこと）を加えた八つの苦しみのこと。

（8）九品《くほん》十楽の九品とは、浄土教で極楽浄土に九つのランクがあるとする考え。往生する時に九つの階位に分かれる。上品上生《じょうぼんじょうしょう》から下品下生《げぼんげしょう》まで。十楽とは極楽浄土で受ける十種の楽のこと。1. 聖衆来迎《しょうじゅらいごう》楽、臨終の時に阿弥陀仏や観世音菩薩・勢至菩薩をはじめとする聖衆が迎えに来て浄土に導いてくれる。2. 蓮華初開楽、蓮華の台座によって極楽に生まれる楽。その蓮華が開くとき、あたかも辺境の人がいきなり王宮に入ったかのような限りない歓楽を受ける。3. 身相神通楽、極楽に生まれた人の身体は光り輝いて美しく、仏が持つ三十二の特徴をそなえ、五種類の神通力を得る。4. 五妙境界楽、五感の対象となる色・音・味・香りなどが絶妙である。5. 快楽無退楽、極楽で得られる楽は清らかで失われることがない。6. 引接結縁楽《いんじょうけちえん》、極楽に往生して神通自在の身となり、かつて恩を受け、縁を結んだ人々を極楽浄土に導くことができる。7. 聖衆倶会楽《しょうじゅくえ》、極楽では常に聖衆が集まり、快い会話や論議を交わし、法悦を得ることができる。8. 見仏聞法楽《けんぶつもんぼう》、極楽では、常に阿弥陀仏を直接見て、深い教えを聞くことができる。9. 随心供仏楽、心のままに仏を供養することができる。10. 増進仏道楽、極楽に往生すれば自然に仏道を増進することができる。

（9）寺名の「ふじい」という言葉が隠されている。

（10）一切の万有は一心真如の理体から顕現する。

（11）現在の札所は、大日寺。江戸時代は、現在の一宮神社が札所であったが、神仏分離で札所は神社となり、隣地に本尊を移し大日寺として独立。

(12) 広く衆生を救って仏果を得させようとする仏の大きな誓願。

(13) 「国《こく》を分け」という言葉が隠されている。

(14) 初期の遍路は板の納め札を壁に打ち付けたので、寺に参ることを打つという。

(15) 逆瀬川は桑野ダムに沈んだ。

(16) 原文では、天狗という説明がついている。

(17) 法然上人は建永二年・承元元年(一二〇七)に専修念仏弾圧事件により土佐国へ流罪が決まった。ただし、実際は讃岐への流罪に留まり、土佐には入国していない。法然七十五歳の時である。なぜか土佐には法然が流されたという伝説が流布している。

(18) 仏や菩薩が人びとを救い導くために、仮に神や人の姿を取って、この世に現れること。またはその化身。

(19) 夜の海上で灯火が連なったように見える光。

(20) 生じては消えていくさまざまの因縁から生じる現象。

(21) 岩石海岸で大きな丸石が海岸を埋めていて、ぴょんぴょん跳んで行くので跳ね石という。

(22) 江戸時代は現在の神峯神社が札所であった。いったん廃されたが、一九一二(大正元)年すぐ下の土地に復興した(現在の神峯寺)。

(23) 唐浜《とうのはま》付近から多数の貝の化石が出土する。

(24) 現在の札所は、善楽寺。江戸時代は土佐国一宮、現在の土佐神社が札所であったが、神仏分離により塔頭寺院の神宮寺と善楽寺が廃寺となった。本尊は高知市内の安楽寺に移された。それ以来安楽寺が札所として納経を行うが、一九二九（昭和四）年に善楽寺が神社の旧地に復興し、善楽寺を名乗ったため、二つの札所が存在した。一九九四（平成六）年に話し合いにより善楽寺が札所、安楽寺が奥の院と決められた。

（25）ここにも海から上陸する人のための番所がある。

（26）原本では「わがみなと」と記しているが、他本では「わがみなもと」と記している。この原本の版木を起こす際の間違いと判断して、ここでは「みなもと」として歌を解釈した。

（27）安政の大地震（南海地震は、一八五四年発生）のあと海没した。

（28）花山天皇（九六八〜一〇〇八）が、土佐に配流され、崩御したという史実はない。

（29）「績《う》む」とは、麻や苧《からむし》などを細く裂き長くつないでより合わせること。八坂八浜の比喩で岬の坂を登って降ると砂浜の海、また坂と海を繰り返す風景を詠んでいる。

（30）現在の札所は、岩本寺。江戸時代、五社として現在の高岡神社が札所であった。

（31）現在の札所は、龍光寺。創建当初から神仏混淆寺院であった。神仏分離により旧本堂が稲荷社となり寺から離れた。

（32）平安時代の天台宗の僧。源信の尊称をもつ。『往生要集』の作者。

（33）八つの群集円墳で、古墳時代の円墳を物語の中に組み込んでいる。

（34）「衆病」とはもろもろの病気のこと。

（35）石手寺はもと安養寺と言い、平安時代に名前を石手寺に変えたという。

(36) 原文の「おりへは」を「おもへは」の誤記として解釈した。

(37) 「村」は、前の版にあった「ほり江村」に変えて、「大谷村……○柳はら村過ぎて」を入れる際に、「村」の字が残ったと考えられる。

(38) 粟井坂は、先に述べている粟井村にある坂で記述の順番が違っている。

(39) 現在の札所は、南光坊。大山祇神社別宮が札所であったが、神仏分離で神社となり隣地に本尊を移し札所となった。

(40) 垂迹《すいじゃく》とは、観音や菩薩が衆生の前に神として仮の姿を現すこと。

(41) 現在の札所は、栄福寺。江戸時代は、現在の勝岡八幡宮が札所であったが、神仏分離により札所寺院は麓に移った。

(42) 「良き井水」の誤りではないか。「御来迎臼井水」がある。

(43) 神仏分離令により一八七一(明治四)年に廃寺になる。一八八〇(明治一三)年に大峰寺という名で復興し、一九〇八(明治四一)年に横峰寺として再興する(現在の札所)。

(44) 春日仏師は、平安後期以降の仏師または仏師集団。

(45) 現在の札所は、宝寿寺。一ノ宮寺は神仏分離により廃寺になる。一八七七(明治一〇)年に再興される。

(46) 現在の札所は、前神寺。高所の奥前神寺と山麓の里前神寺があったが、神仏分離令により、ともに石鎚神社となる。一八七八(明治一一)年に少し離れた現在地に里前神寺が前神寺として再興される。

(47) 現在の札所は、神恵院。江戸時代は、神宮寺として琴弾山頂にある琴弾八幡宮が札所であった。神仏分離令により、琴弾神社と神恵院に分けられ、神恵院は観音寺の境内に移された。
(48) 現在は郷照寺といい、綾歌郡宇多津町にある。
(49) 現在の札所は、高照院。明治時代の神仏分離により、崇徳天皇社は神社の白峰宮となり、筆頭末寺の高照院が現在地に移り金華山高照院天皇寺となり札所となった。
(50) 当時の遍路道は現在の自衛隊の演習場の中を通っており、現在は通行不能。
(51) この標石から、根香寺まで往復する経路を取る。
(52) 梓弓《あずさゆみ》は「や」に掛かる枕詞で、屋島の「屋」に掛かる。
(53) 原文にある「なつけ」は前の版の文を今回の版で省略した際に、消し忘れた文言である。ここでは意味不明となっている。
(54) 近くにあった眞念の墓が、この洲崎寺の境内に移されている。この墓によると眞念の没年は元禄六（一六九三）年。
(55) その意は、「因果応報の道理をそしって、うそぶいている者はせっかく自分の心の奥底に芽生えようとしている〝仏さまになる種〟を自分で焼いているようである」。
(56) 「覆醤」とは醬油瓶のふたにするような価値しかない反古紙の意。自著を謙遜して言っている。
(57) 船上がり切手と言って、四国遍路にとって各地の番所で改められるときに必要な書類だった。四国以外から来る遍路は、往来手形と船上がり切手を持っていた。
(58) 冒頭部では「伝兵衛」ともある（【読み下し文】も同様）。

『四國徧禮道指南』【地図】

地図作成について

原文で、眞念は地名のみを書き記している。したがって地名同士を繋ぐ地図上のルートは、すべて訳者の推測によっている。できるだけ江戸時代に存在したであろう古い道、道標や路傍の遍路の墓などの遺物が残されている道を選択した（複数のルートを記載した箇所もある）。できる限りの範囲で、もっともそれらしいところをルートとした（どうしても不確実なところは「……」で表記した）。当時の道のなかには廃道となったものもある。おそらく江戸期は、田の側にある細い道や杣道《そまみち》なども通っていただろう。また地名についても変更・廃止があり、訳者が確認できなかった地名は、原文表記のままに、もっともそれらしい位置に示した。眞念が建てた道標のうちで、現在でも見ることができるものについては地図上に示した。また札所名について、【現代語訳】では江戸時代に通用していた、原本の表記（寺院名、山号、地名）に従い、【地図】では現在通用している寺院名を使った。

四国遍路全体図

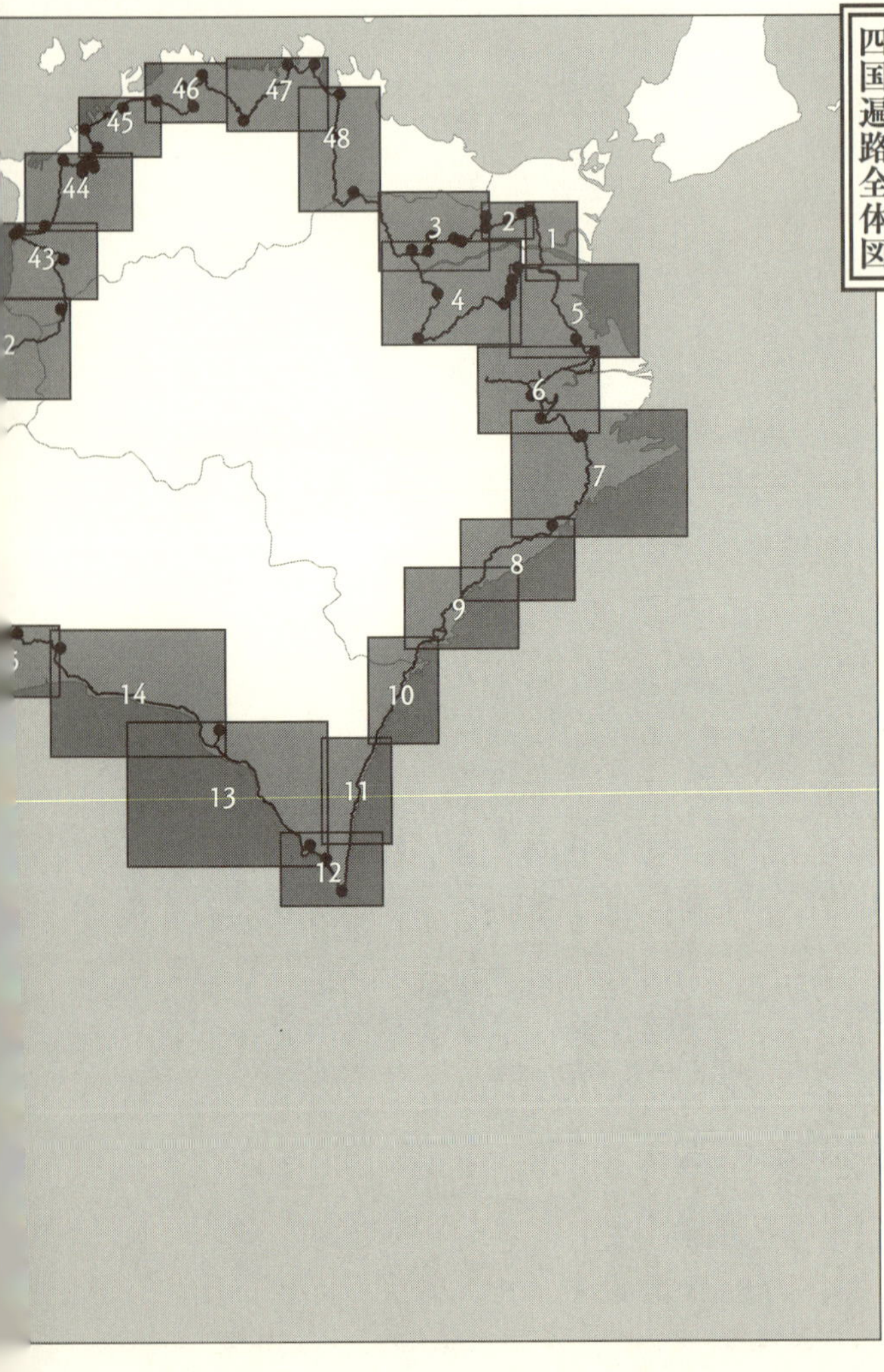

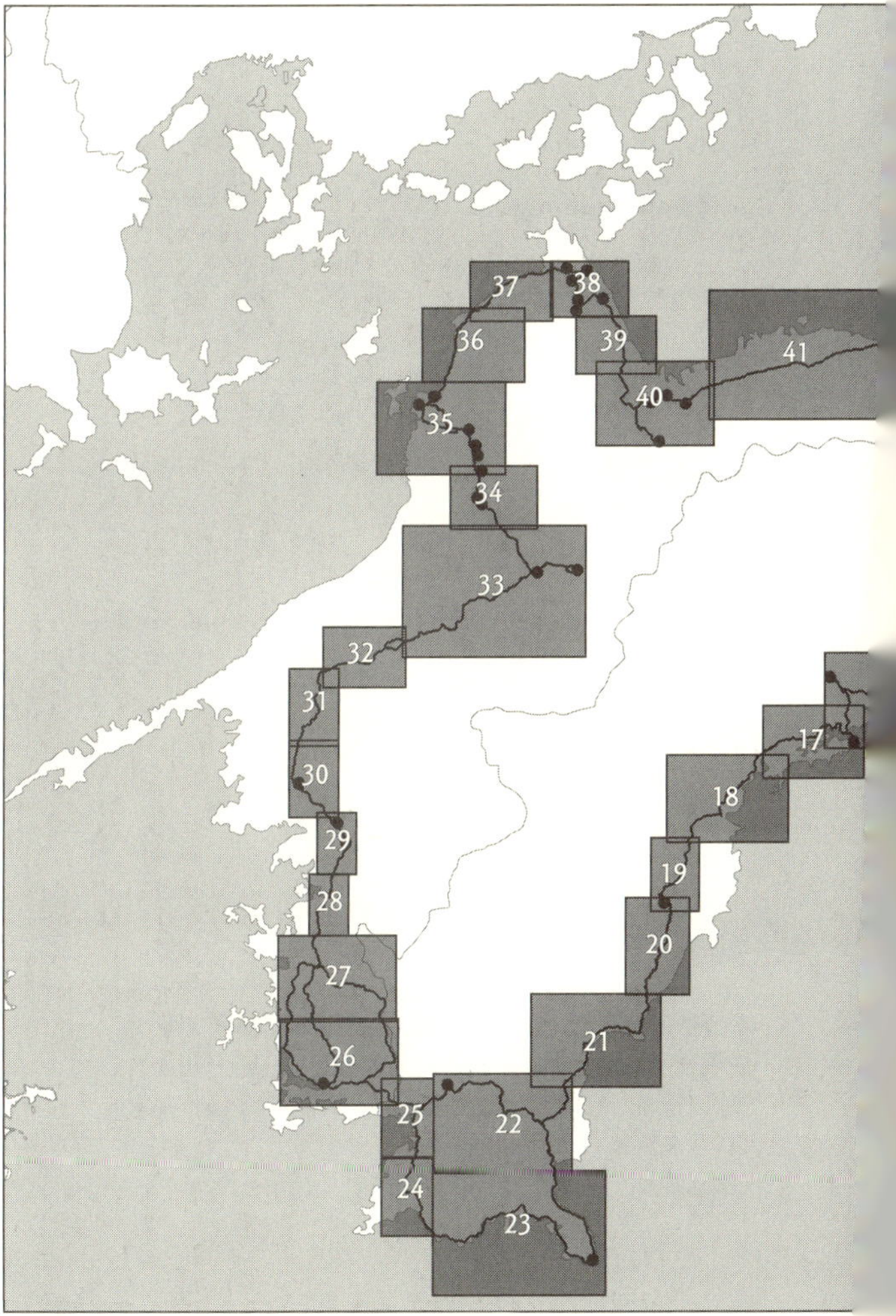

37
38
36
39
41
40
35
34
33
32
31
17
30
18
29
19
28
20
27
21
26
25
22
24
23

凡例

▪▪▪▶▪▪▪▶▪▪▪	眞念が歩いたと考えるルート（矢印は進行方向）		
●●●●●●●	不確かなルート		
卍	札所	卍	寺院
徳島	地名	⛩	神社
▯	眞念標石	○	その他の地点

地図番号1〜48

この地図の作成に当たっては、国土地理院長の承認を得て、同院発行の数値地図（国土基本情報）電子国土基本図（地図情報）及び数値地図（国土基本情報）電子国土基本図（地名情報）を使用した。

（承認番号　平27情使、第217号）

1

上陸地～一番

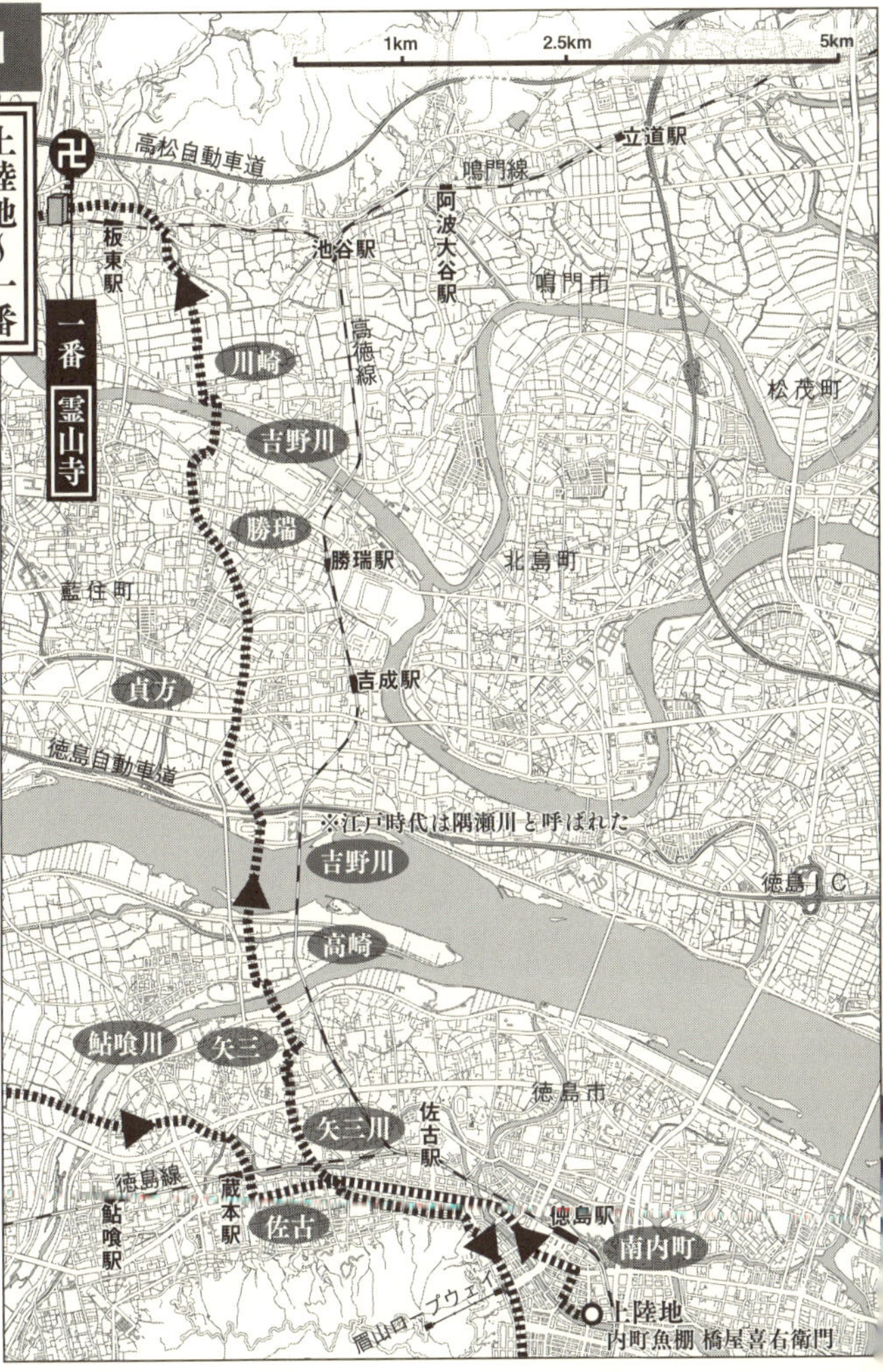
1km
2.5km
5km
高松自動車道
立道駅
鳴門線
一番 霊山寺
板東駅
池谷駅
阿波大谷駅
鳴門市
高徳線
川崎
吉野川
松茂町
勝瑞
勝瑞駅
北島町
藍住町
吉成駅
貞方
徳島自動車道
※江戸時代は隅瀬川と呼ばれた
吉野川
徳島ＩＣ
高崎
鮎喰川
矢三
徳島市
矢三川
佐古駅
徳島線
蔵本駅
鮎喰駅
佐古
徳島駅
南内町
眉山ロープウェイ
上陸地
内町魚棚 橋屋喜右衛門

二番 極楽寺
一番 霊山寺
三番 金泉寺
高松自動車道
桧（檜）
板野
板東駅
鳴門市
川端
阿波川端駅
高徳線
藍住町

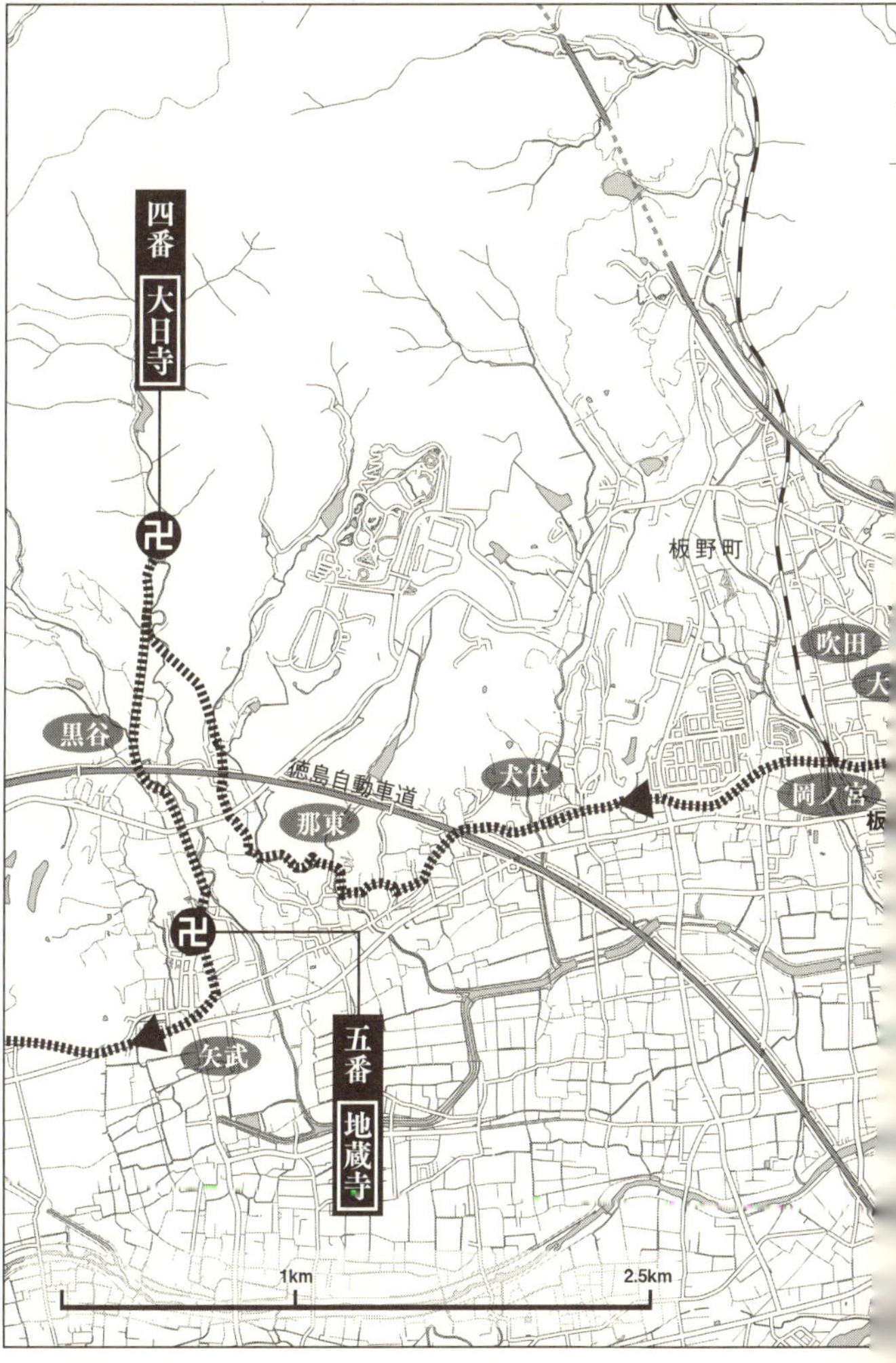
四番
大日寺
板野町
吹田
黒谷
徳島自動車道
犬伏
岡ノ宮
那東
五番
地蔵寺
矢武
1km
2.5km

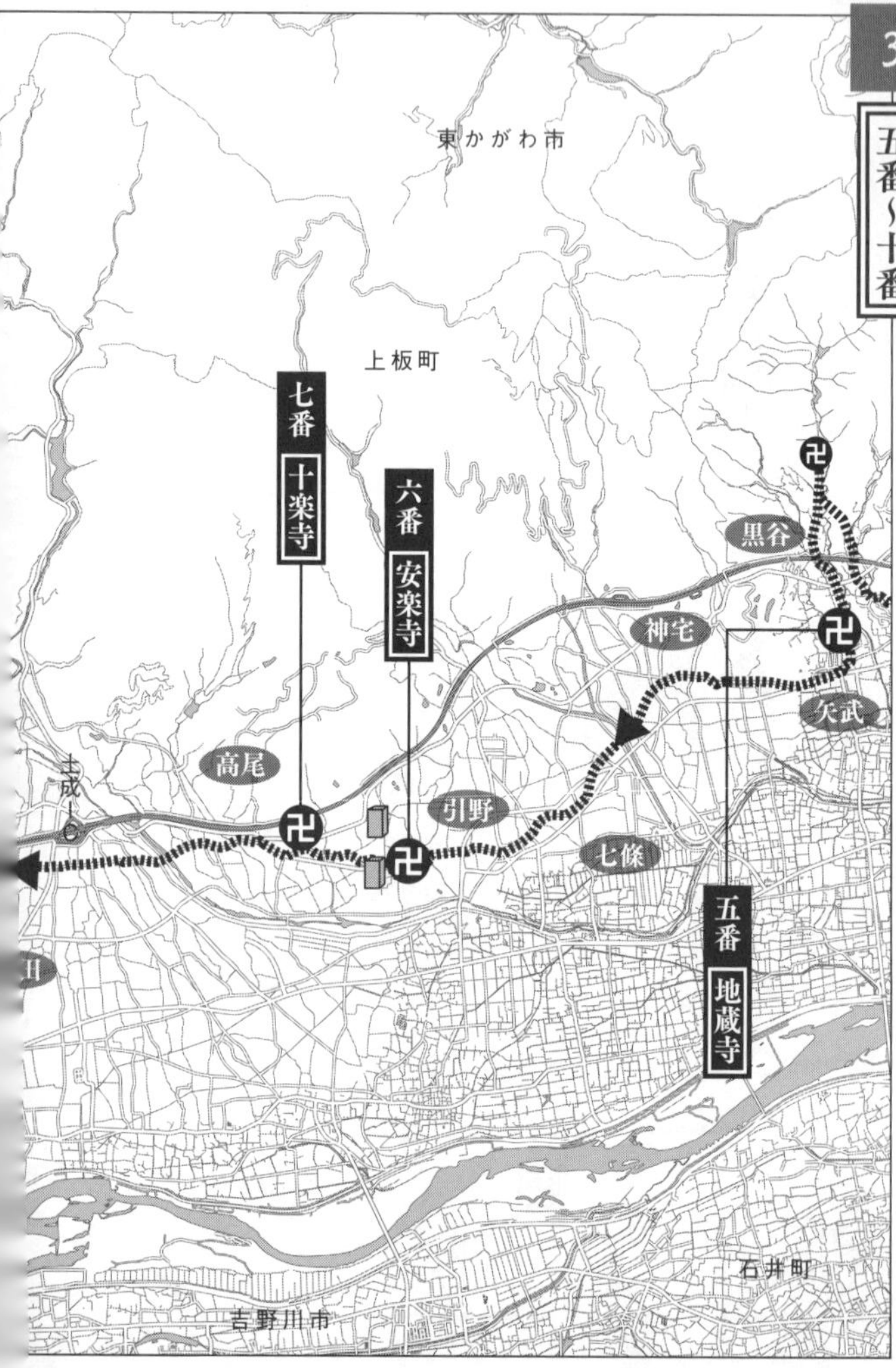
東かがわ市
上板町
七番
十楽寺
六番
安楽寺
黒谷
神宅
矢武
高尾
土成IC
引野
七條
五番
地蔵寺
石井町
吉野川市

八十八番大窪寺より
十番
切幡寺
九番
法輪寺
犬墓
日開谷
番所
阿波市
土成
徳島自動車道
切幡
秋月
大野島
1km
2.5km
5km

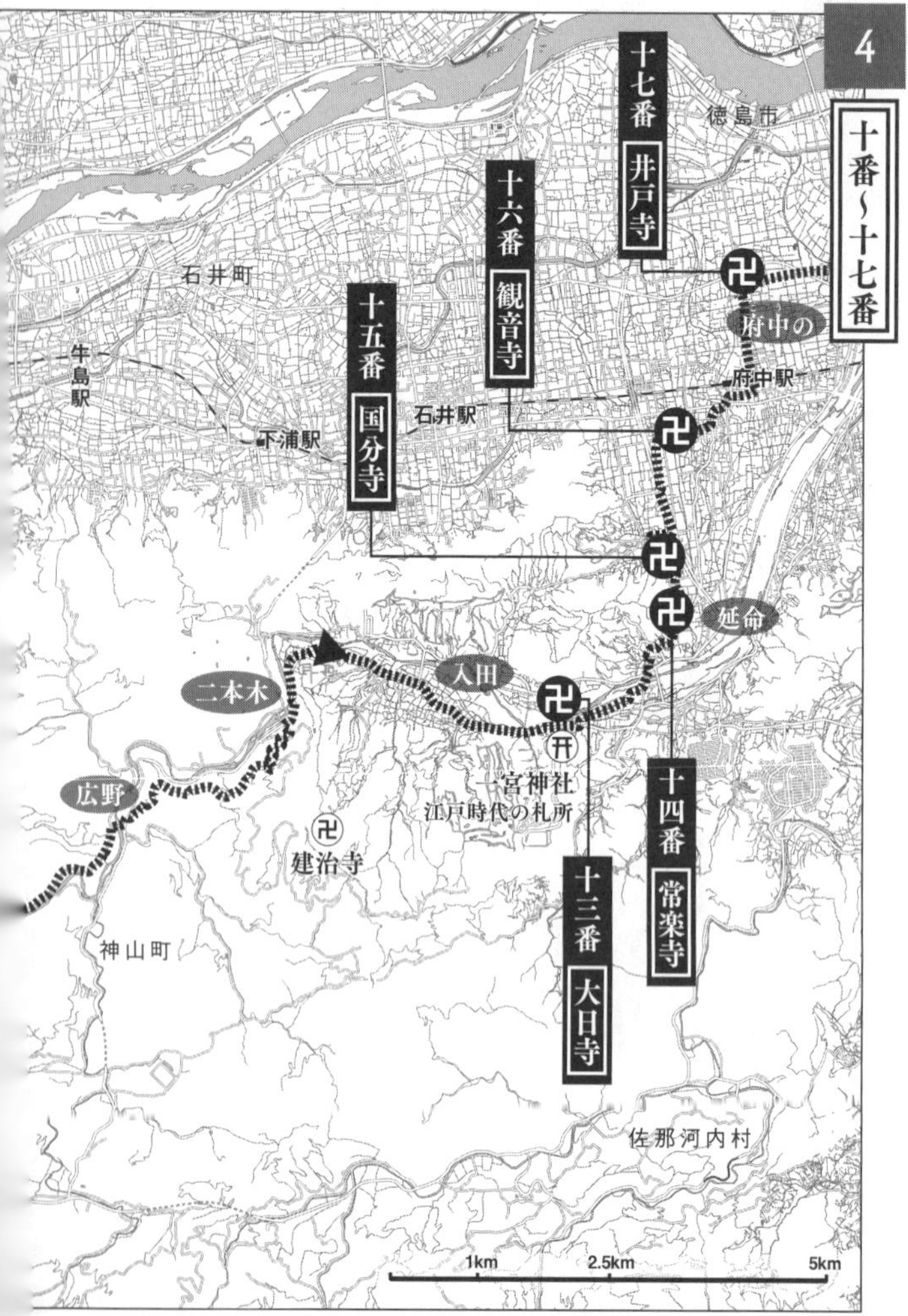
4
十番〜十七番
十七番 井戸寺
十六番 観音寺
十五番 国分寺
十四番 常楽寺
十三番 大日寺
徳島市
石井町
牛島駅
下浦駅
石井駅
府中駅
府中の
延命
入田
二本木
広野
一宮神社
江戸時代の札所
建治寺
神山町
佐那河内村
1km
2.5km
5km

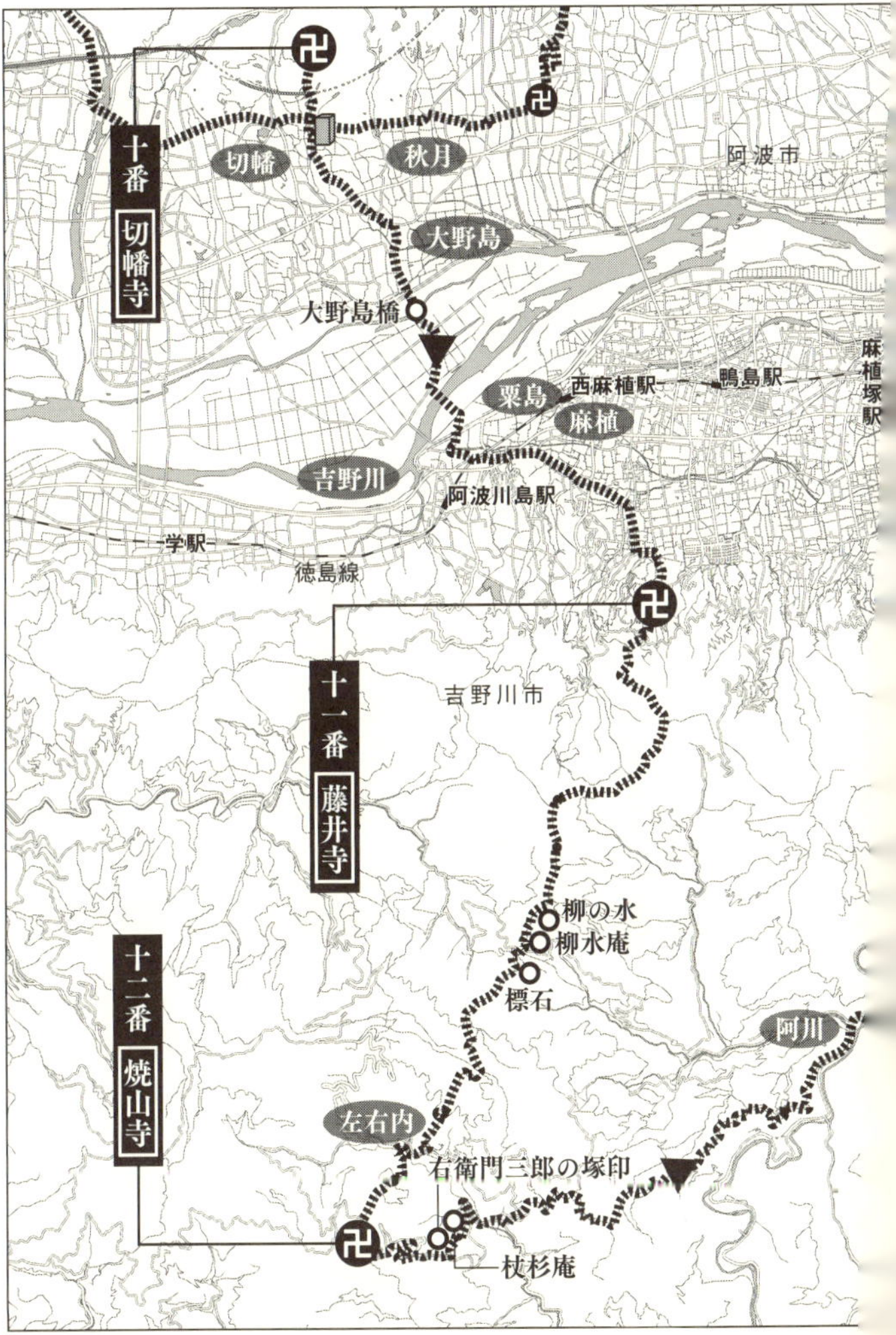

十番 切幡寺
切幡
秋月
阿波市
大野島
大野島橋
粟島
西麻植駅
鴨島駅
麻植塚駅
麻植
吉野川
阿波川島駅
学駅
徳島線
十一番 藤井寺
吉野川市
柳の水
柳水庵
標石
阿川
十二番 焼山寺
左右内
右衛門三郎の塚印
杖杉庵

十八番
恩山寺
南小松島駅
徳島小松島港
十九番
立江寺
小松島市
田野
阿波赤石駅
天王村
田中山
立江駅

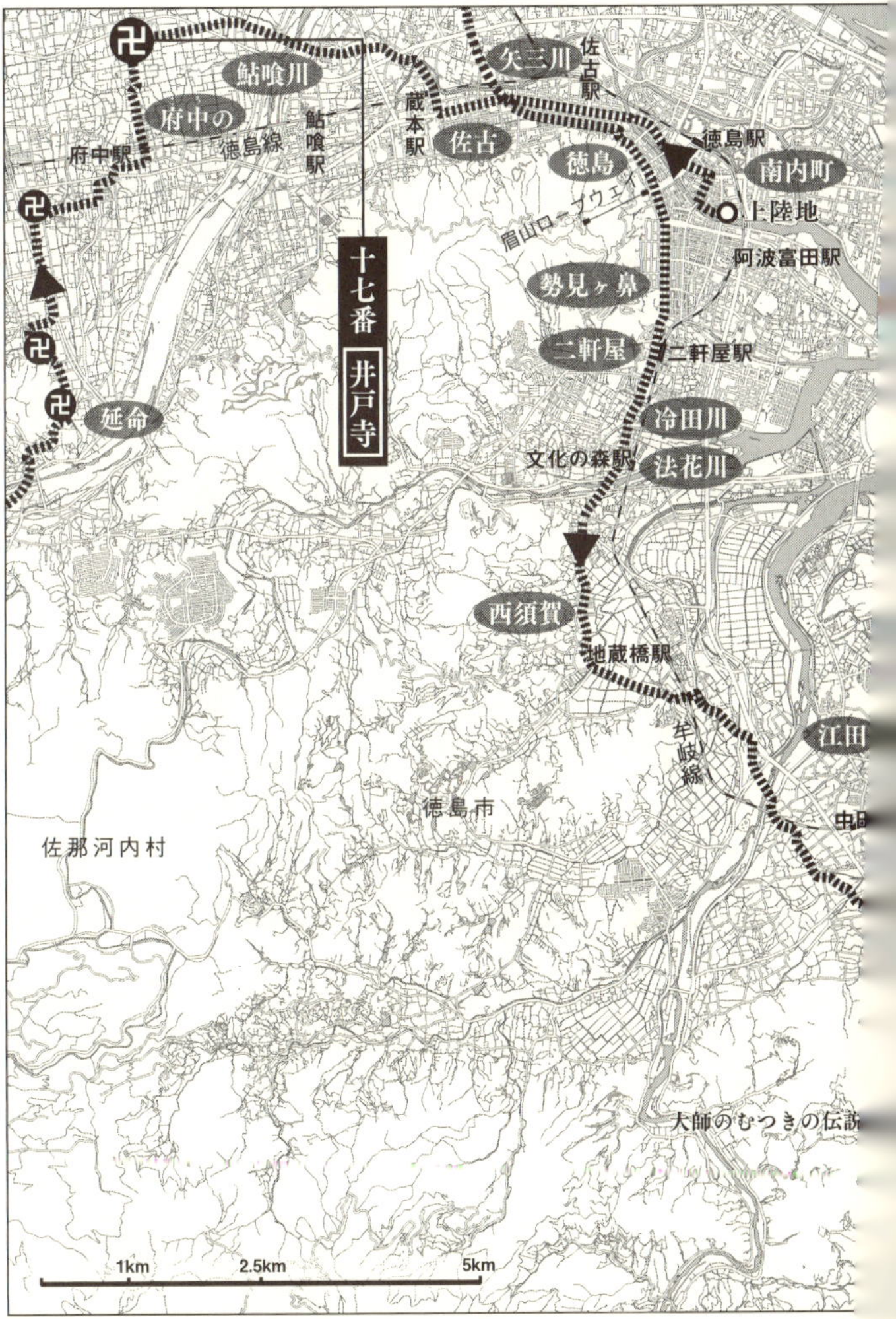

十七番
井戸寺
鮎喰川
府中の
府中駅
徳島線
鮎喰駅
蔵本駅
矢三川
佐古駅
佐古
徳島
徳島駅
南内町
上陸地
眉山ロープウェイ
阿波富田駅
勢見ヶ鼻
二軒屋
二軒屋駅
延命
冷田川
文化の森駅
法花川
西須賀
地蔵橋駅
牟岐線
江田
徳島市
佐那河内村
大師のむつきの伝説
1km
2.5km
5km

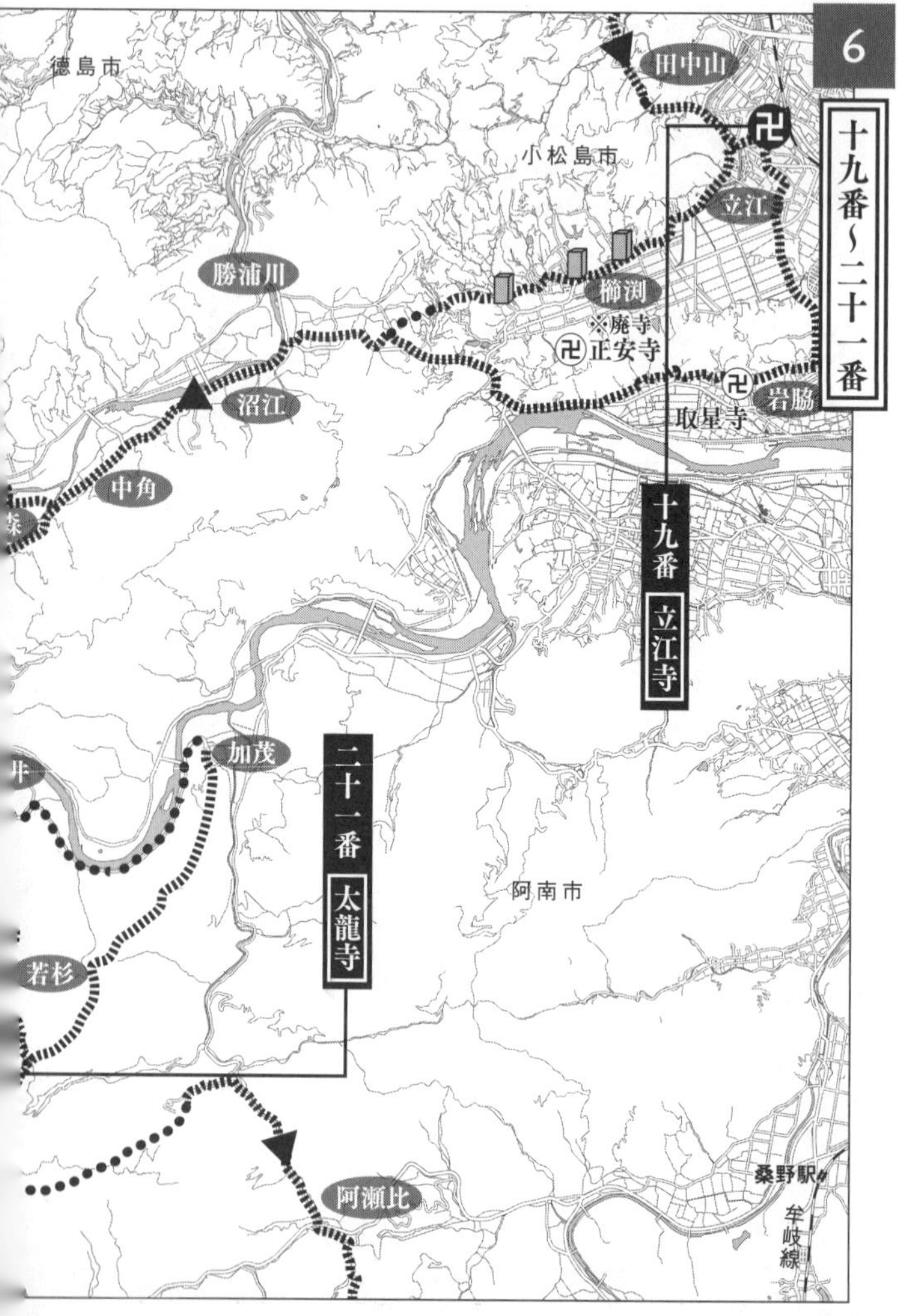

6
十九番~二十一番
徳島市
田中山
小松島市
立江
勝浦川
櫛渕
※廃寺
正安寺
岩脇
取星寺
沼江
中角
十九番
立江寺
加茂
二十一番
太龍寺
阿南市
若杉
阿瀬比
桑野駅
牟岐線

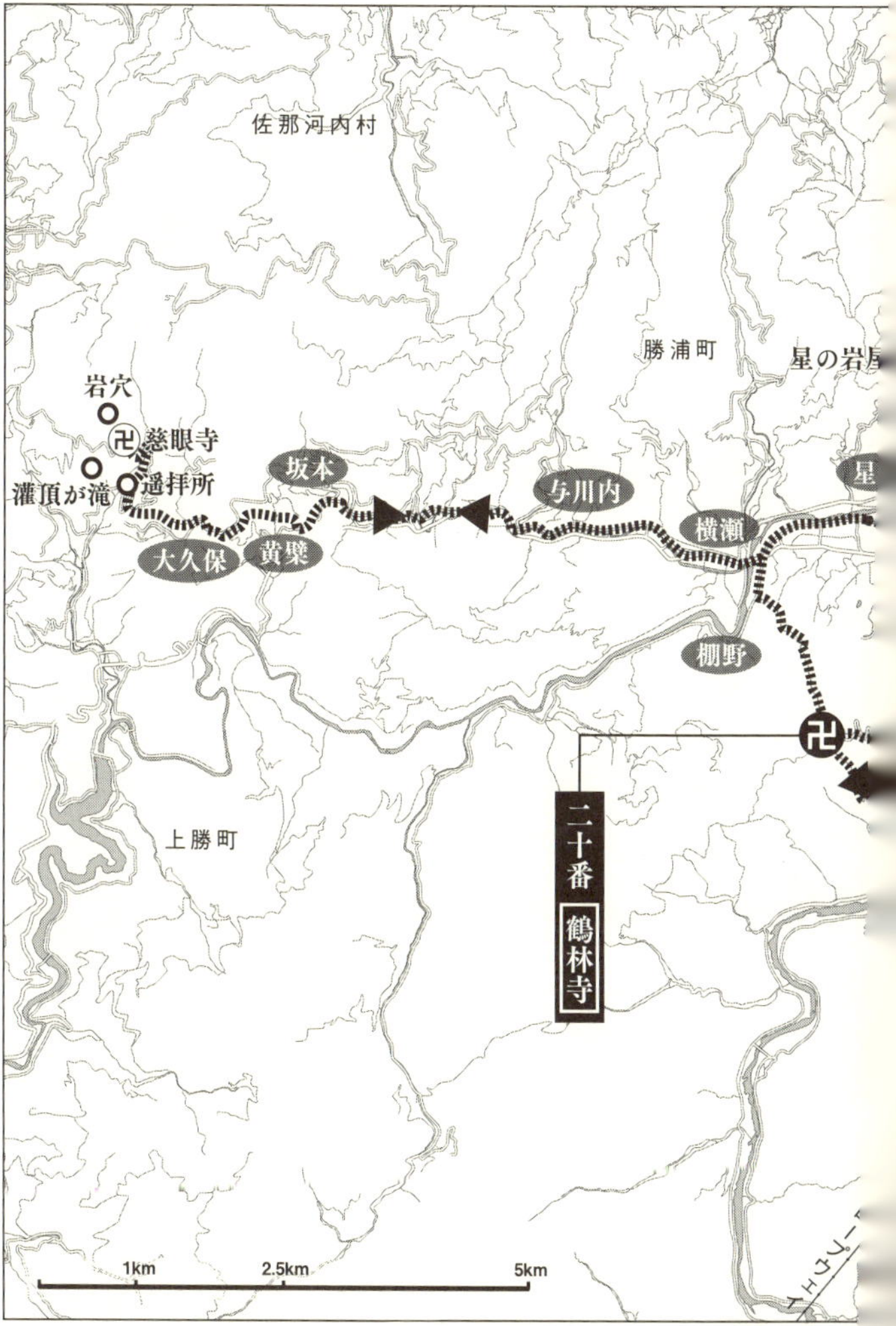

佐那河内村
勝浦町
岩穴
慈眼寺
灌頂が滝
遥拝所
坂本
与川内
横瀬
大久保
黄檗
棚野
上勝町
二十番
鶴林寺
1km
2.5km
5km

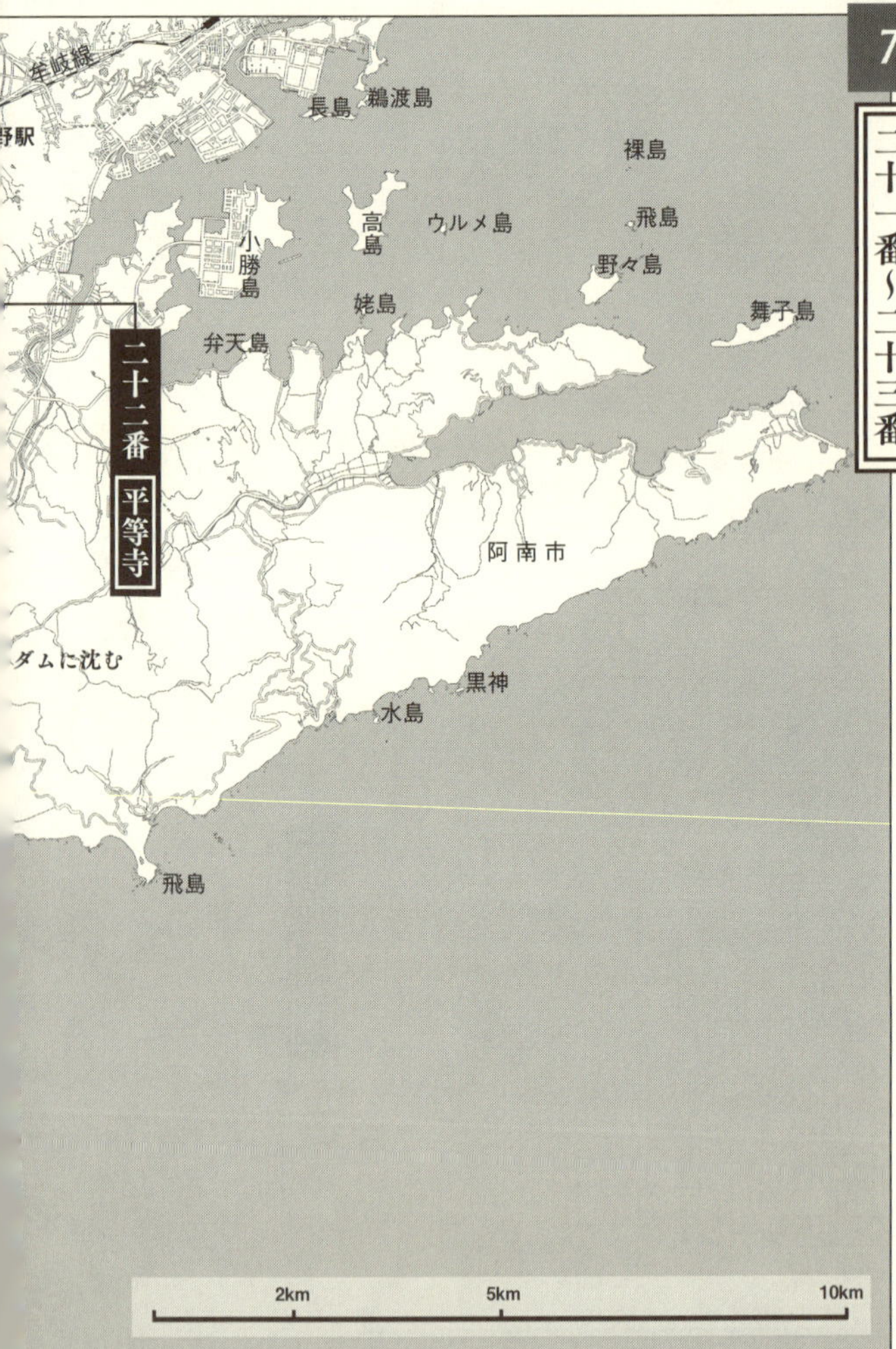
牟岐線
野駅
長島
鶏渡島
裸島
高島
ウルメ島
飛島
小勝島
野々島
姥島
舞子島
弁天島
二十二番
平等寺
阿南市
ダムに沈む
黒神
水島
飛島
2km
5km
10km

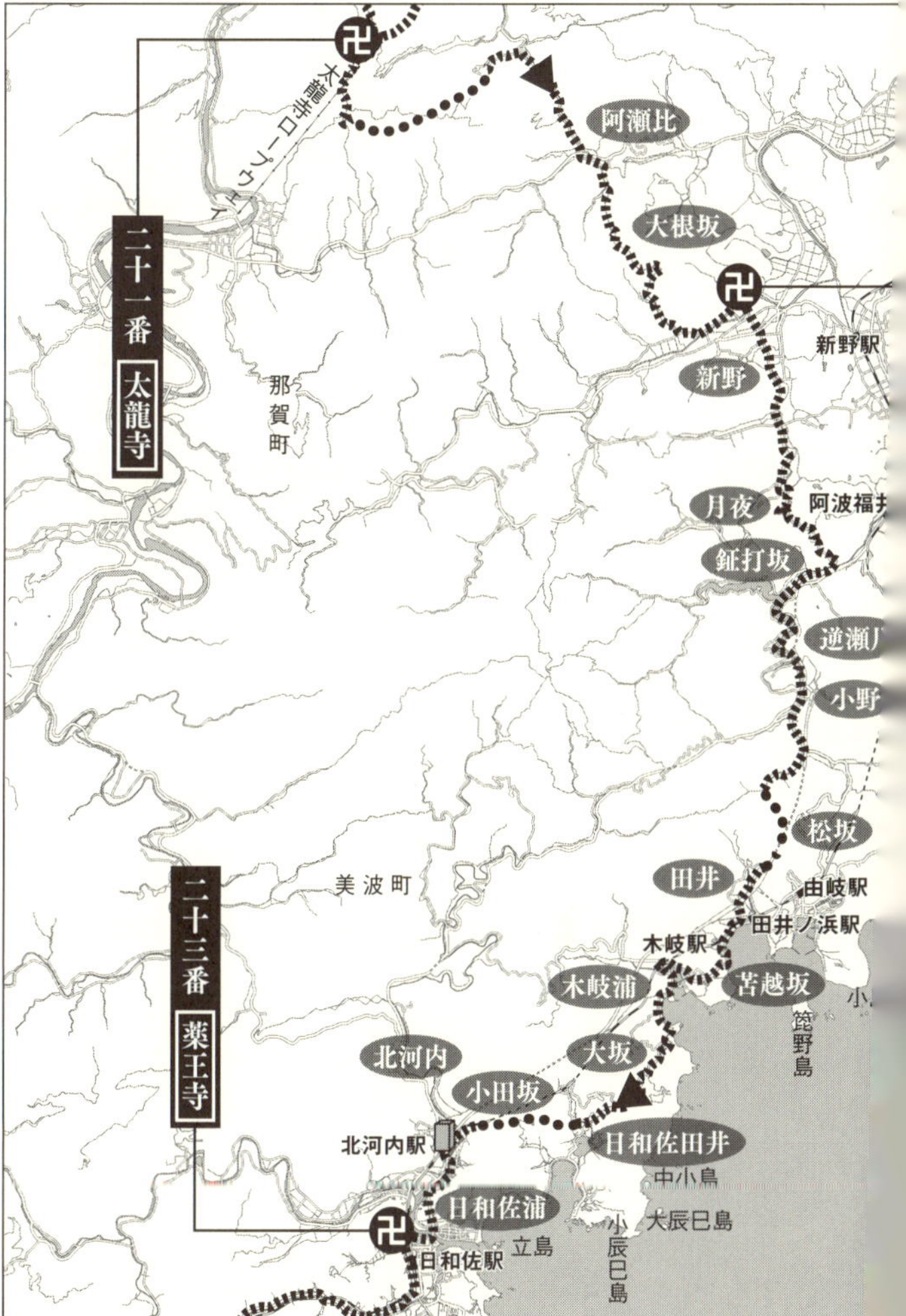

二十一番 太龍寺
太龍寺ロープウェイ
阿瀬比
大根坂
新野駅
新野
那賀町
月夜
阿波福井
鉦打坂
逆瀬川
小野
松坂
田井
由岐駅
田井ノ浜駅
木岐駅
美波町
二十三番 薬王寺
木岐浦
苫越坂
小
箆野島
北河内
大坂
小田坂
北河内駅
日和佐田井
中小島
日和佐浦
大辰巳島
立島
小辰巳島
日和佐駅

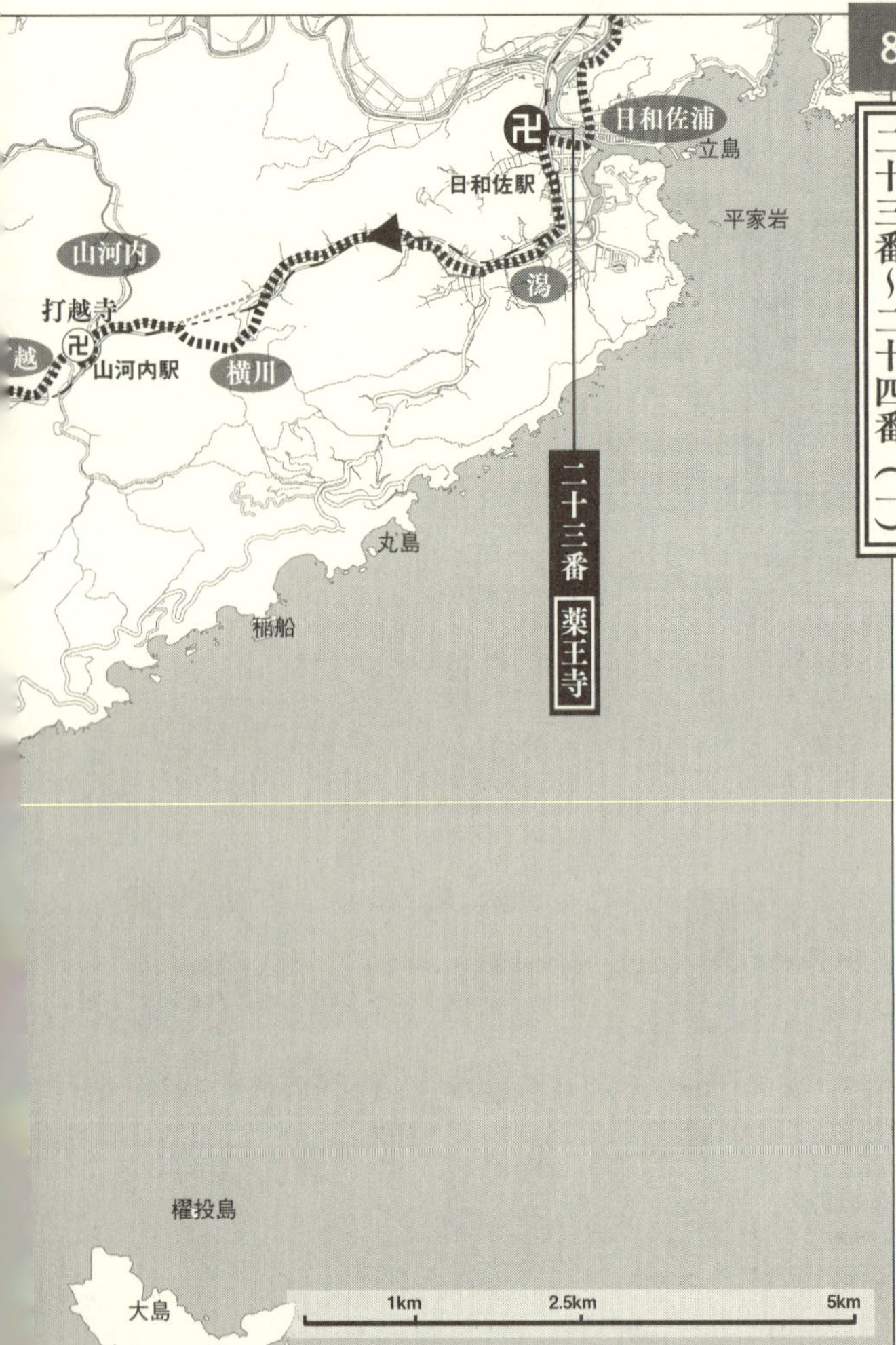
日和佐浦
立島
日和佐駅
平家岩
山河内
打越寺
越
山河内駅
横川
潟
二十三番
薬王寺
丸島
栢船
櫂投島
大島
1km
2.5km
5km

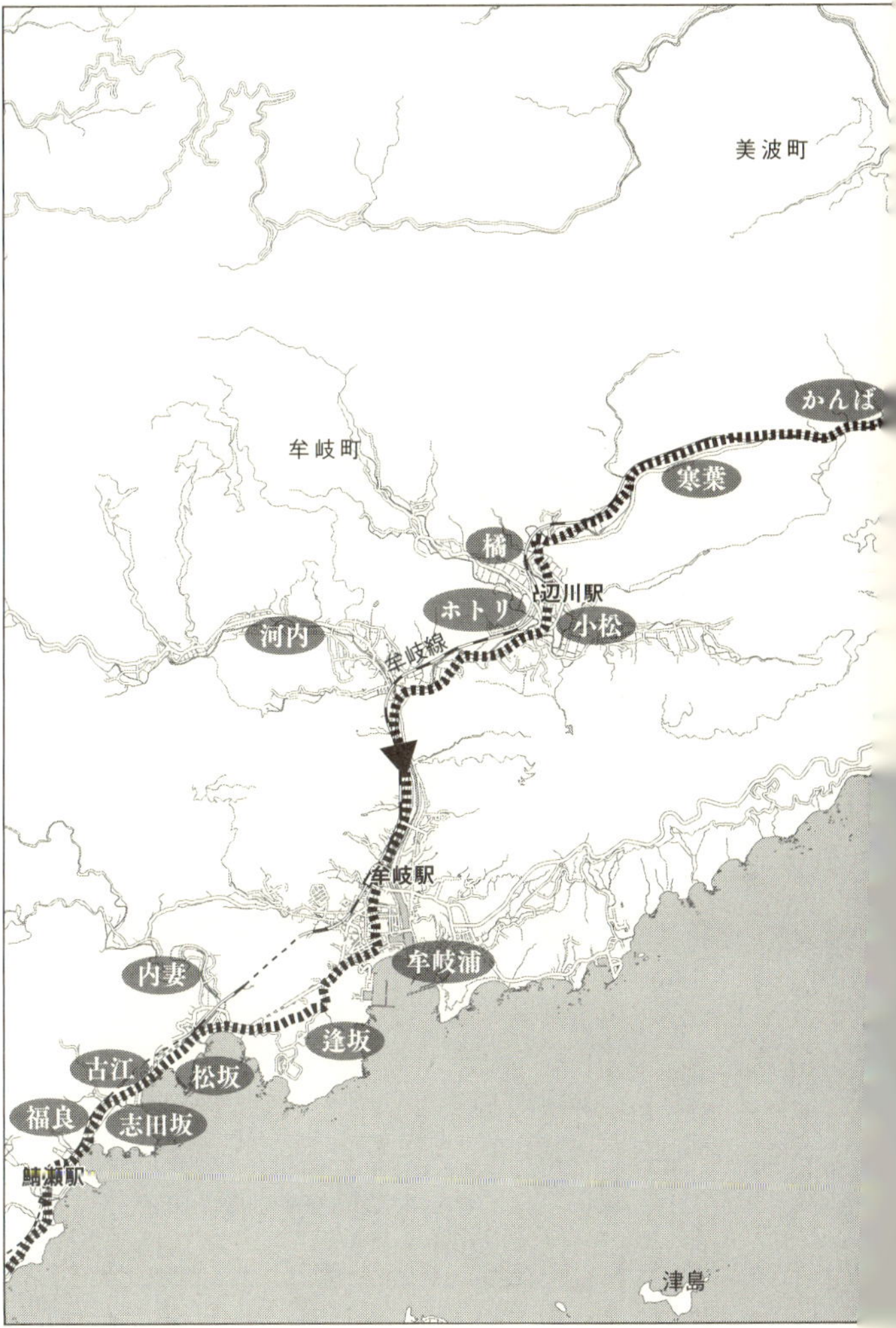
美波町
かんば
寒葉
牟岐町
橘
辺川駅
ホトリ
小松
河内
牟岐線
牟岐駅
牟岐浦
内妻
逢坂
古江
松坂
福良
志田坂
鯖瀬駅
津島

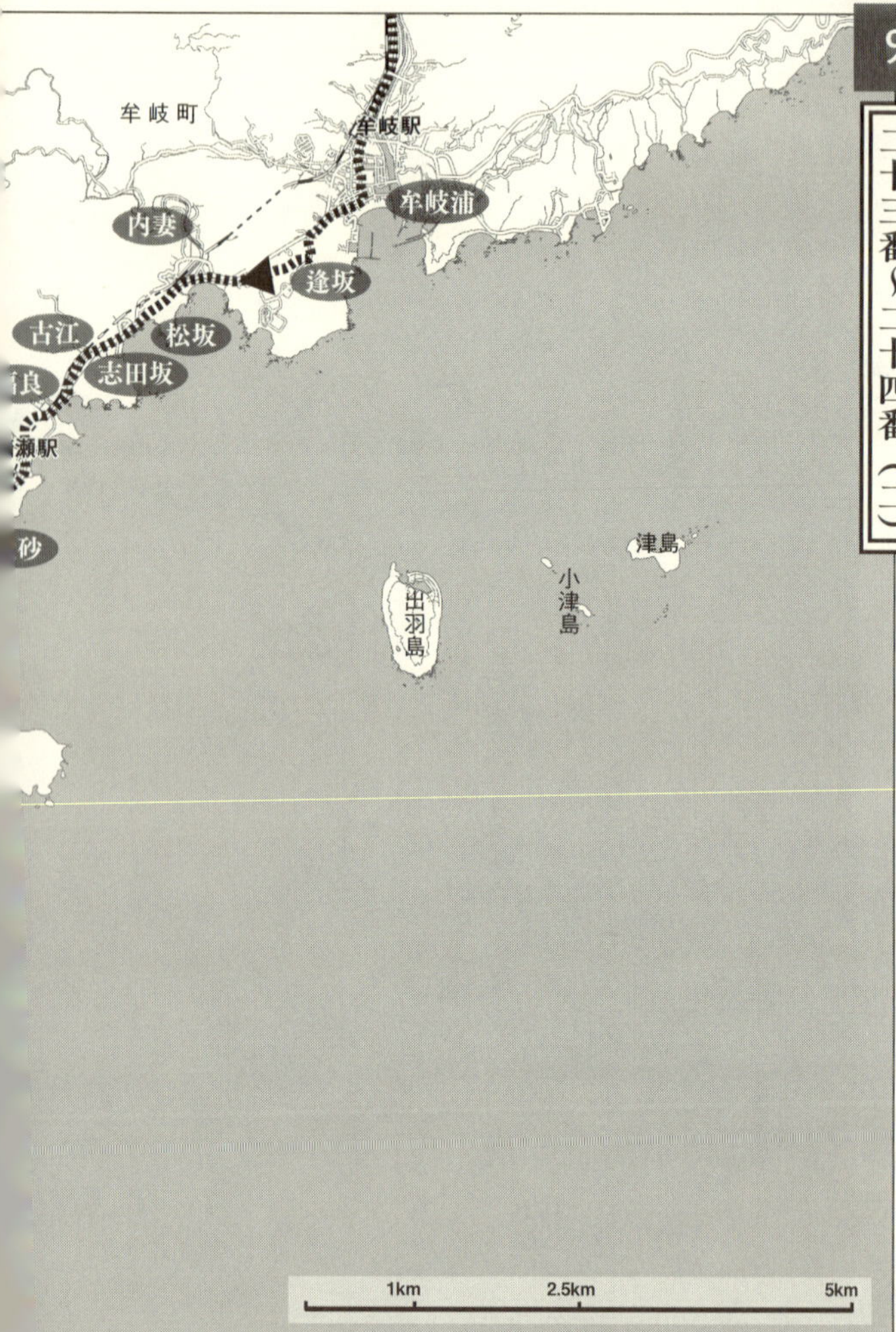
牟岐町
牟岐駅
牟岐浦
内妻
逢坂
古江
松坂
志田坂
良
瀬駅
砂
津島
小津島
出羽島
1km
2.5km
5km

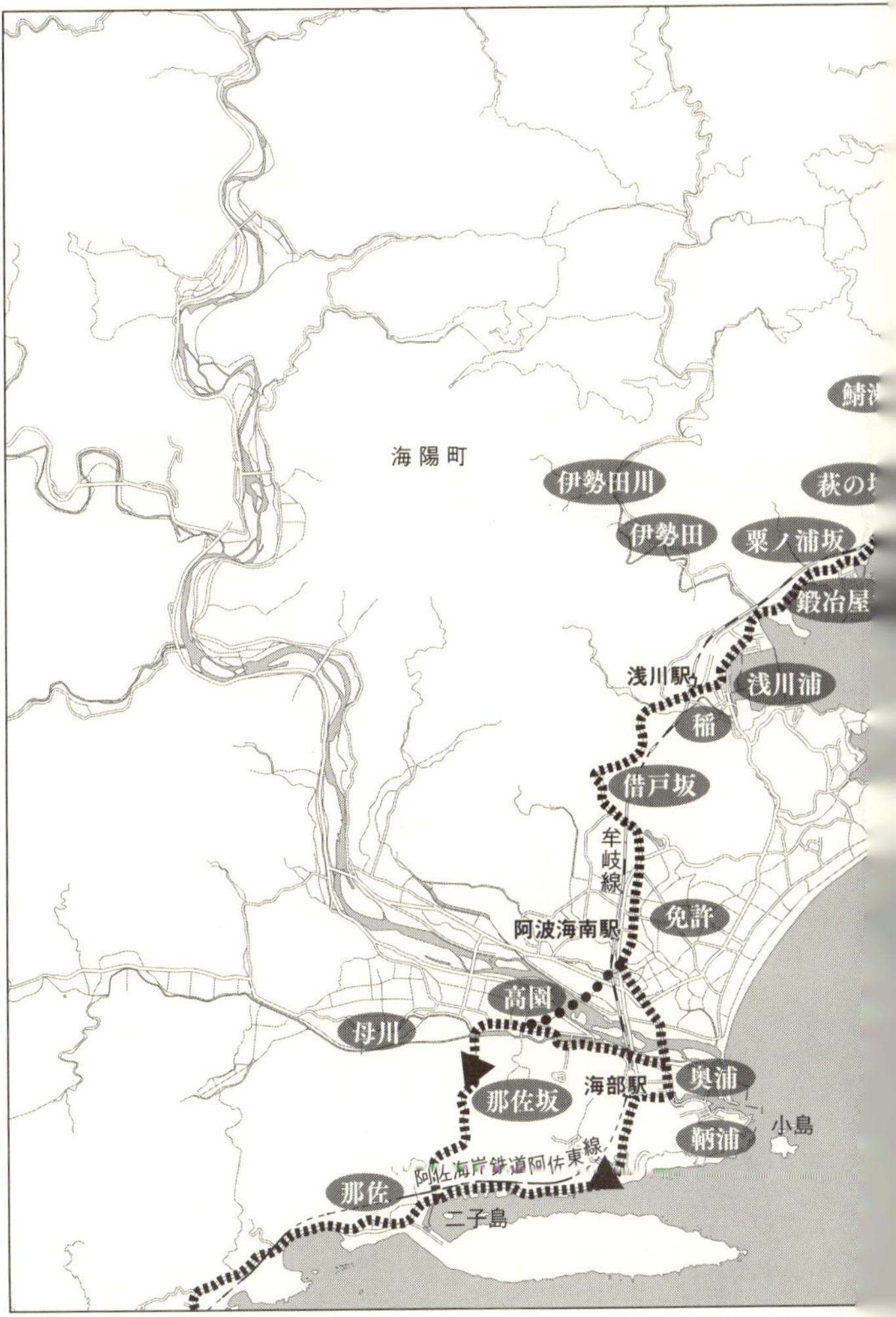

海陽町
伊勢田川
伊勢田
粟ノ浦坂
萩の
鯖
鍛冶屋
浅川駅
浅川浦
稲
借戸坂
牟岐線
免許
阿波海南駅
高園
母川
奥浦
海部駅
那佐坂
小島
鞆浦
阿佐海岸鉄道阿佐東線
那佐
二子島

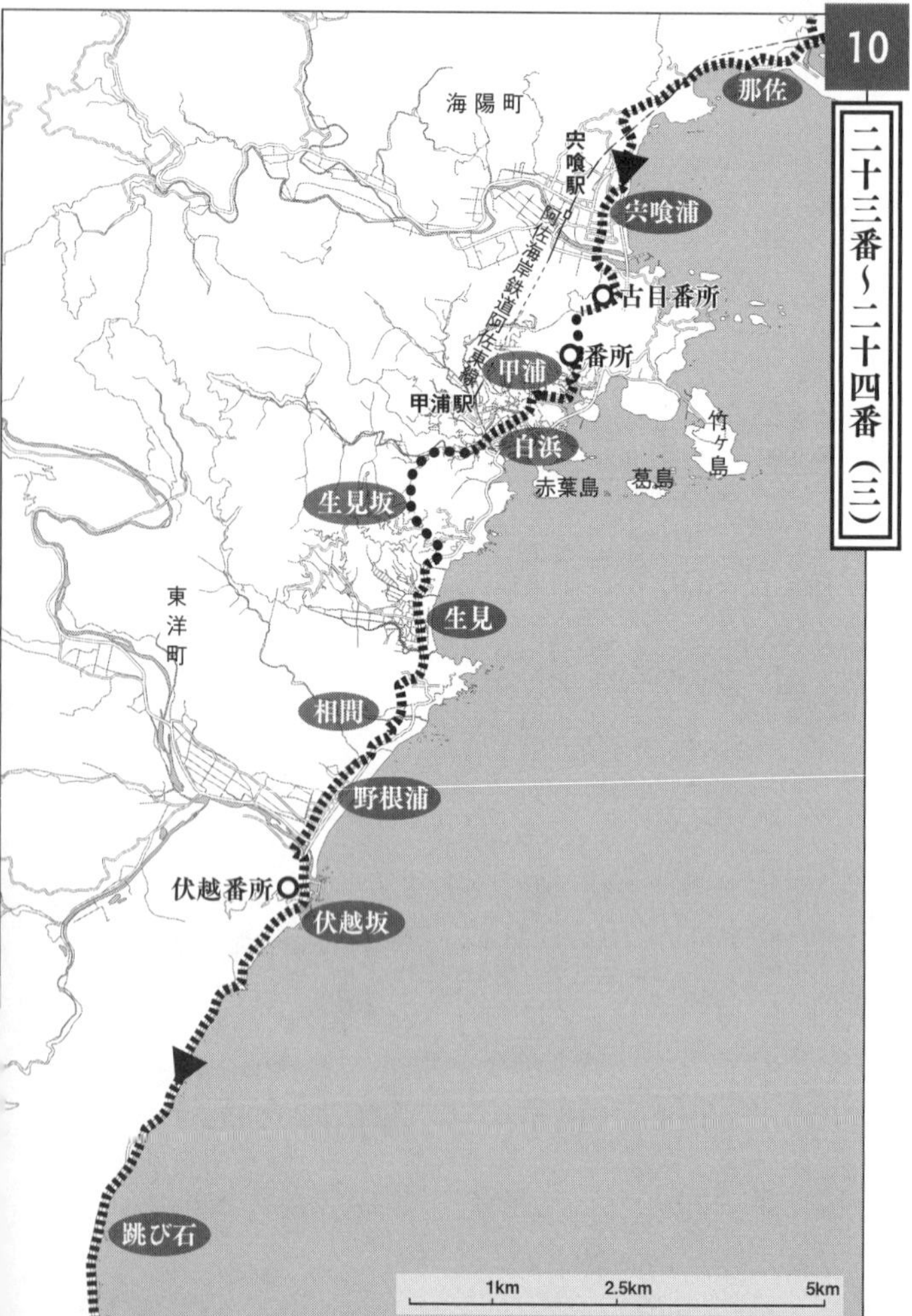

10
二十三番～二十四番（三）
海陽町
那佐
宍喰駅
宍喰浦
阿佐海岸鉄道阿佐東線
古目番所
番所
甲浦
甲浦駅
白浜
竹ヶ島
赤葉島
葛島
生見坂
東洋町
生見
相間
野根浦
伏越番所
伏越坂
跳び石
1km
2.5km
5km

11

二十三番～二十四番（四）

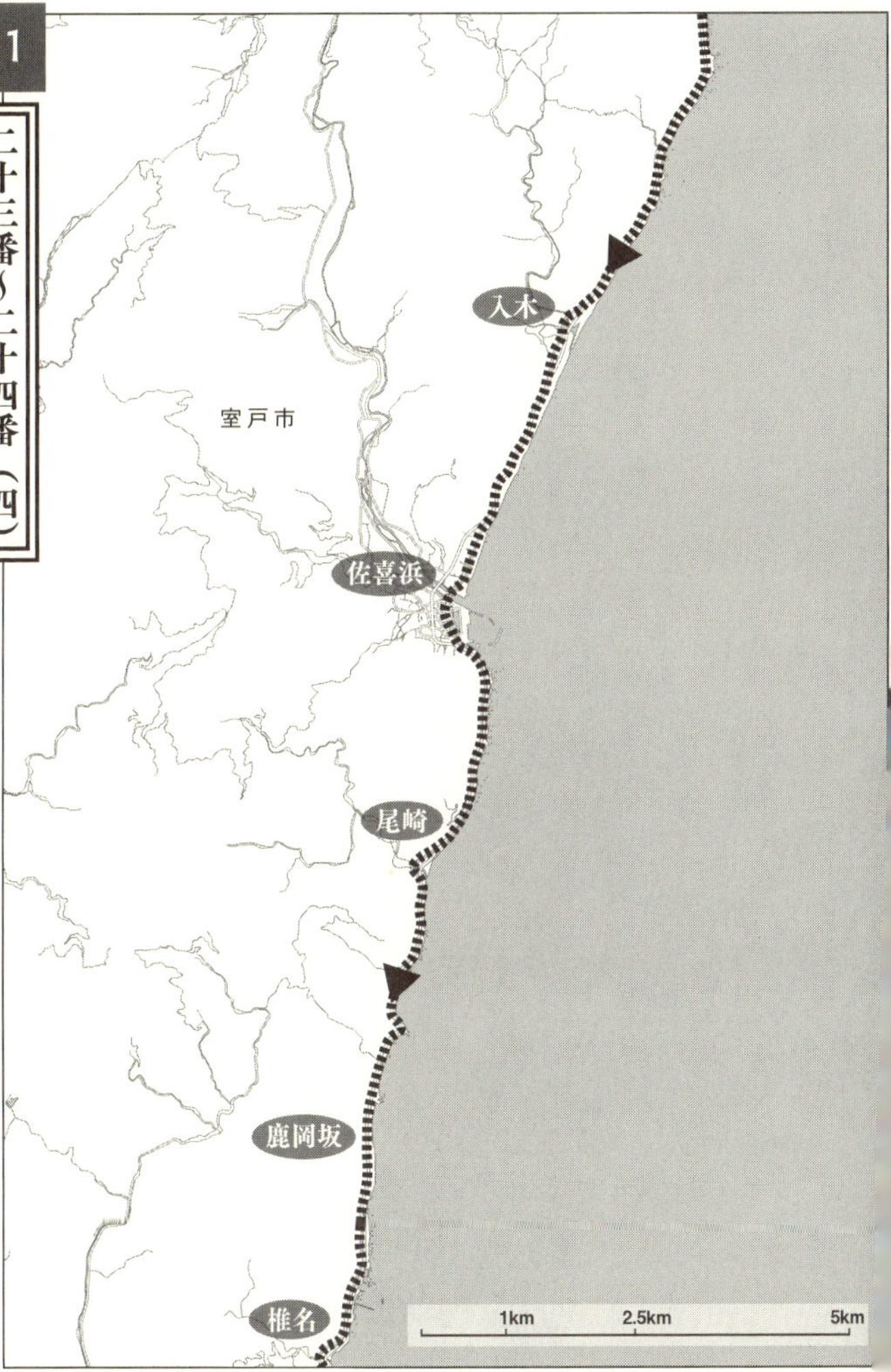

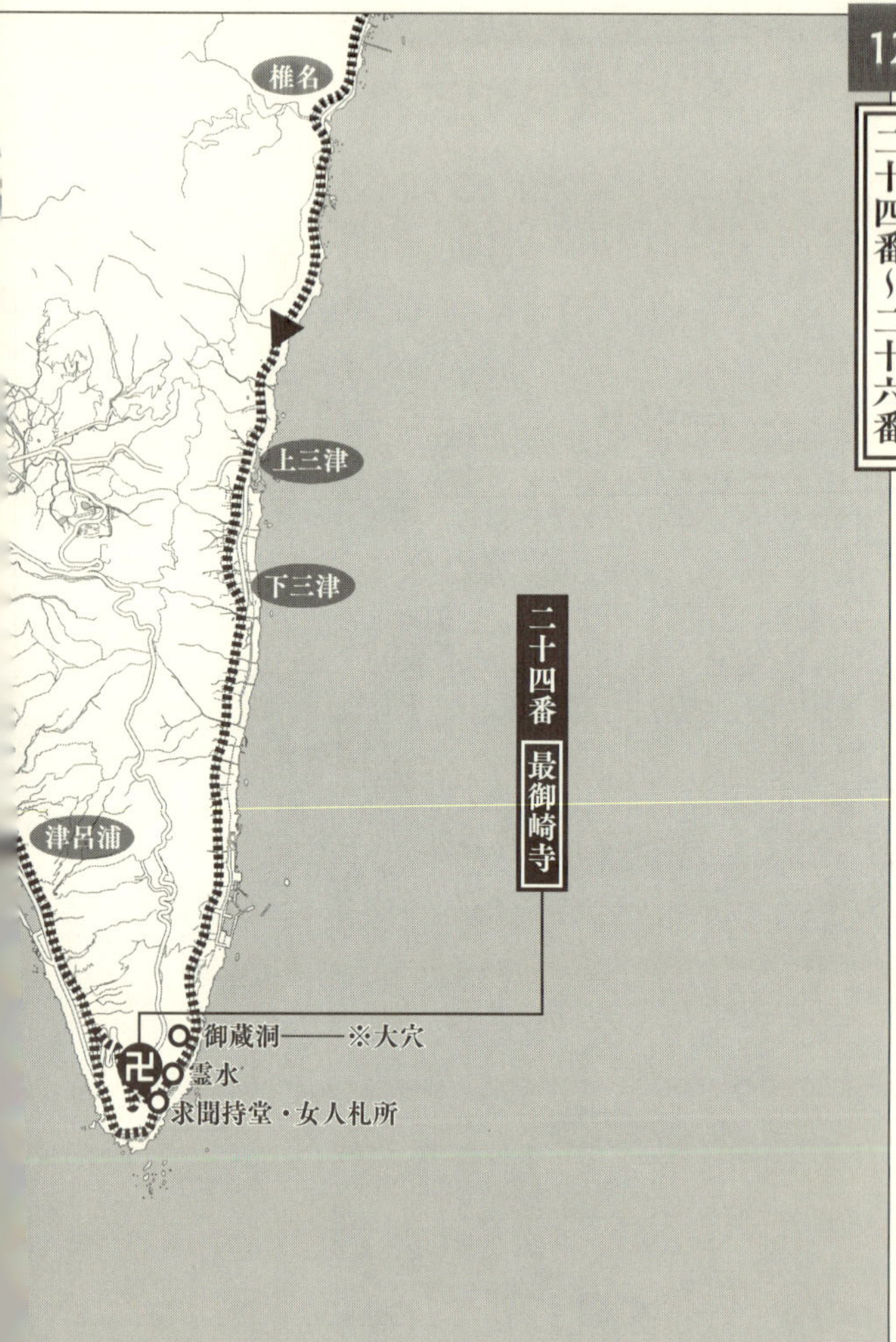
椎名
上三津
下三津
津呂浦
二十四番
最御崎寺
御蔵洞——※大穴
霊水
求聞持堂・女人札所

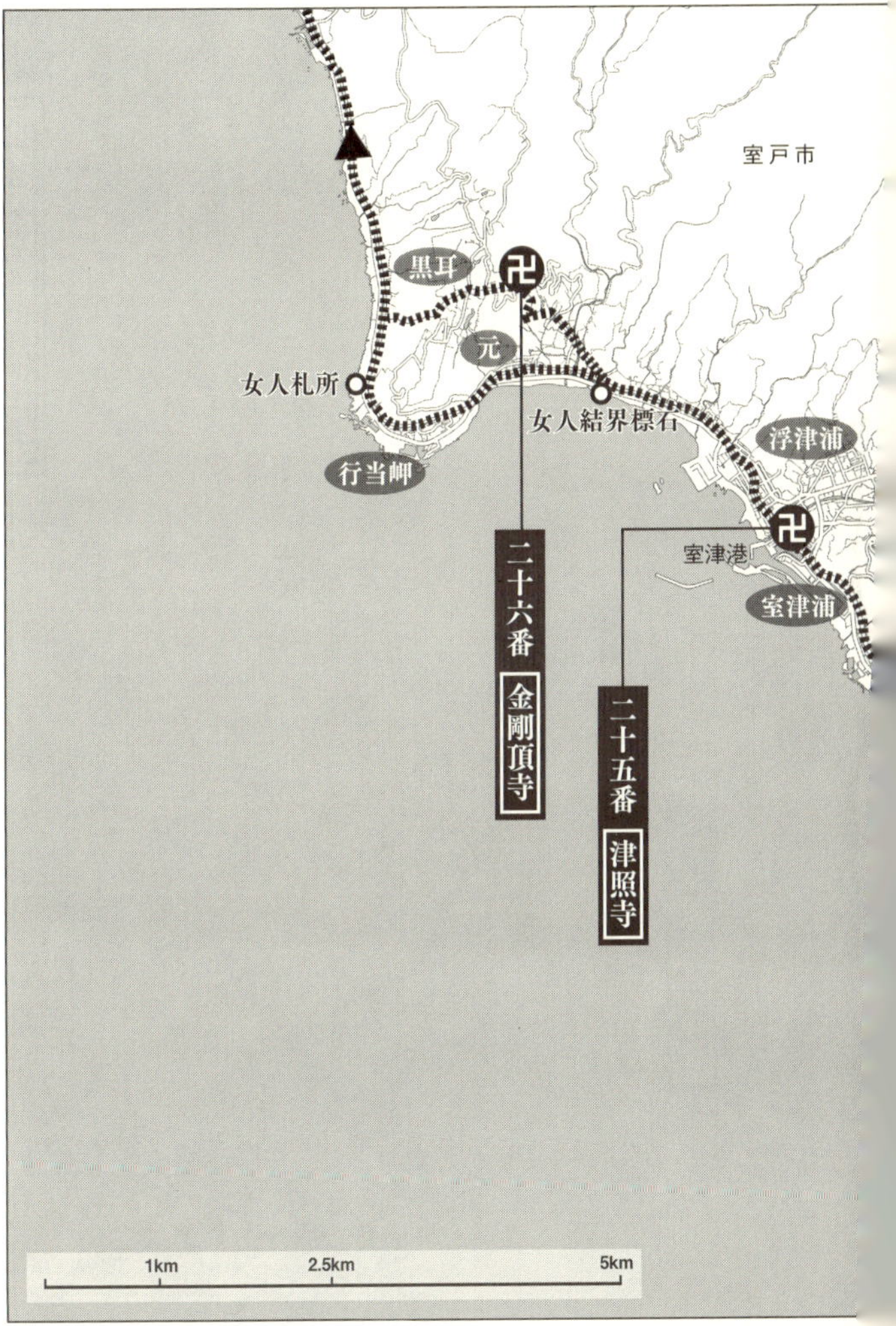
室戸市
黒耳
元
女人札所
女人結界標石
浮津浦
行当岬
室津港
室津浦
二十六番
金剛頂寺
二十五番
津照寺
1km
2.5km
5km

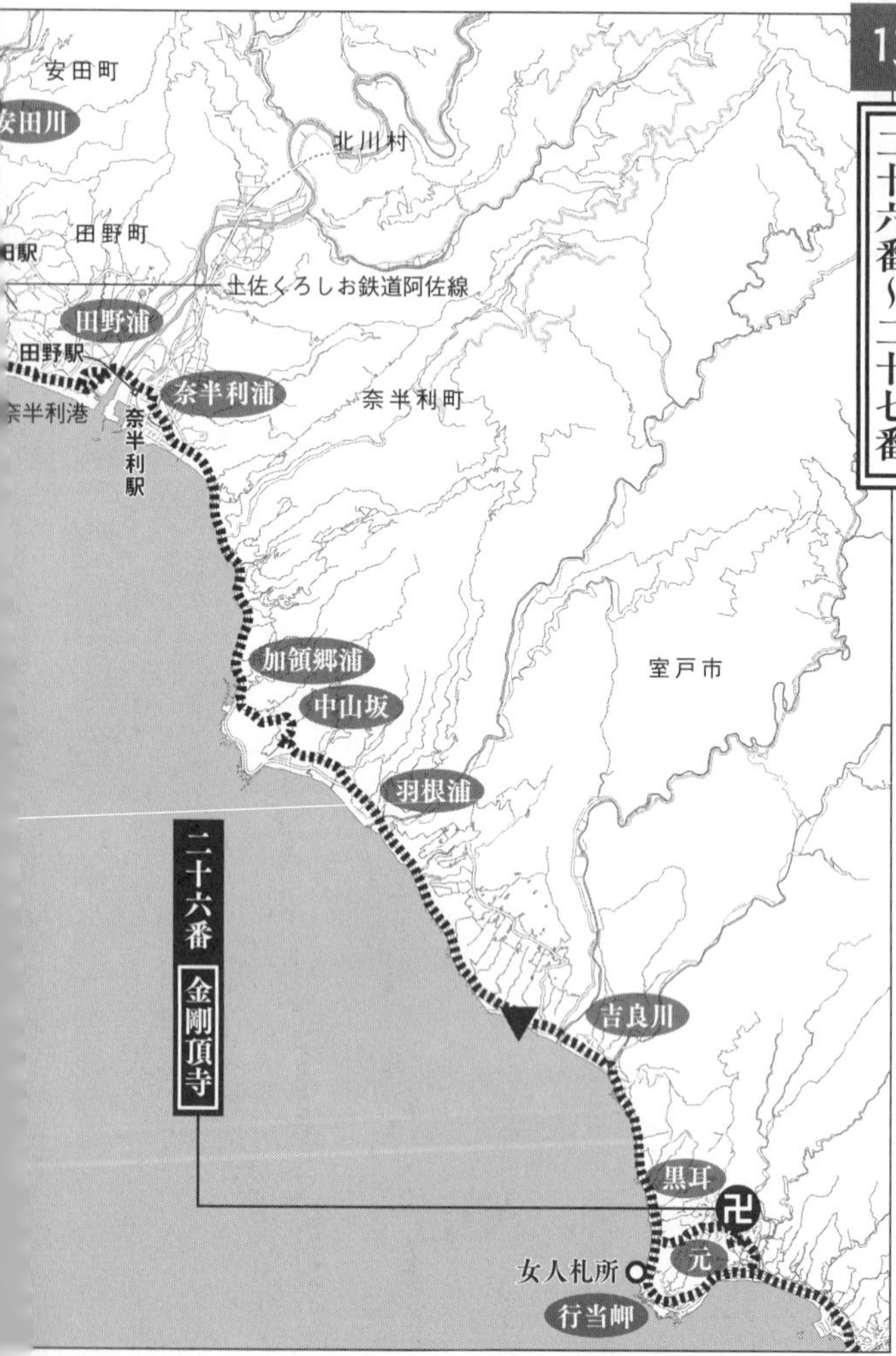
安田町
安田川
北川村
田野町
田駅
土佐くろしお鉄道阿佐線
田野浦
田野駅
奈半利浦
奈半利町
奈半利港
奈半利駅
加領郷浦
中山坂
室戸市
羽根浦
二十六番
金剛頂寺
吉良川
黒耳
元
女人札所
行当岬

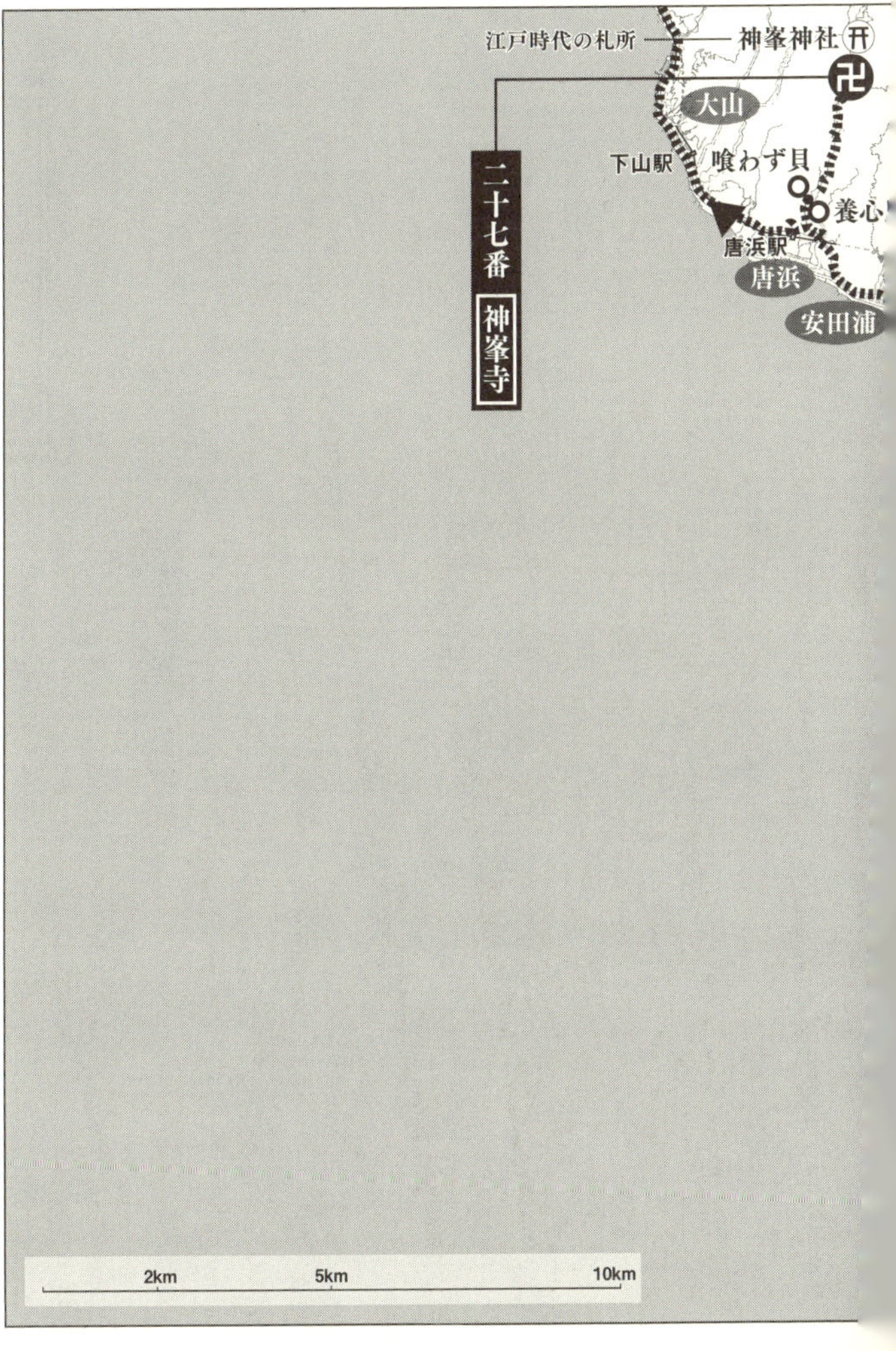

江戸時代の札所
神峯神社
大山
二十七番
神峯寺
下山駅
喰わず貝
養心
唐浜駅
唐浜
安田浦
2km
5km
10km

安芸市
二十七番
神峯寺
神峯神社
流
穴内駅
新城浜
安芸浦
球場前駅
安芸駅
伊尾木川
安芸川
伊尾木駅
伊尾木
河野
大山
下山駅
喰わず貝
養心庵
唐浜駅
唐浜

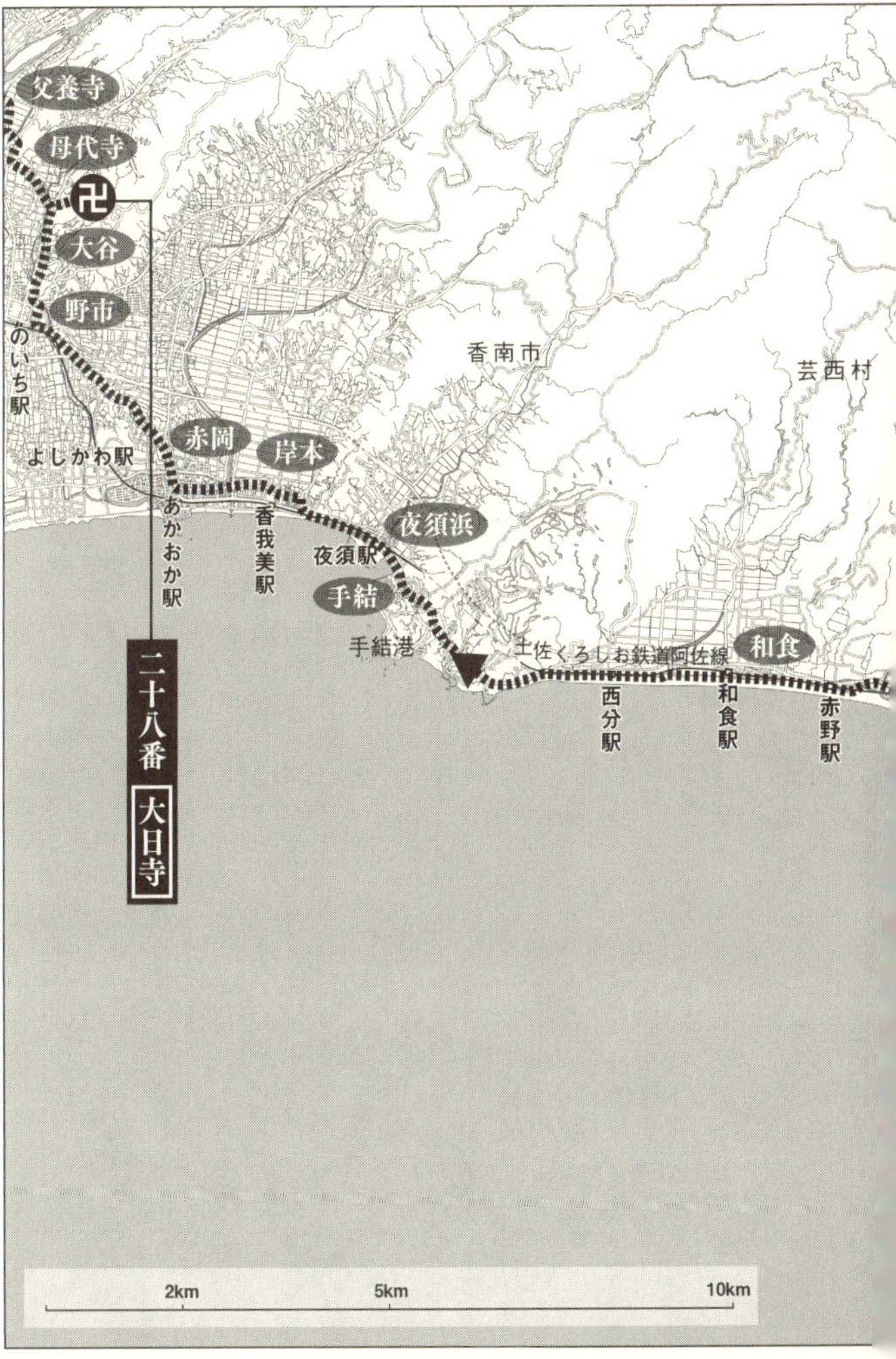

父養寺
母代寺
大谷
野市
のいち駅
よしかわ駅
赤岡
岸本
あかおか駅
香我美駅
夜須浜
夜須駅
手結
手結港
香南市
芸西村
土佐くろしお鉄道阿佐線
和食
西分駅
和食駅
赤野駅
二十八番
大日寺
2km
5km
10km

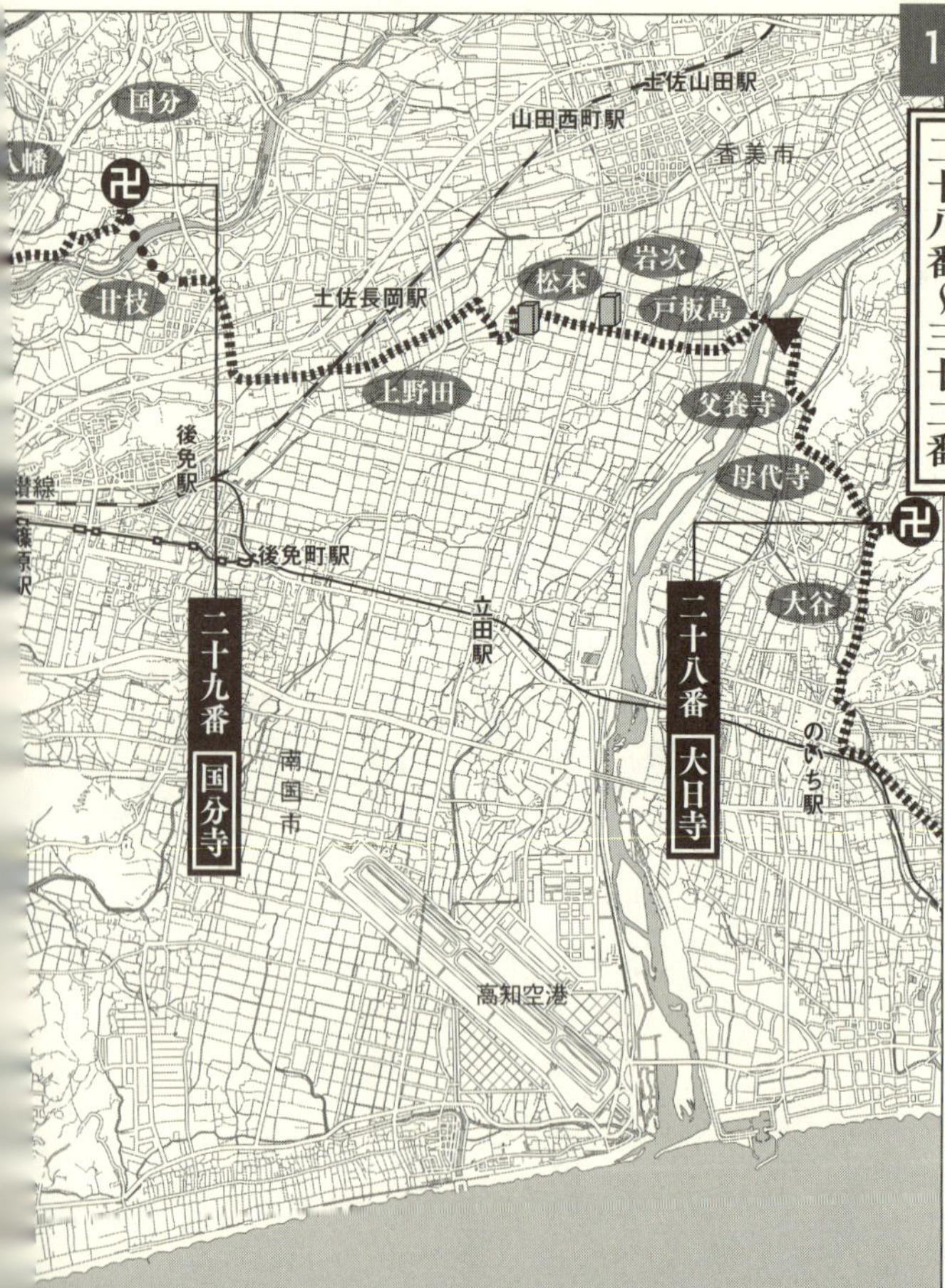
国分
廿枝
土佐長岡駅
山田西町駅
土佐山田駅
香美市
岩次
松本
戸板島
上野田
父養寺
母代寺
後免駅
後免町駅
立田駅
二十九番
国分寺
二十八番
大日寺
大谷
のいち駅
南国市
高知空港
1km
2.5km
5km

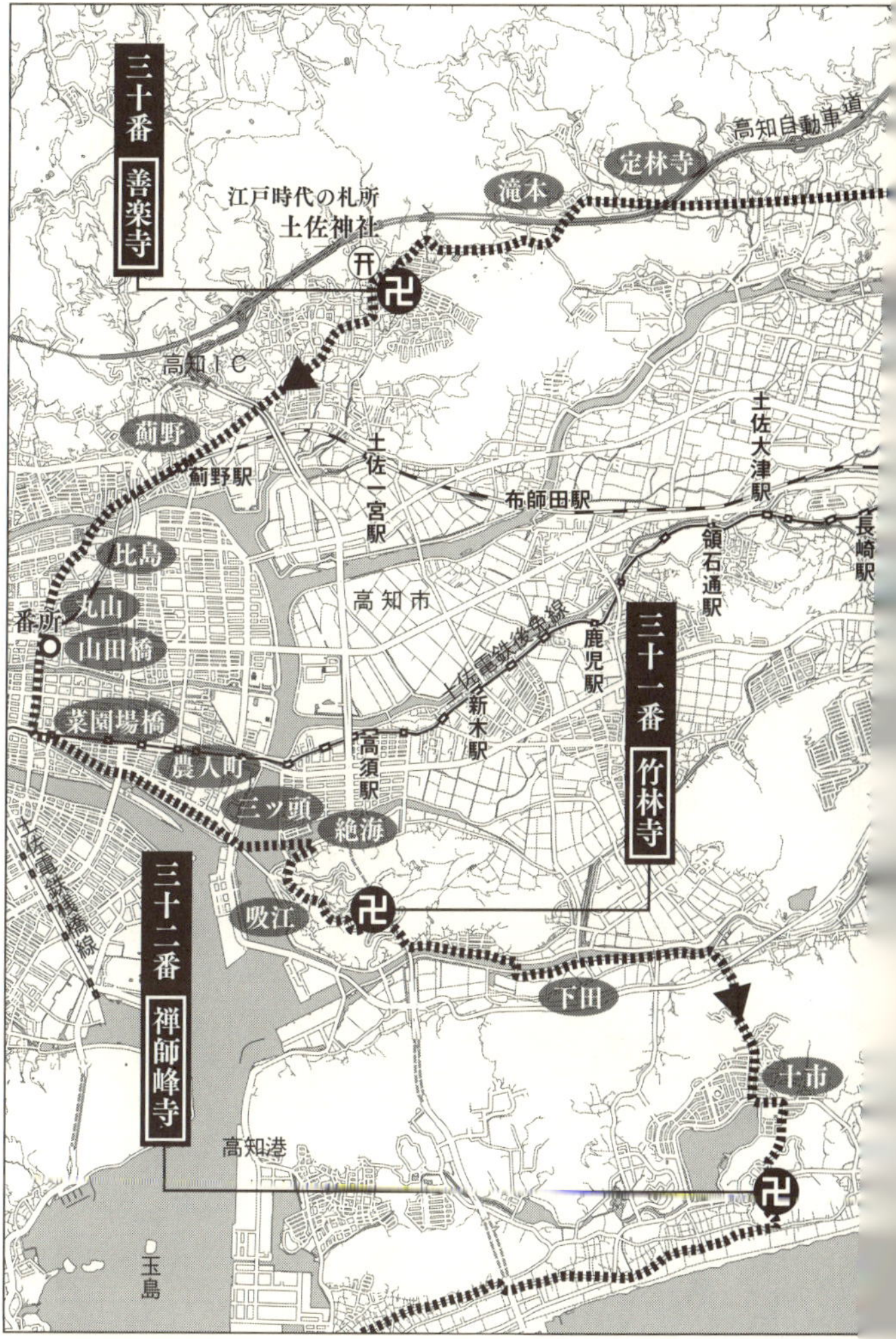

三十番
善楽寺
江戸時代の札所
土佐神社
高知自動車道
定林寺
滝本
高知ＩＣ
薊野
薊野駅
土佐一宮駅
布師田駅
土佐大津駅
長崎駅
領石通駅
比島
丸山
番所
山田橋
高知市
土佐電鉄後免線
鹿児駅
新木駅
三十一番
竹林寺
菜園場橋
農人町
高須駅
三ツ頭
絶海
土佐電鉄桟橋線
三十二番
禅師峰寺
吸江
下田
十市
高知港
玉島

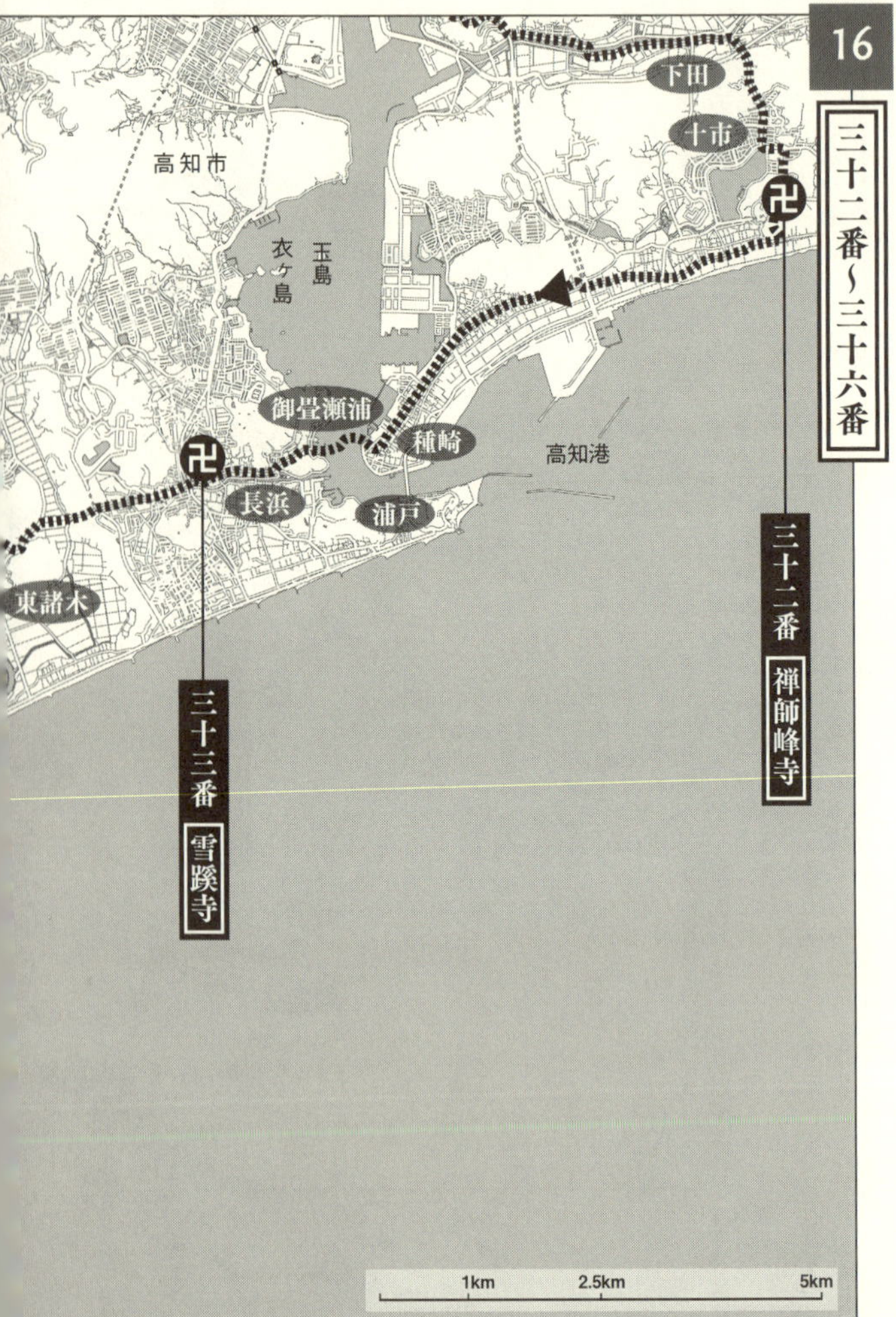
16
三十二番〜三十六番
下田
十市
高知市
衣ヶ島
玉島
御畳瀬浦
種崎
高知港
長浜
浦戸
東諸木
三十二番
禅師峰寺
三十三番
雪蹊寺
1km
2.5km
5km

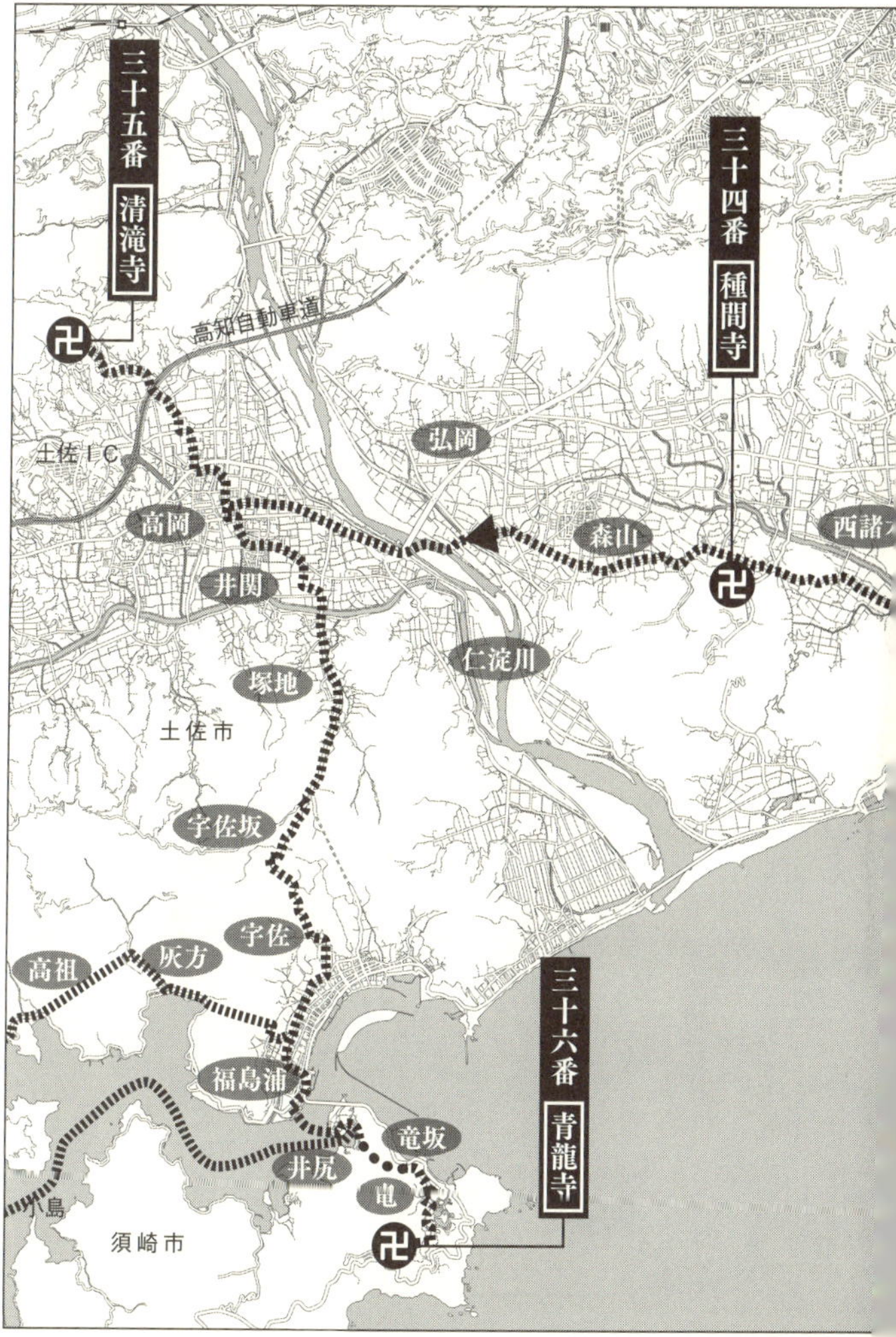
三十五番
清滝寺
三十四番
種間寺
高知自動車道
弘岡
土佐ＩＣ
高岡
森山
西諸
井関
仁淀川
塚地
土佐市
宇佐坂
宇佐
灰方
高祖
三十六番
青龍寺
福島浦
竜坂
井尻
竜
須崎市

17

三十六番～三十七番（一）

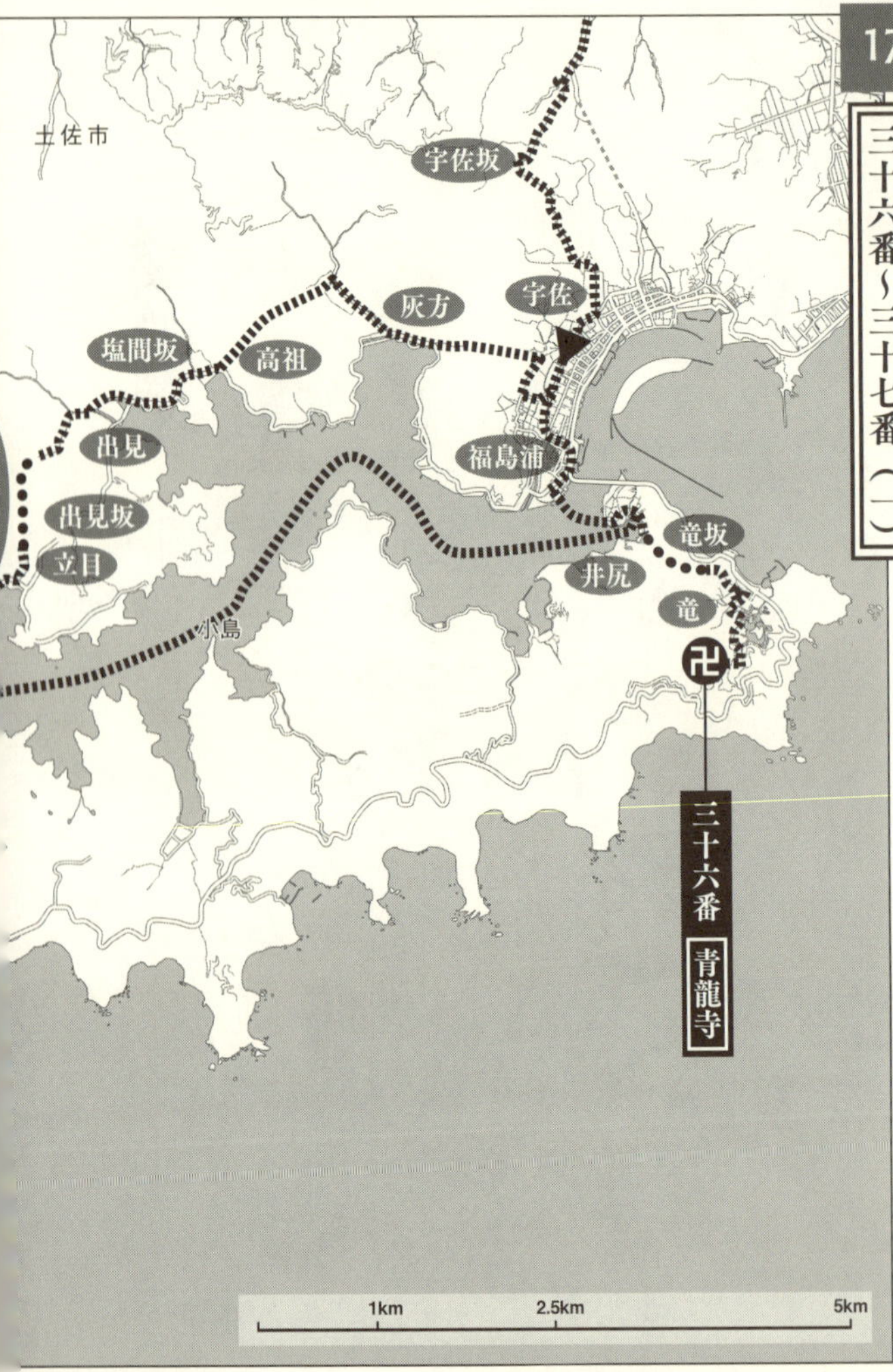

高知自動車道
吾桑駅
土讃線
神田
須崎東ＩＣ
土崎
仏坂
横浪
奥浦
させぶ坂
立石坂
摺木
大島
弁財天島
須崎市
須崎港

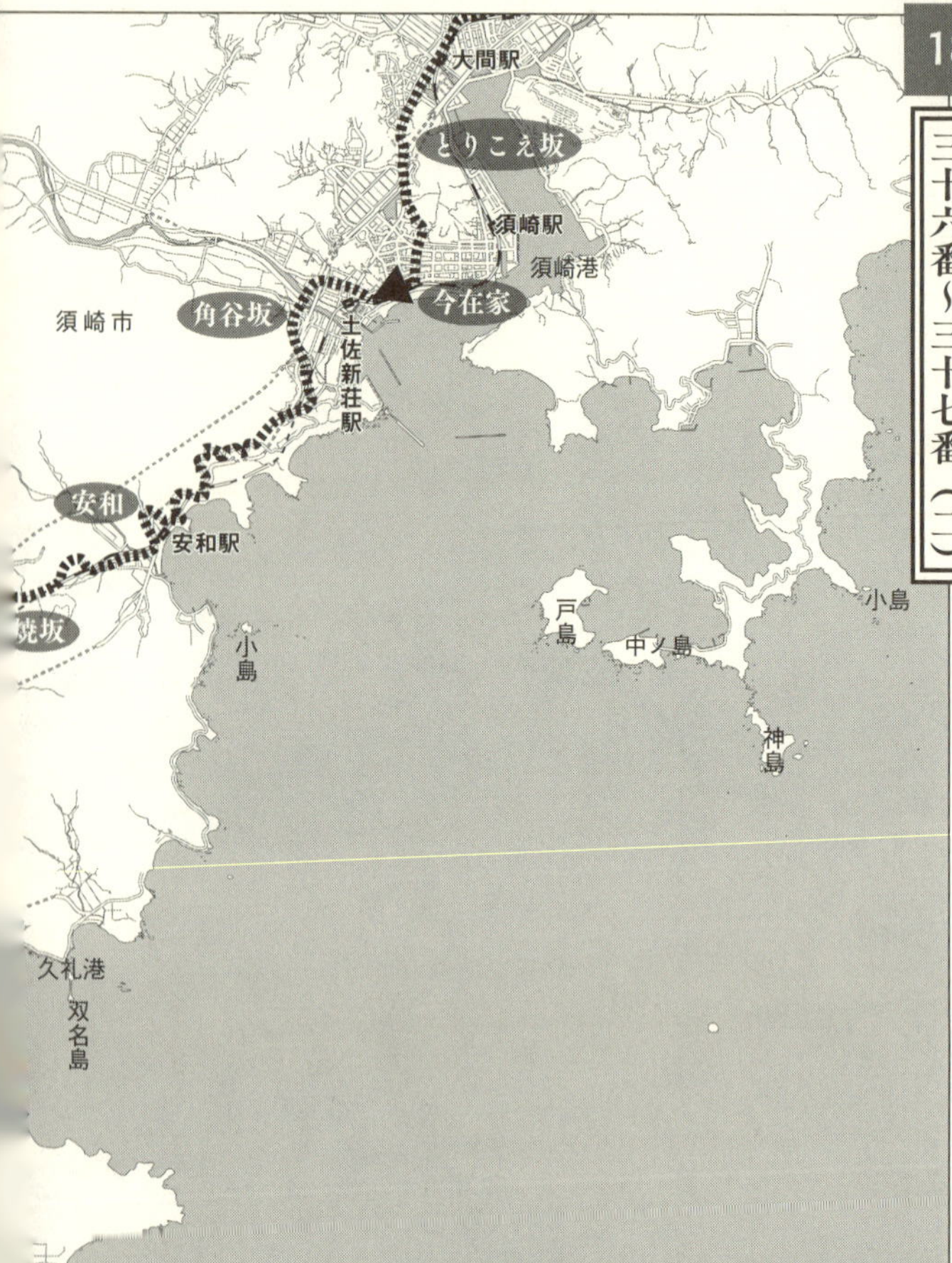
大間駅
とりこえ坂
須崎駅
須崎港
今在家
角谷坂
須崎市
土佐新荘駅
安和
安和駅
焼坂
戸島
中ノ島
小島
小島
神島
久礼港
双名島
1km
2.5km
5km

津野町
中土佐町
道標
土佐久礼駅
添蚯蚓坂
床鍋
四万十町
土讃線

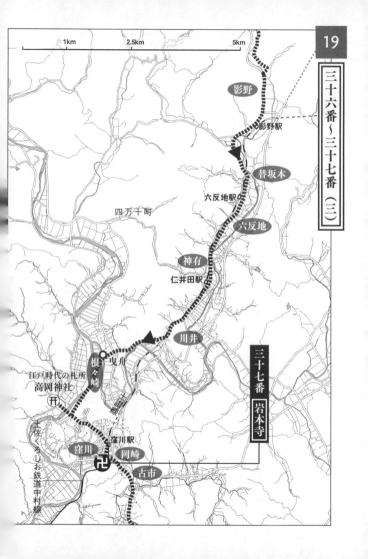

三十六番～三十七番（三）

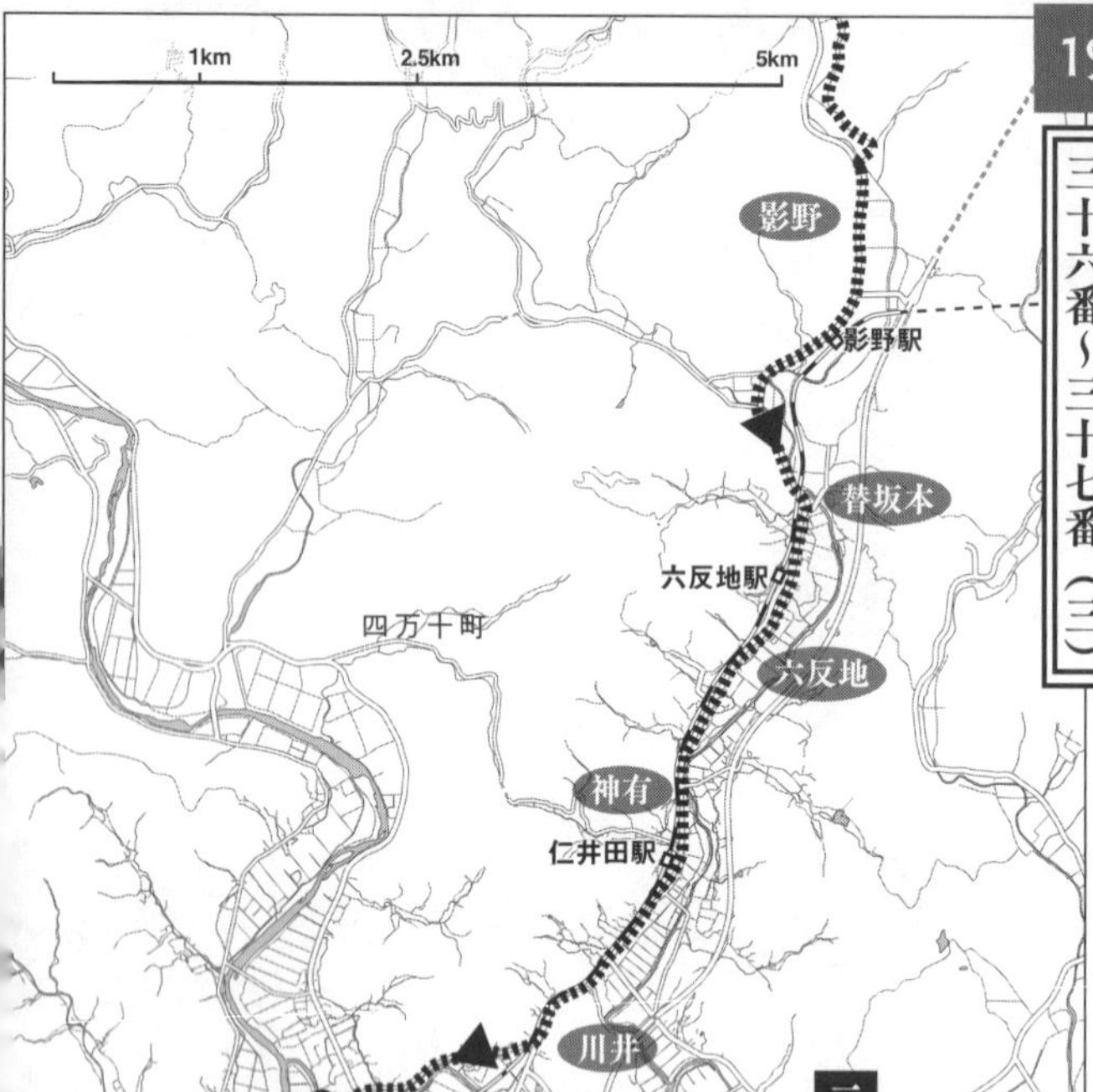
1km
2.5km
5km
影野
影野駅
替坂本
六反地駅
四万十町
六反地
神有
仁井田駅
川井
根々崎
江戸時代の札所
高岡神社
土讃線
土佐くろしお鉄道中村線
窪川駅
窪川
岡崎
古市
三十七番
岩本寺

20

三十七番～三十九番（一）

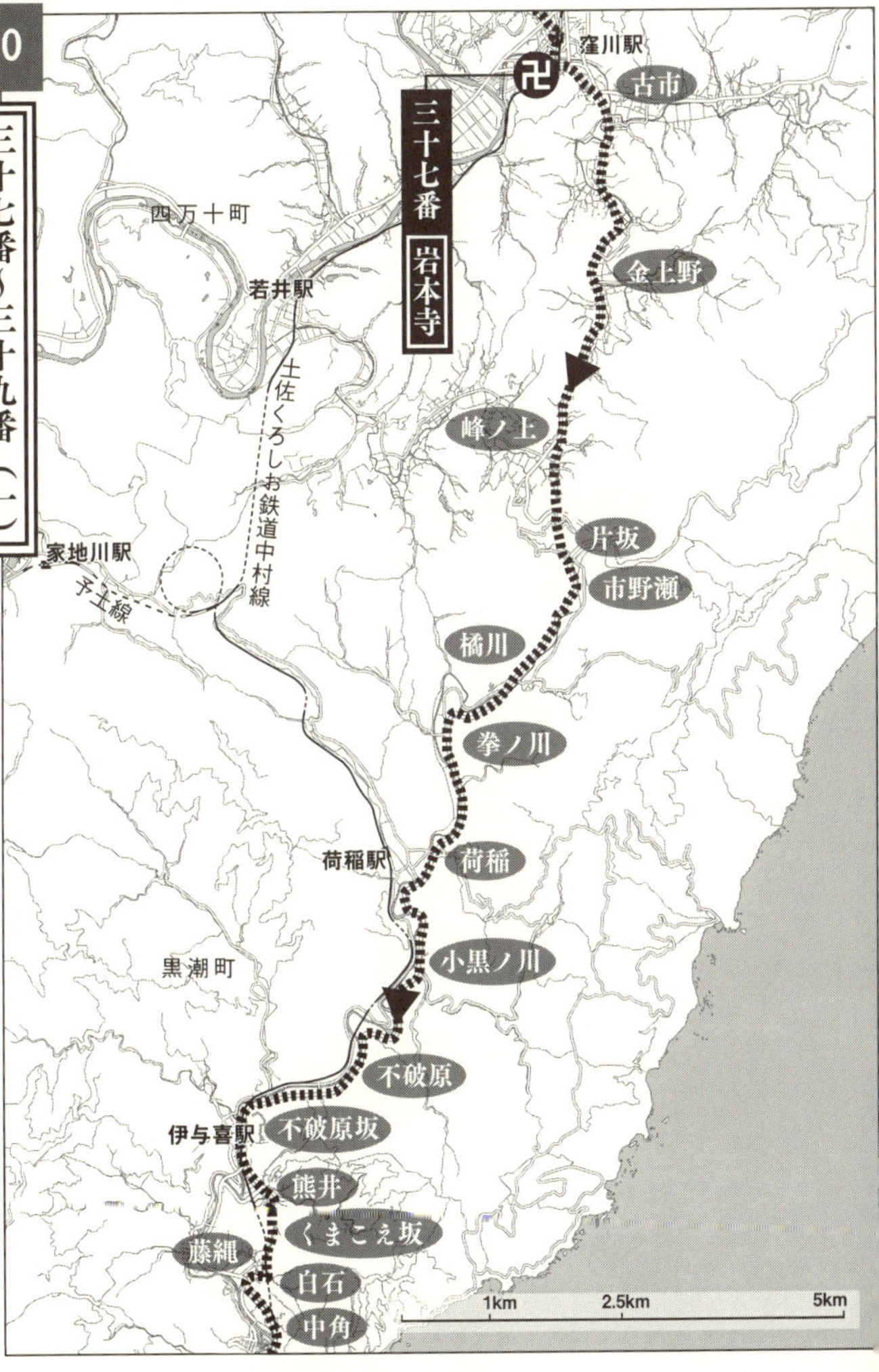

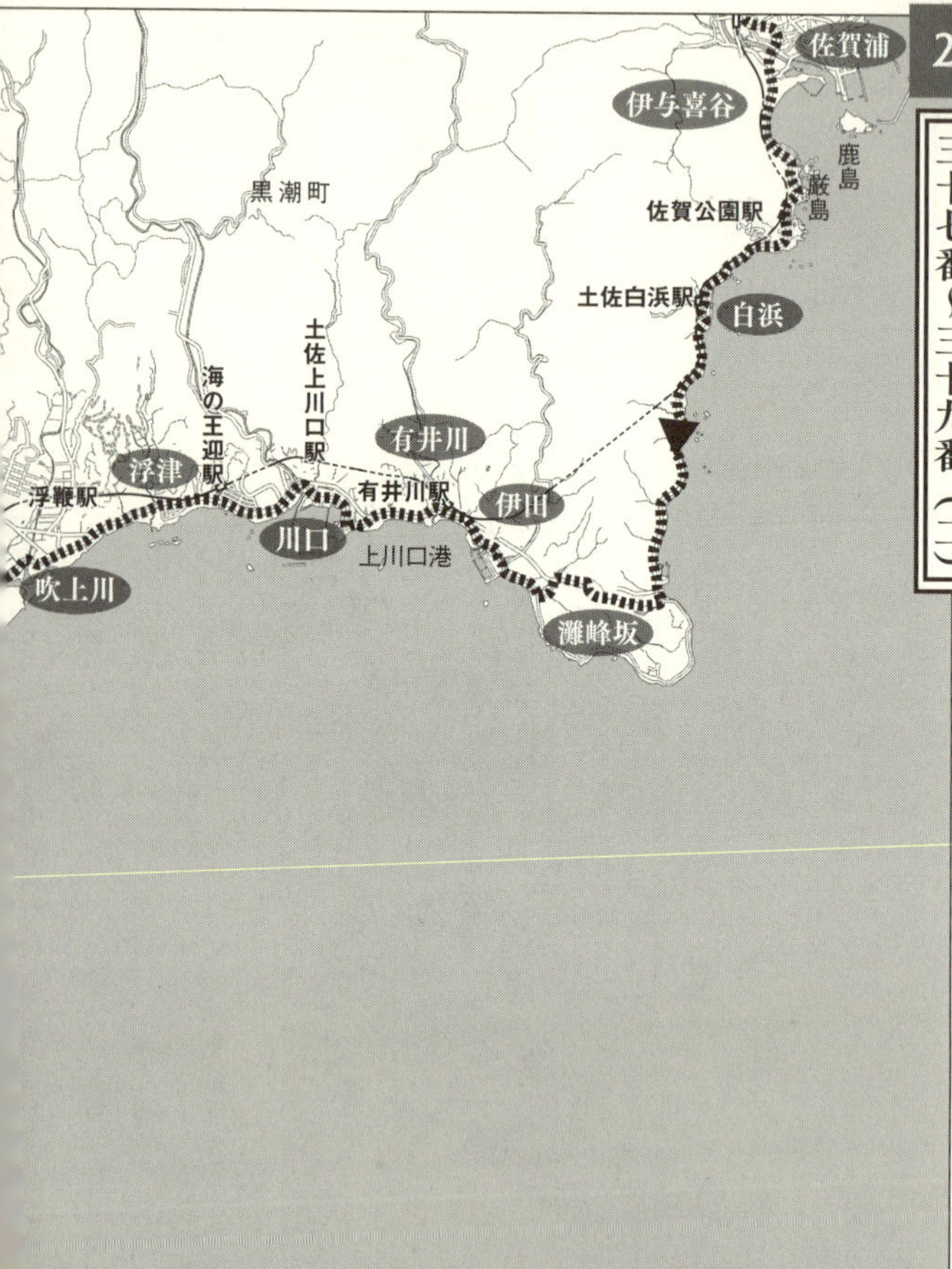
佐賀浦
伊与喜谷
鹿島
厳島
黒潮町
佐賀公園駅
土佐白浜駅
白浜
土佐上川口駅
海の王迎駅
有井川
浮津
浮鞭駅
有井川駅
伊田
川口
上川口港
吹上川
灘峰坂
1km
2.5km
5km

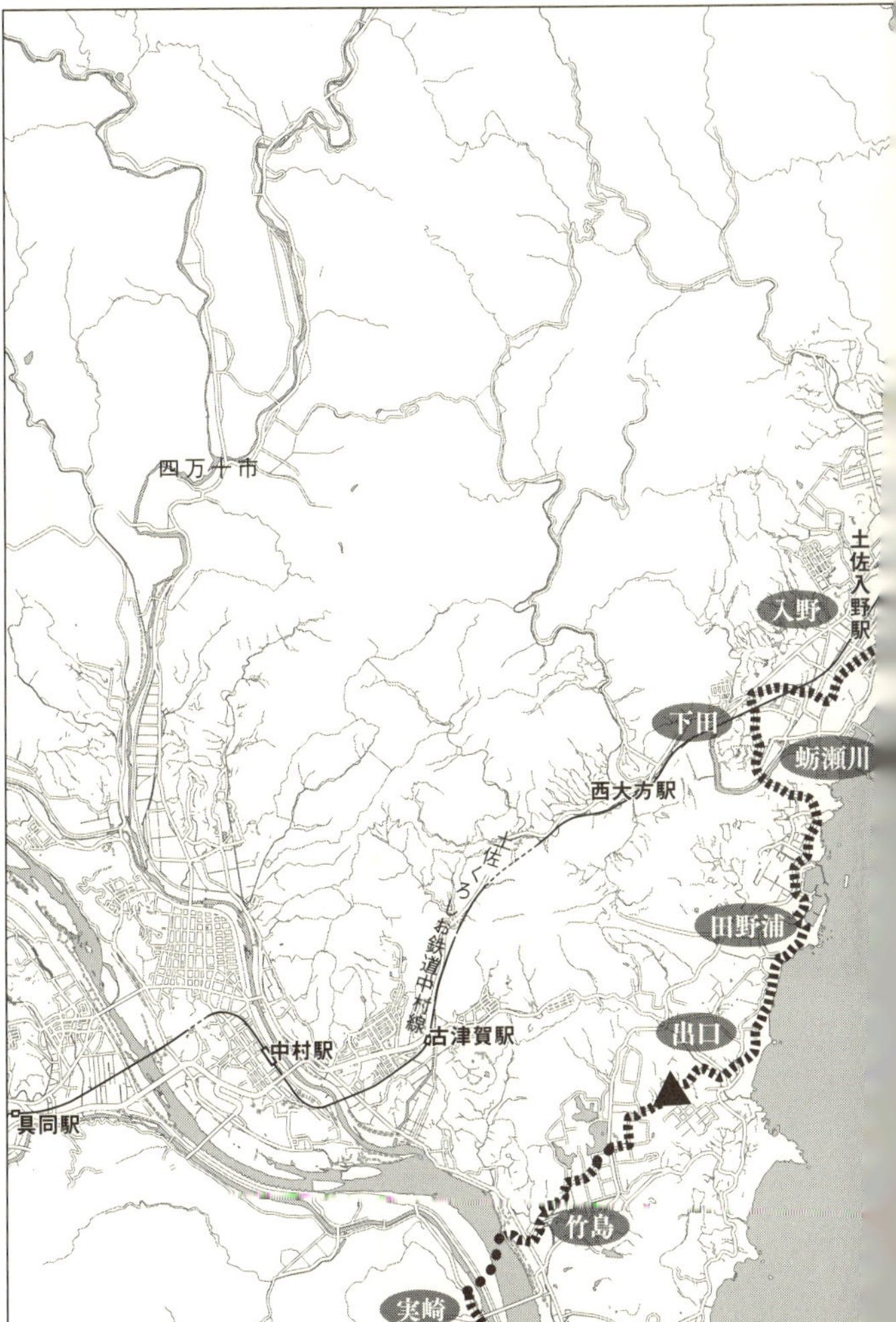
四万十市
土佐入野駅
入野
下田
蛎瀬川
西大方駅
土佐くろしお鉄道中村線
田野浦
出口
古津賀駅
中村駅
具同駅
竹島
実崎

三十七番～三十九番（三）

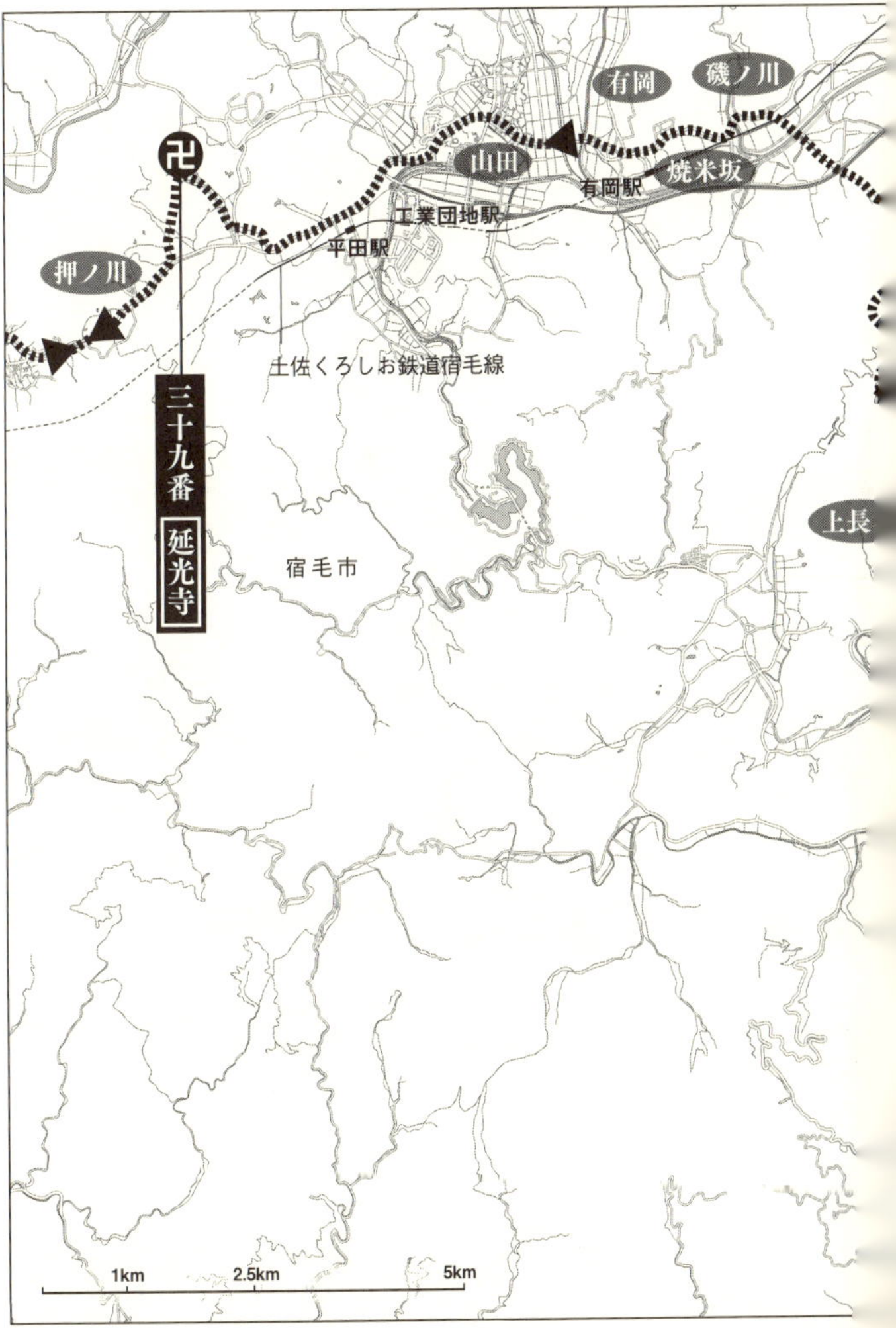

有岡
磯ノ川
山田
焼米坂
有岡駅
工業団地駅
平田駅
押ノ川
土佐くろしお鉄道宿毛線
三十九番
延光寺
宿毛市
上長
1km
2.5km
5km

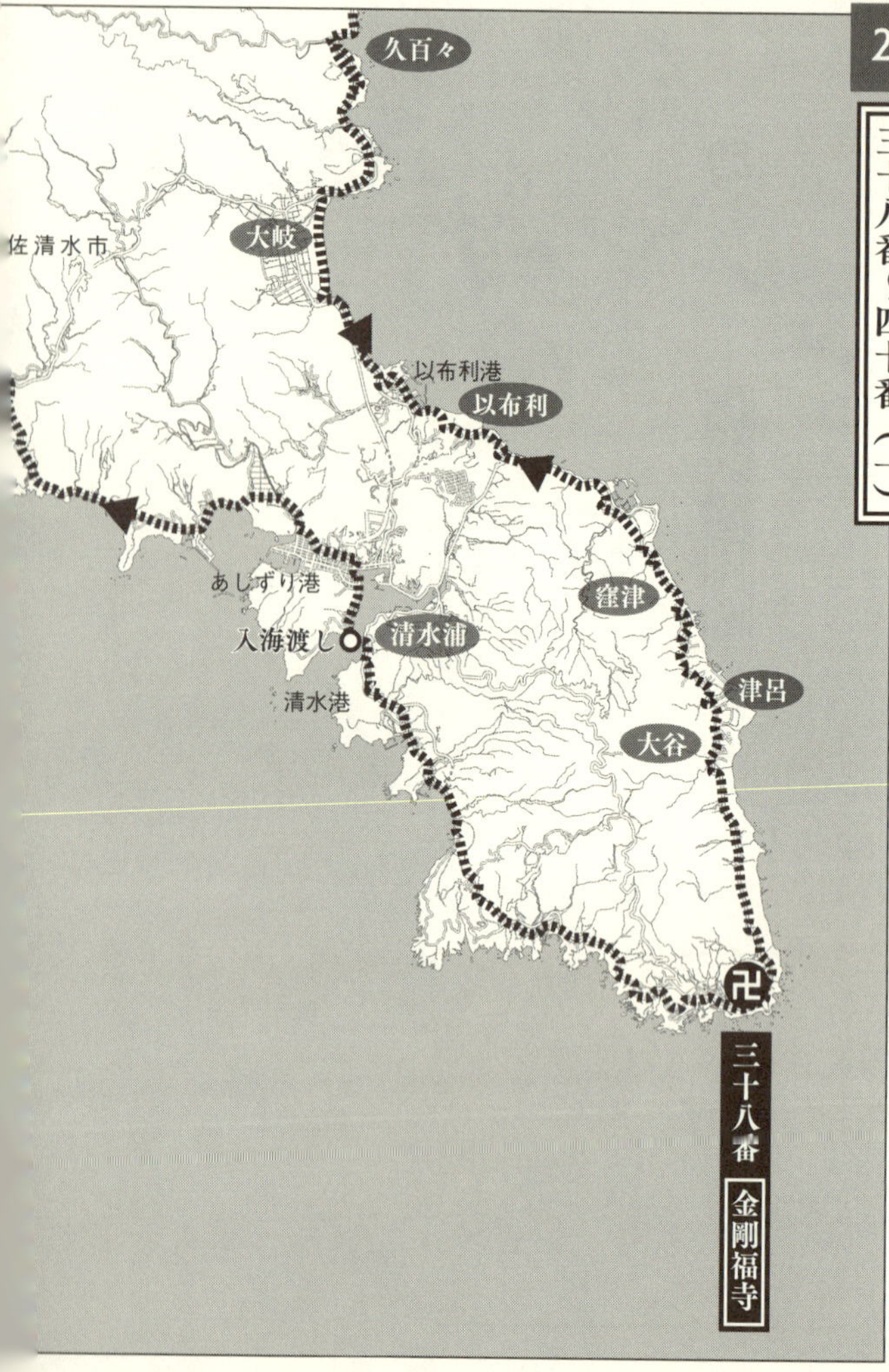
久百々
大岐
佐清水市
以布利港
以布利
あしずり港
入海渡し
清水浦
清水港
窪津
津呂
大谷
三十八番
金剛福寺

益野
三崎
竜串
琵琶ばこ石
三崎
弁天島
下川口港
大月町
月山神社
2km
5km
10km

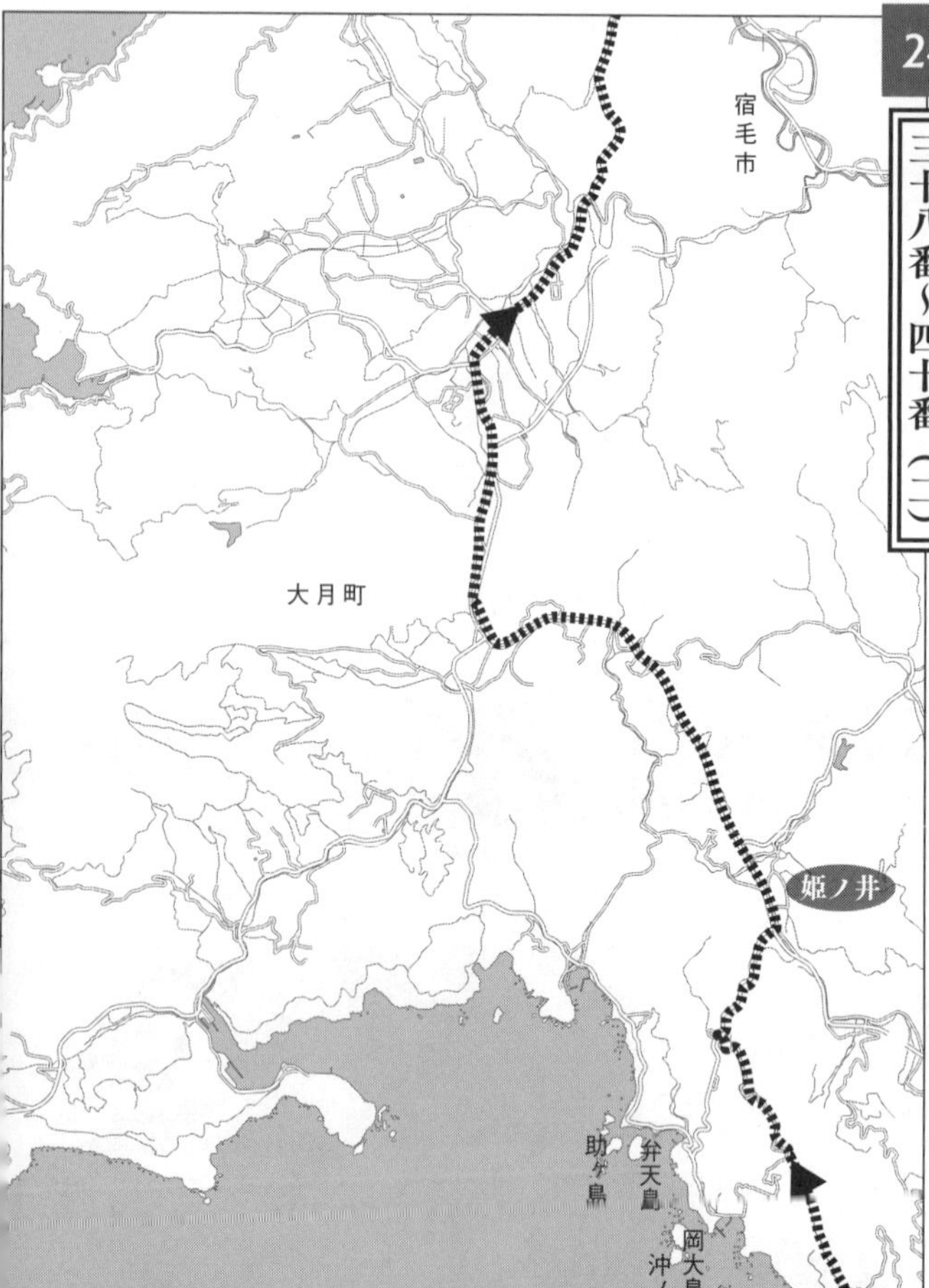
宿毛市
大月町
姫ノ井
助ヶ島
弁天島
岡大島
沖ノ大島
1km
2.5km
5km

25

三十八番～四十番（三）

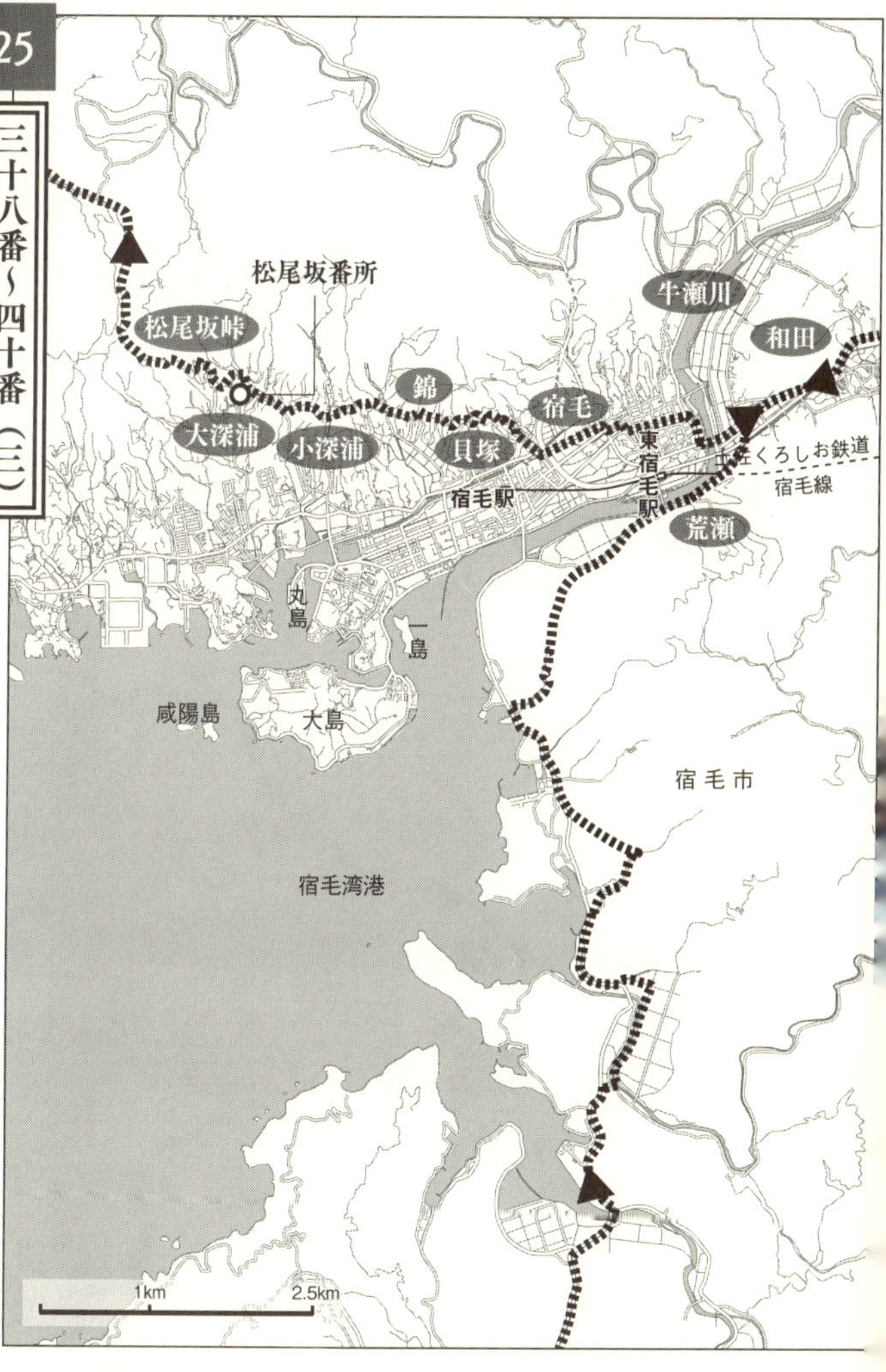
松尾坂番所
松尾坂峠
大深浦
小深浦
錦
貝塚
宿毛
牛瀬川
和田
東宿毛駅
土佐くろしお鉄道
宿毛線
宿毛駅
荒瀬
丸島
一島
咸陽島
大島
宿毛市
宿毛湾港
1km
2.5km

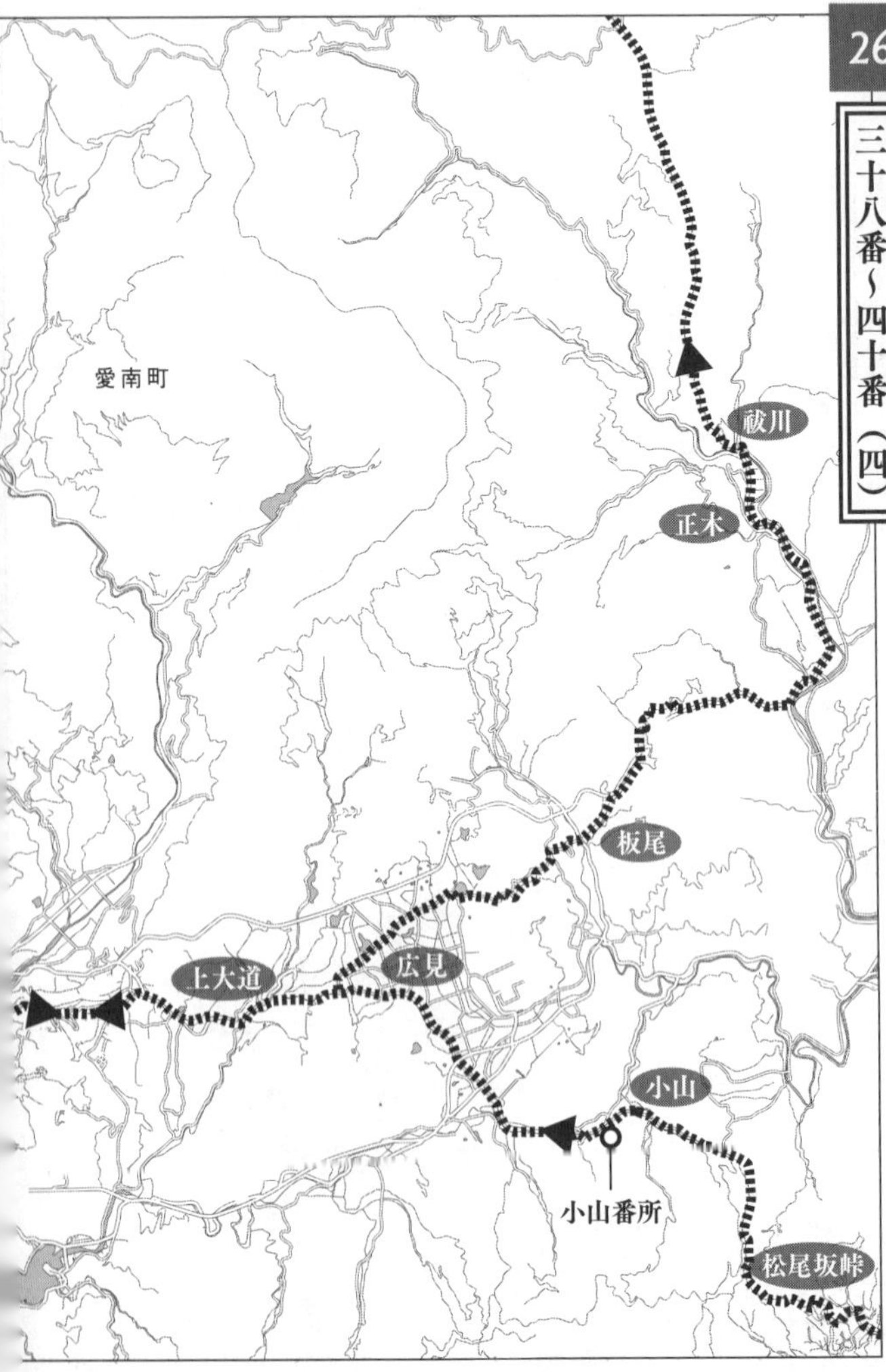
愛南町
蔵川
正木
板尾
上大道
広見
小山
小山番所
松尾坂峠

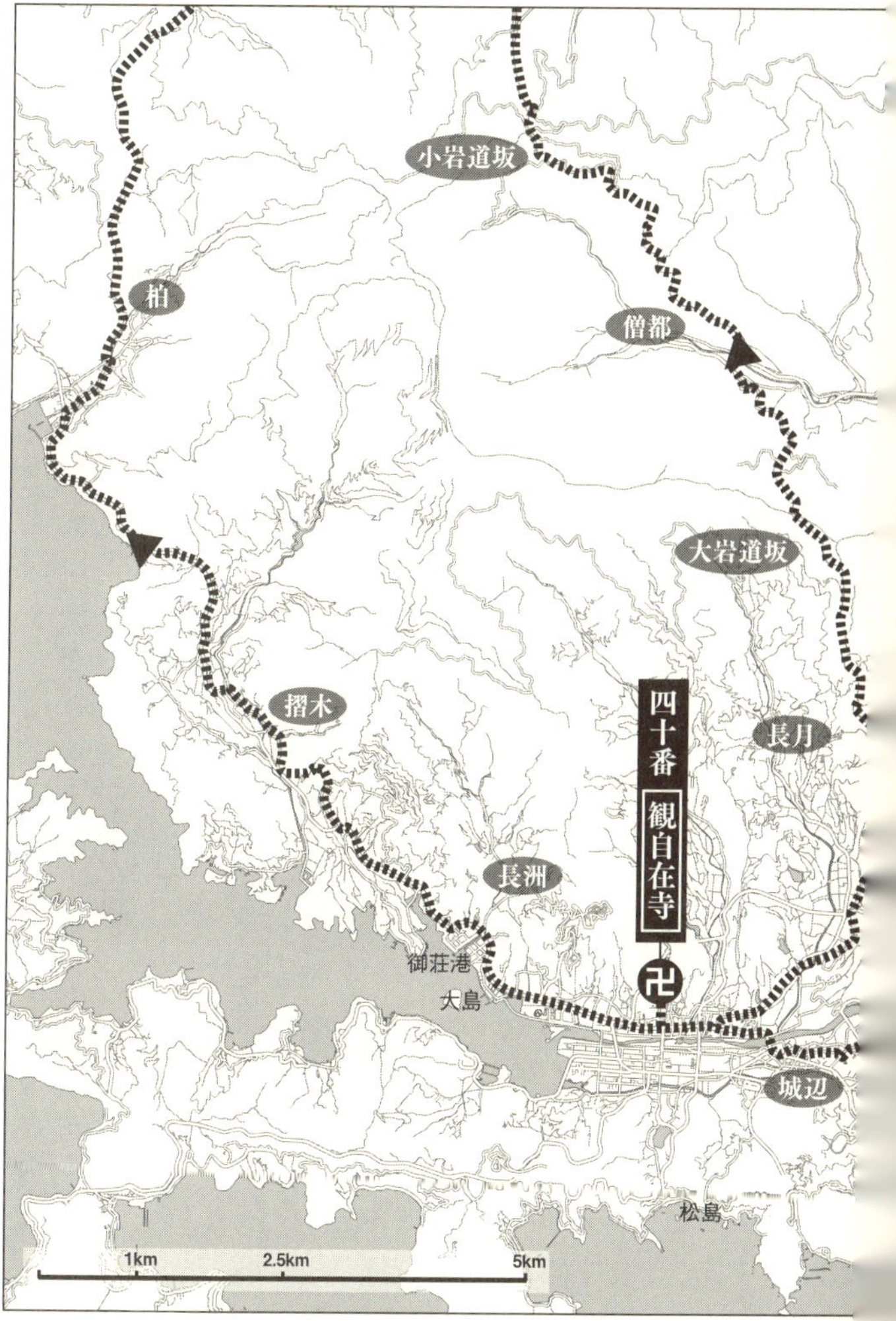
小岩道坂
柏
僧都
大岩道坂
四十番
観自在寺
長月
摺木
長洲
御荘港
大島
城辺
松島
1km
2.5km
5km

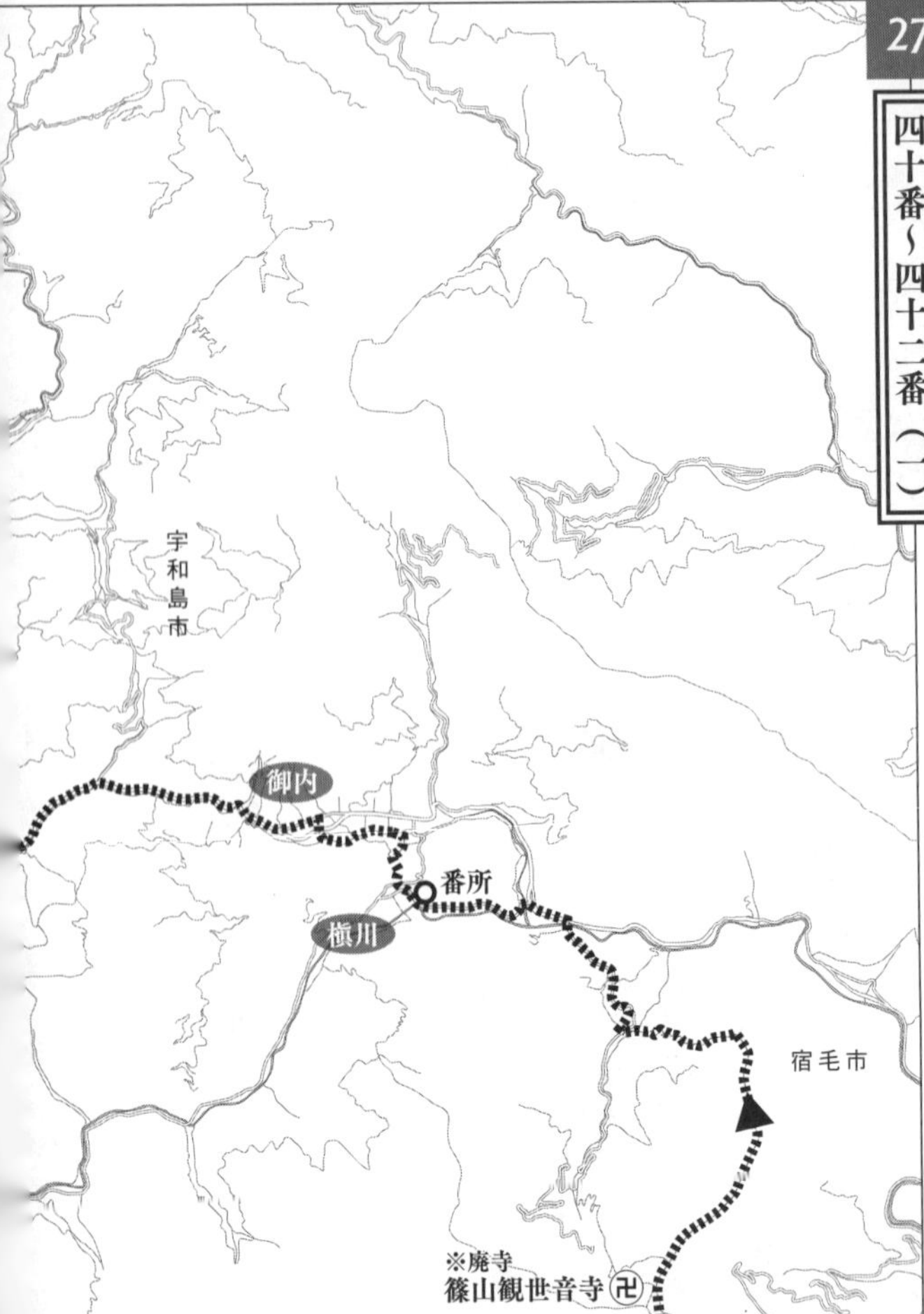
宇和島市
御内
番所
槙川
宿毛市
※廃寺
篠山観世音寺

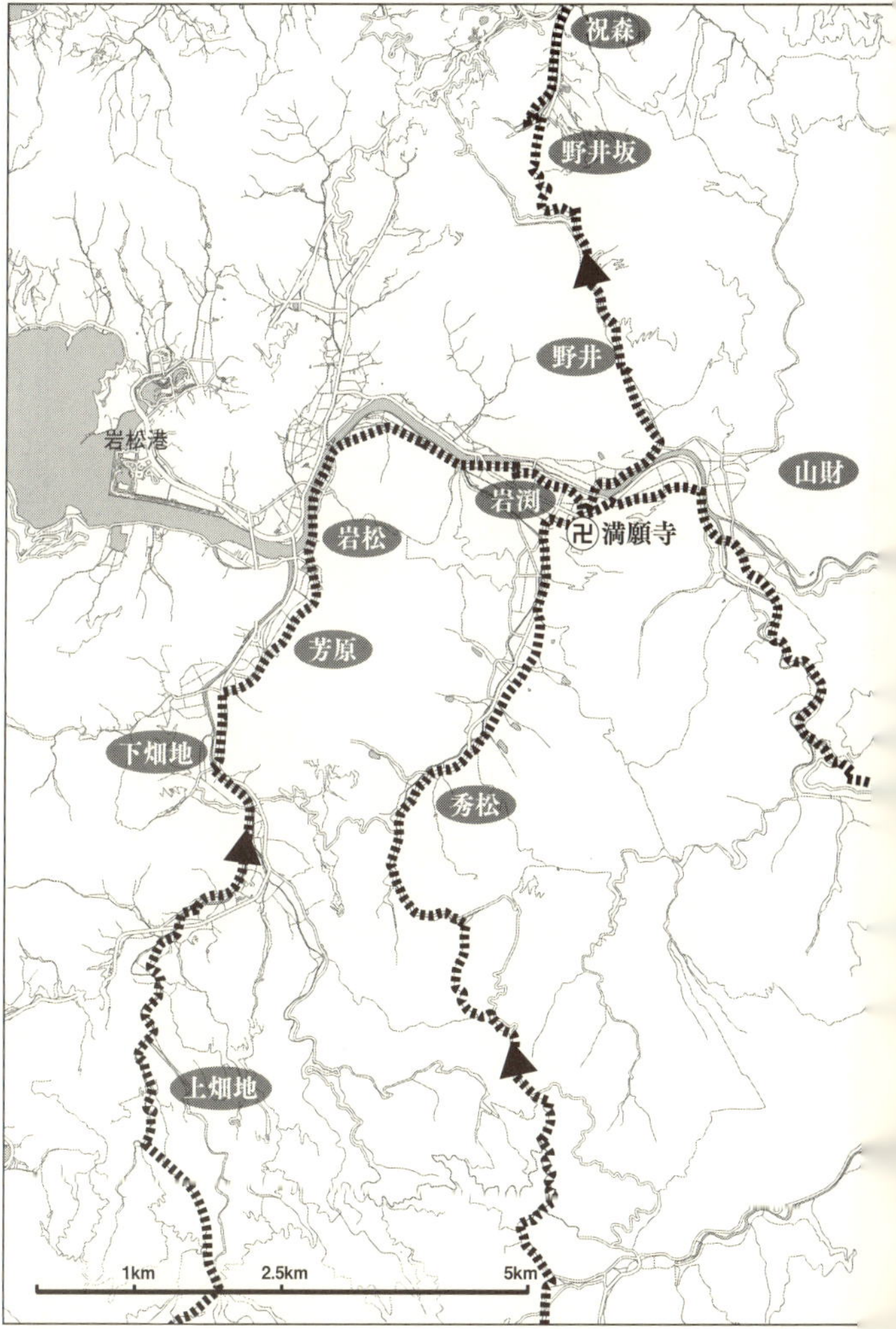
祝森
野井坂
野井
岩松港
山財
岩渕
満願寺
岩松
芳原
下畑地
秀松
上畑地
1km
2.5km
5km

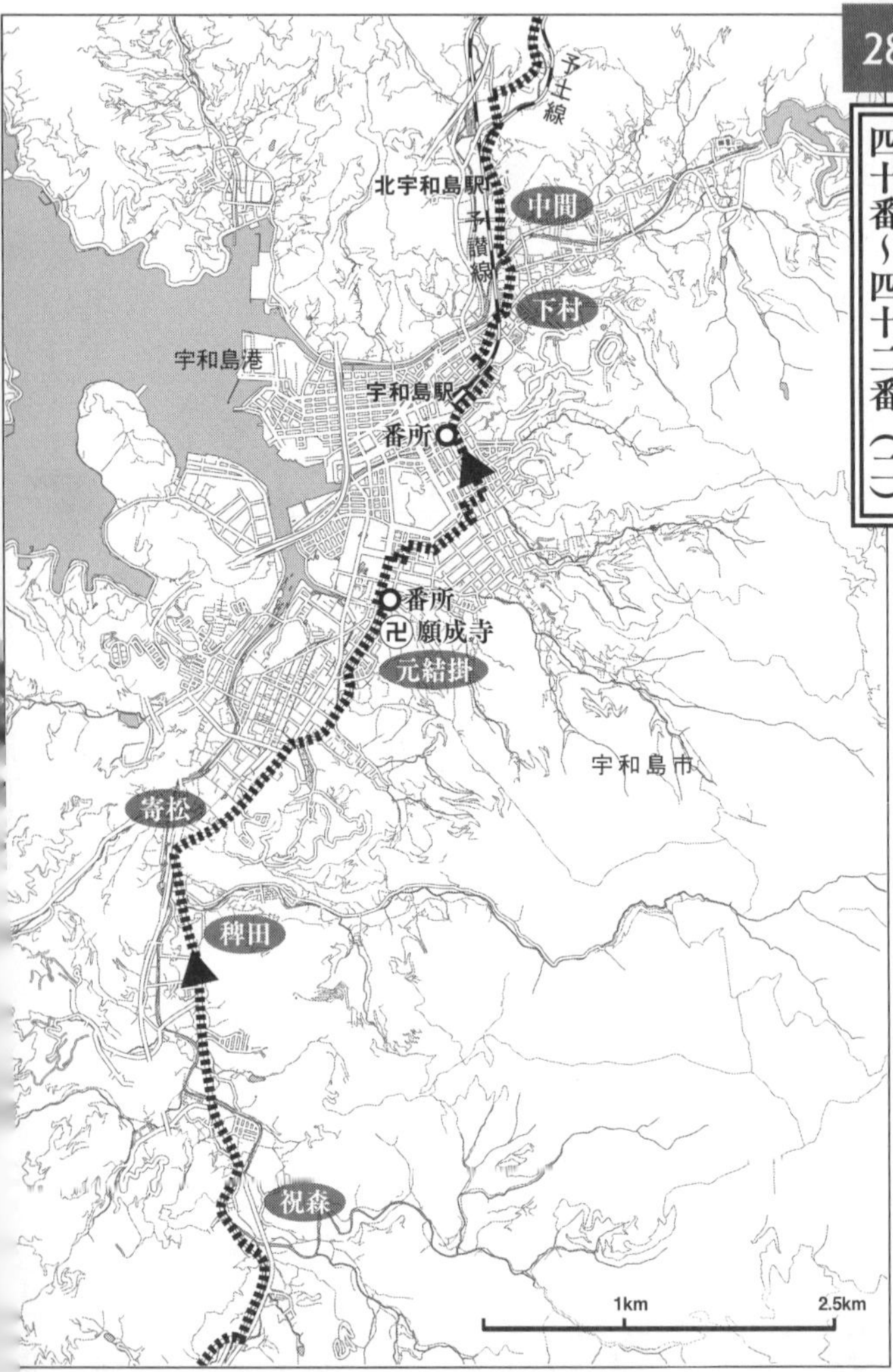
予土線
北宇和島駅
中間
予讃線
下村
宇和島港
宇和島駅
番所
番所
願成寺
元結掛
宇和島市
寄松
稗田
祝森
1km
2.5km

29

四十番～四十二番（三）

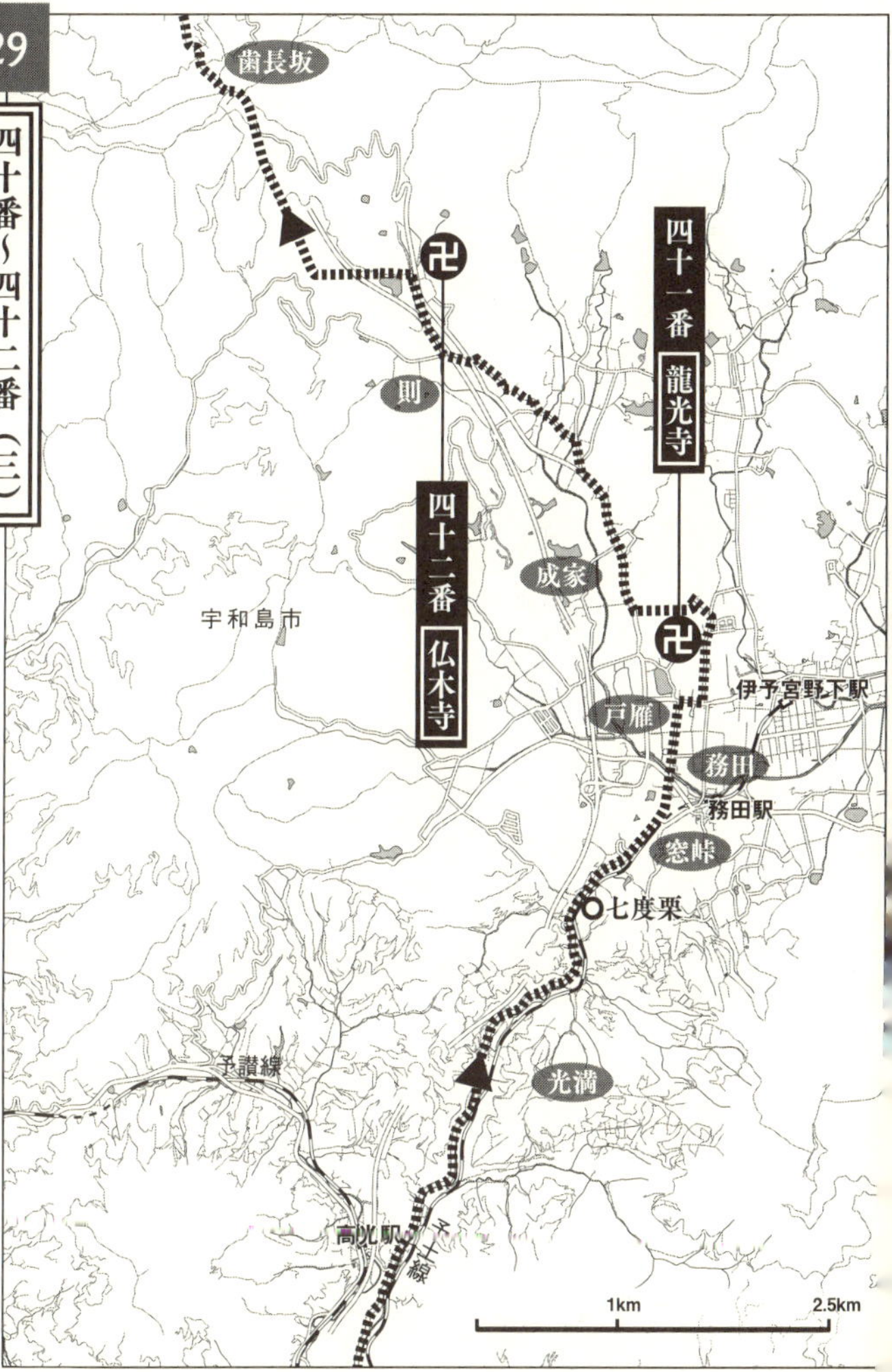

歯長坂
則
四十二番
仏木寺
四十一番
龍光寺
成家
宇和島市
戸雁
伊予宮野下駅
務田
務田駅
窓峠
七度栗
光満
予讃線
高光駅
予土線
1km
2.5km

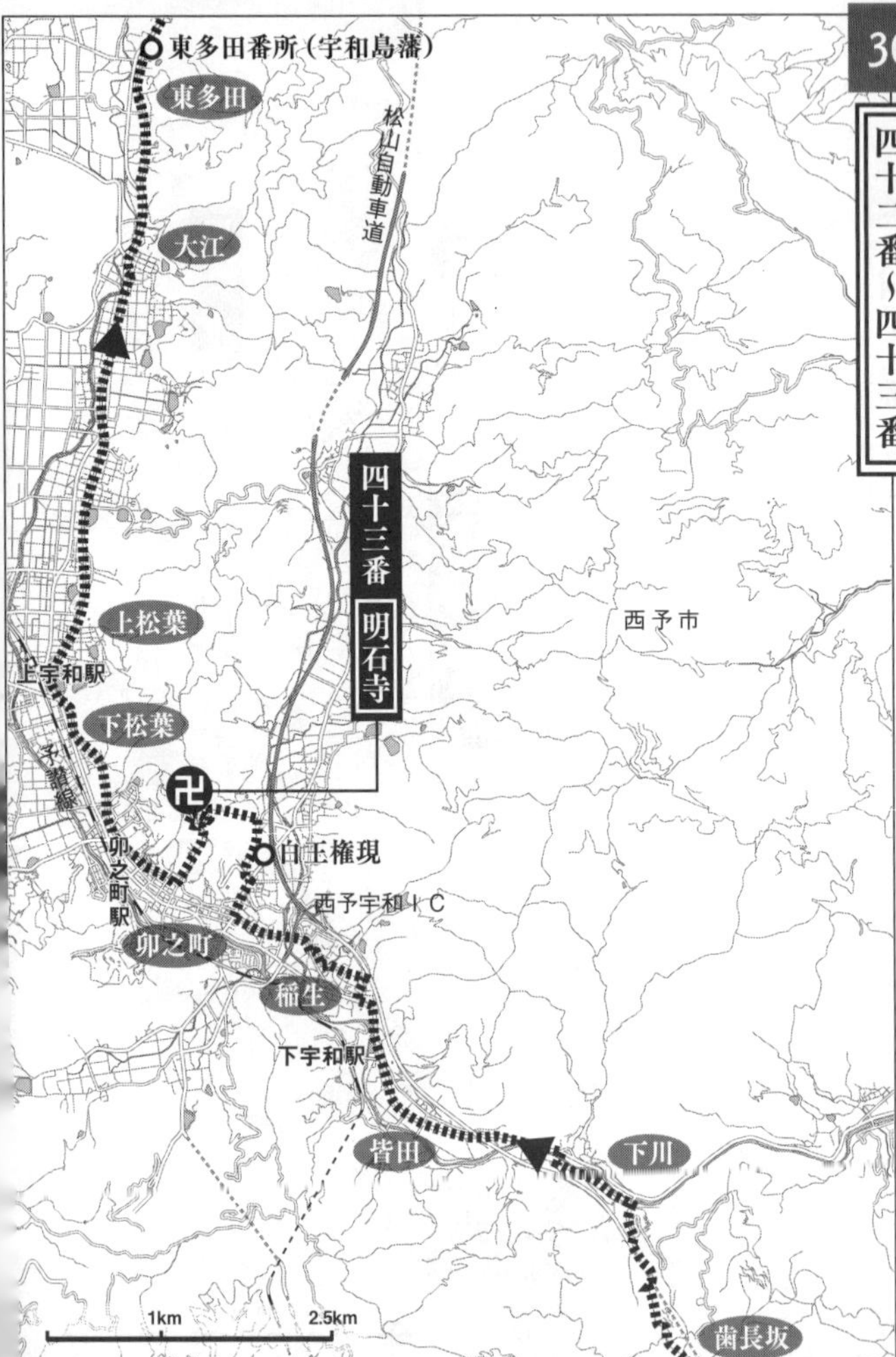
東多田番所（宇和島藩）
東多田
松山自動車道
大江
四十三番
明石寺
西予市
上松葉
上宇和駅
下松葉
予讃線
白王権現
卯之町駅
西予宇和ＩＣ
卯之町
稲生
下宇和駅
皆田
下川
歯長坂
1km
2.5km

31

四十三番～四十五番（一）

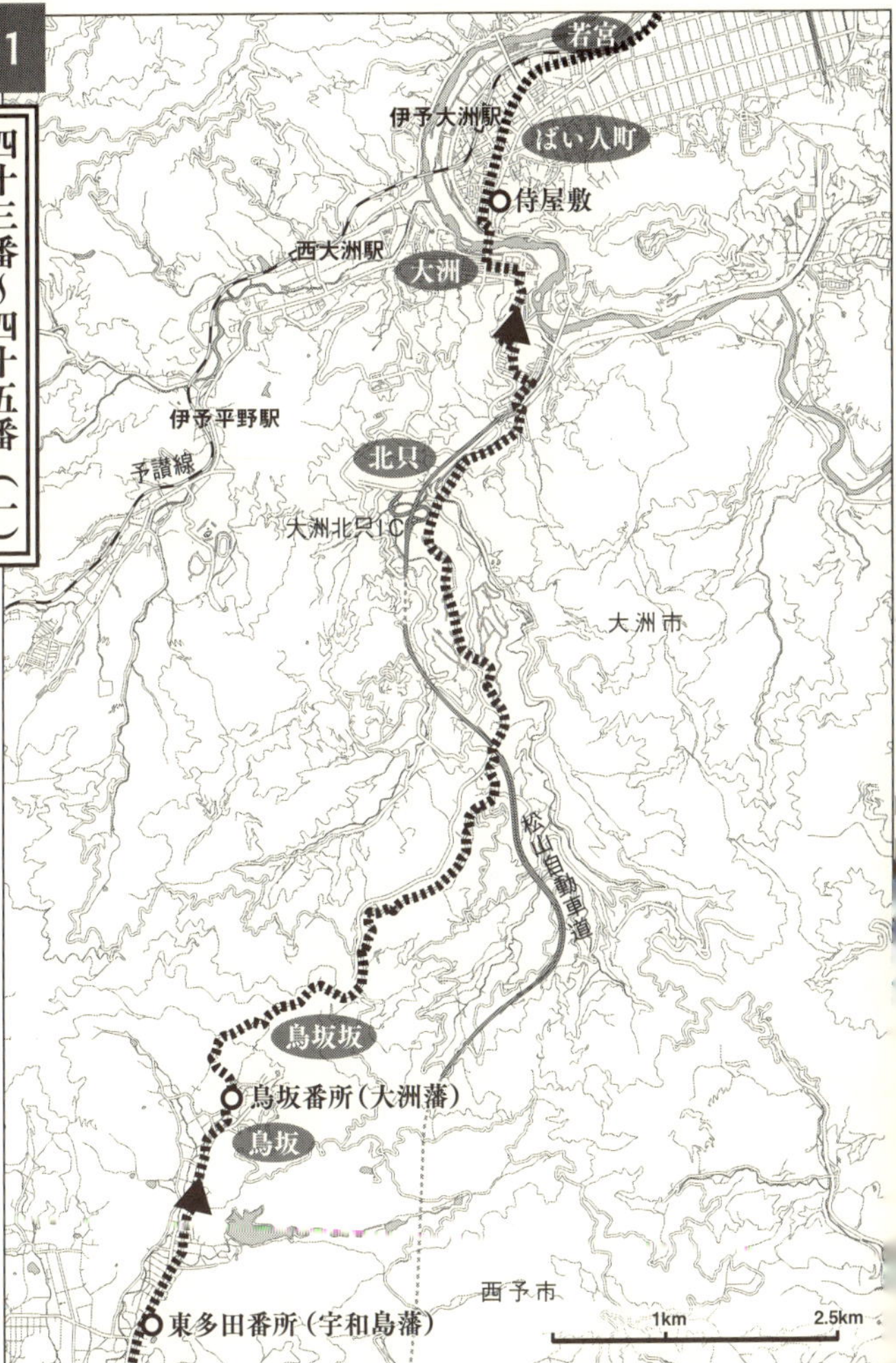

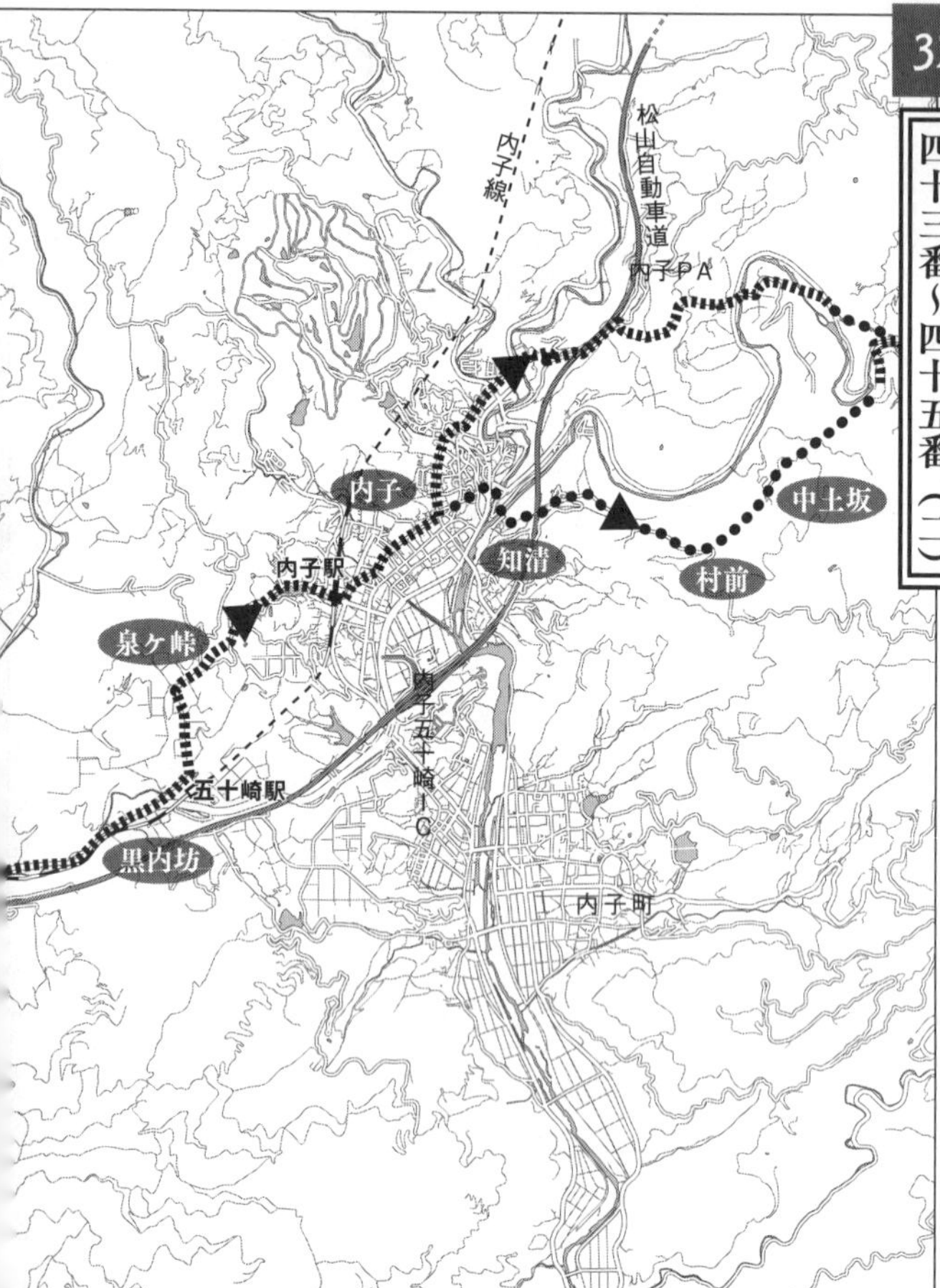

内子線
松山自動車道
内子PA
内子
知清
中土坂
村前
内子駅
泉ケ峠
内子五十崎IC
五十崎駅
黒内坊
内子町

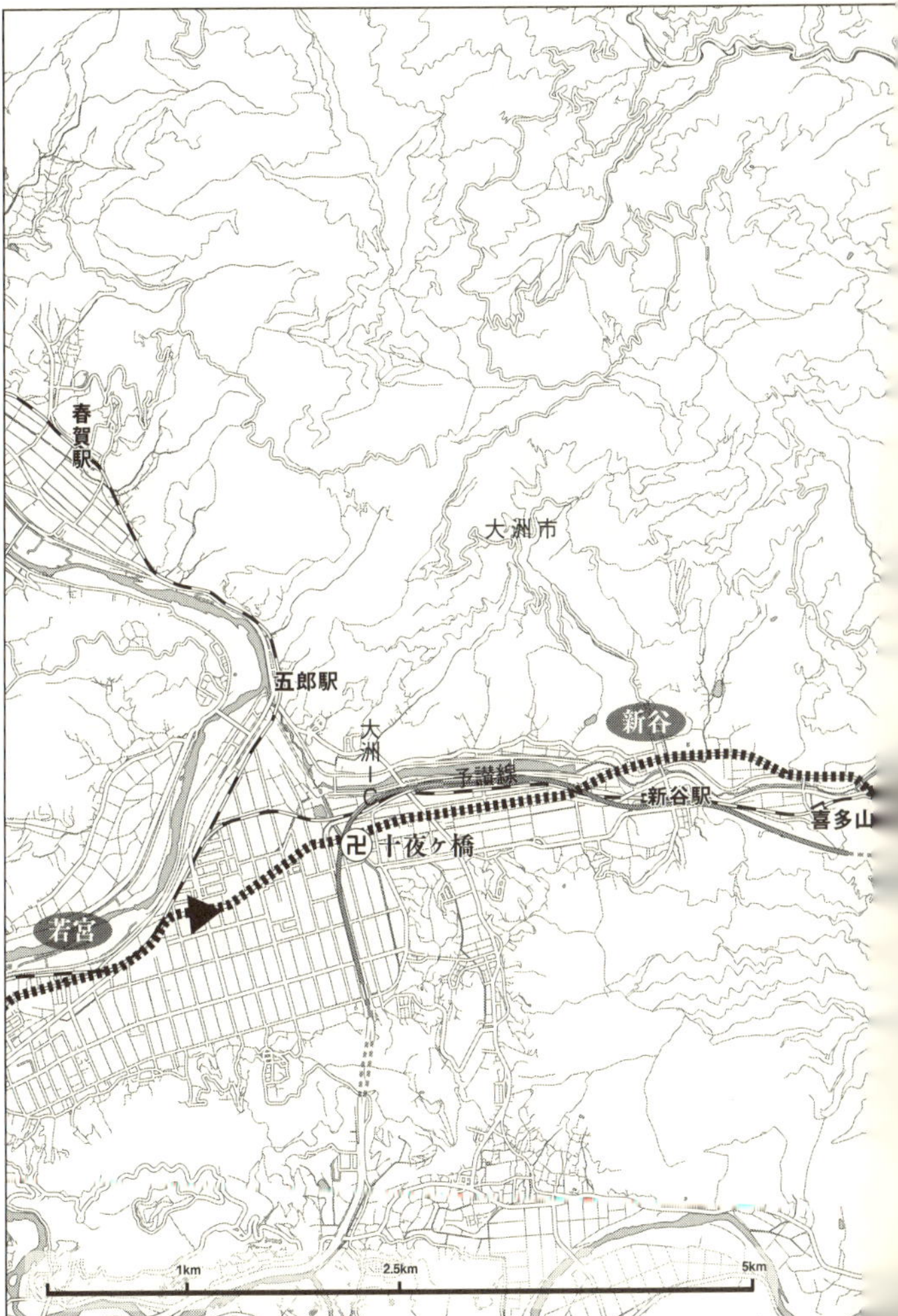
春賀駅
大洲市
五郎駅
新谷
大洲IC
予讃線
新谷駅
喜多山
十夜ヶ橋
若宮
1km
2.5km
5km

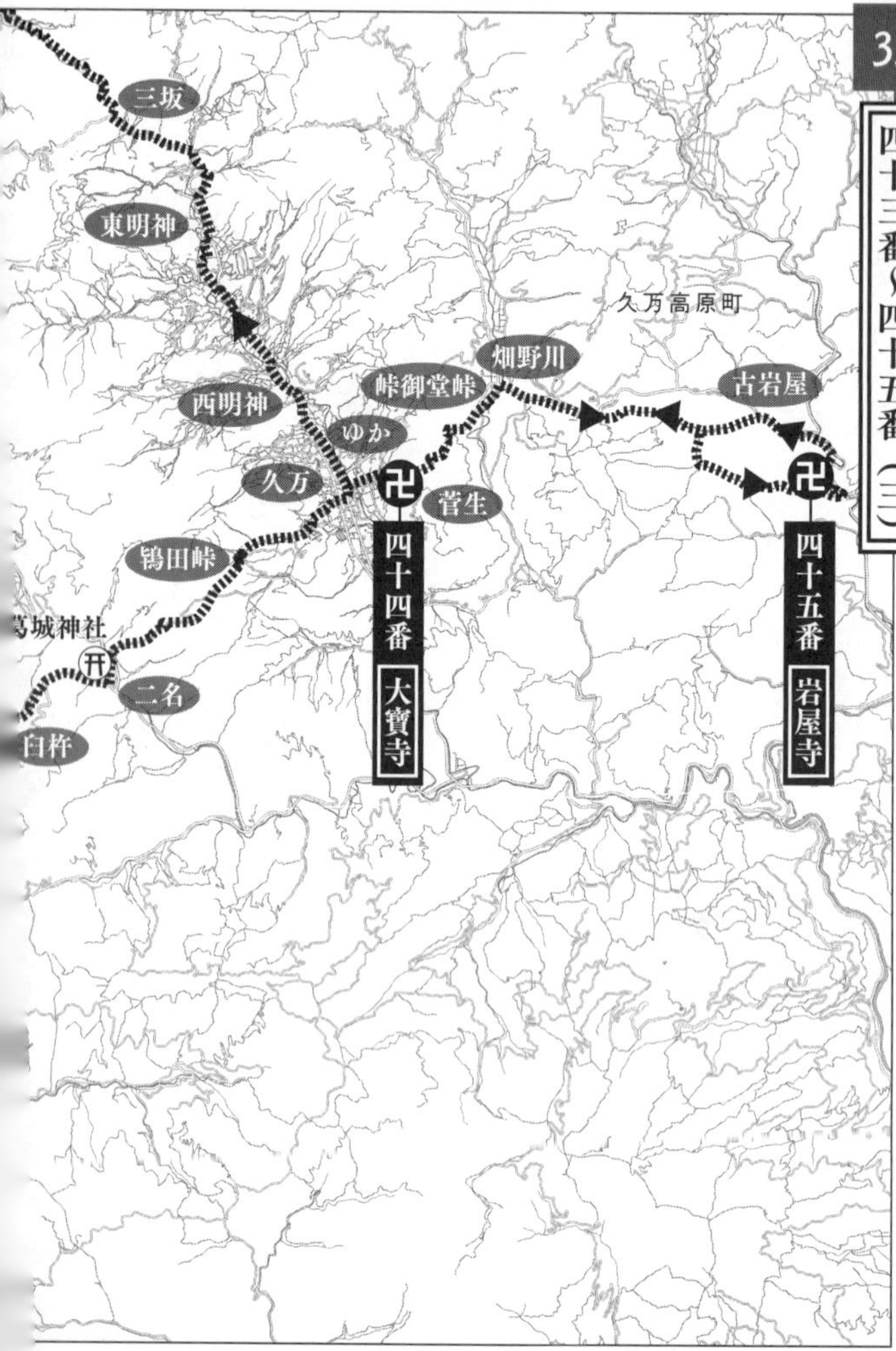
三坂
東明神
西明神
ゆか
久万
峠御堂峠
畑野川
菅生
鴇田峠
葛城神社
二名
臼杵
久万高原町
古岩屋
四十四番
大寶寺
四十五番
岩屋寺

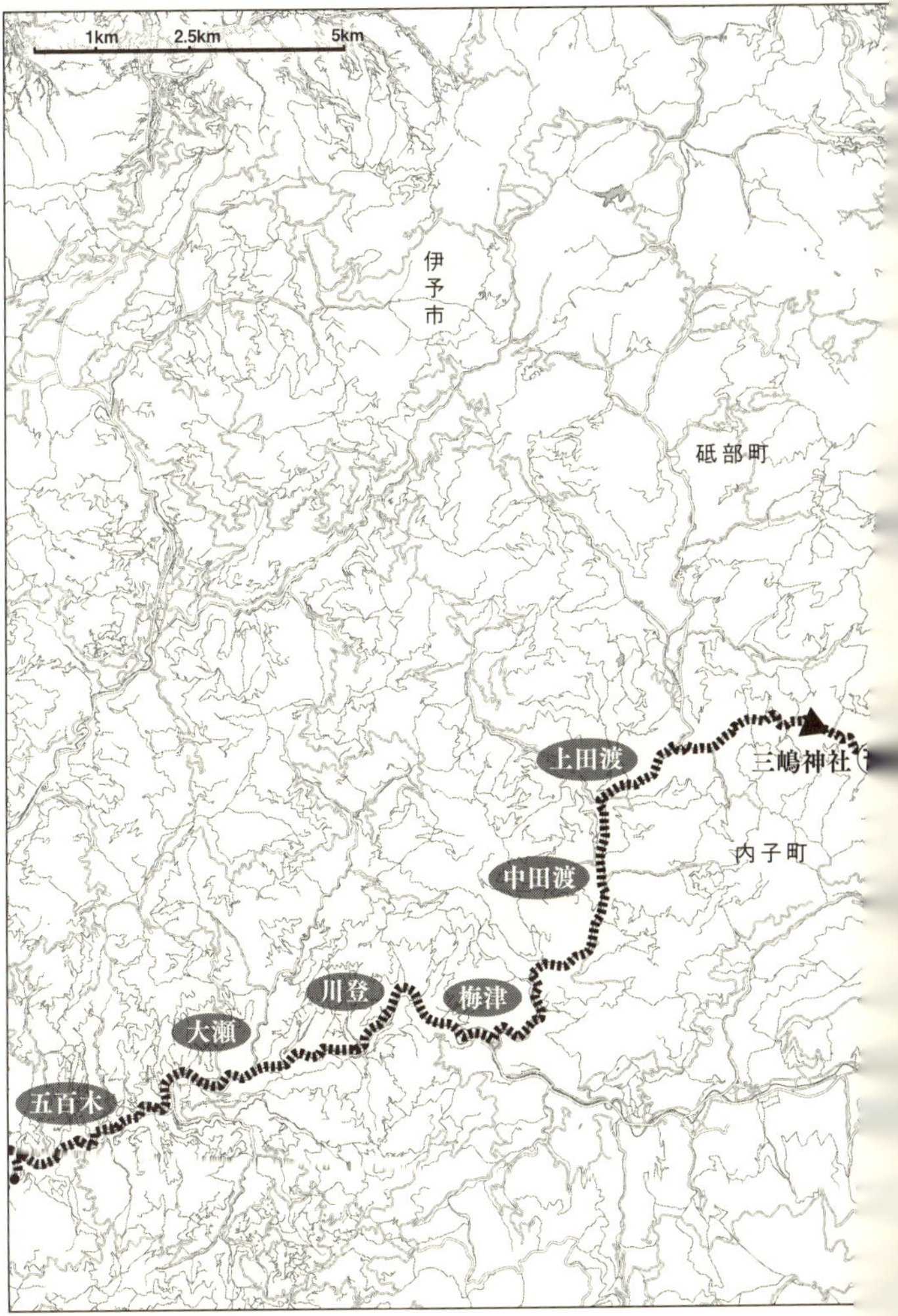

1km
2.5km
5km
伊予市
砥部町
三嶋神社
上田渡
中田渡
内子町
梅津
川登
大瀬
五百木

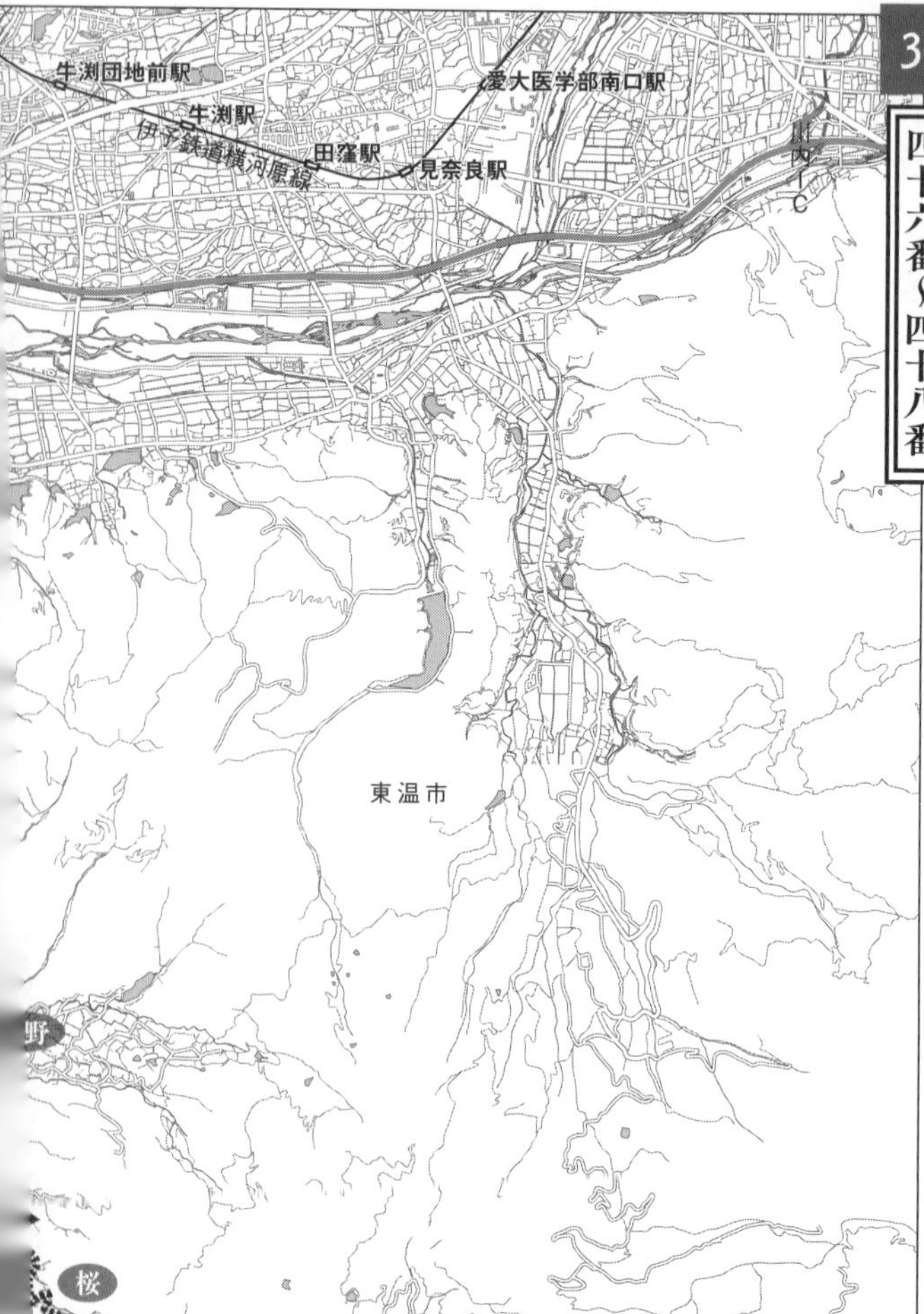
牛渕団地前駅
愛大医学部南口駅
牛渕駅
伊予鉄道横河原線
田窪駅
見奈良駅
川内IC
東温市
野
桜

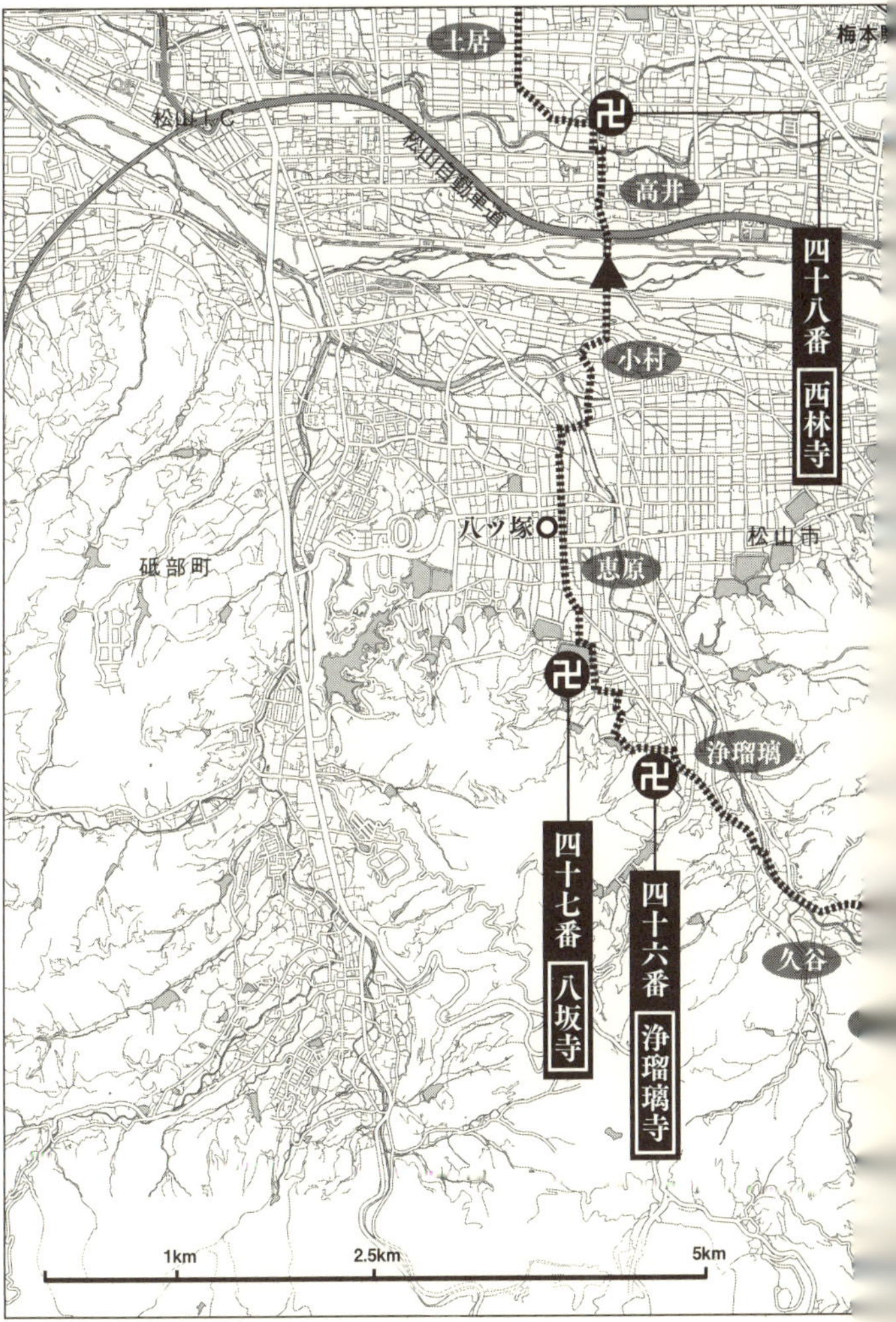

土居
梅本
松山I.C
松山自動車道
高井
四十八番
西林寺
小村
八ツ塚
松山市
砥部町
恵原
四十七番
八坂寺
浄瑠璃
四十六番
浄瑠璃寺
久谷
1km
2.5km
5km

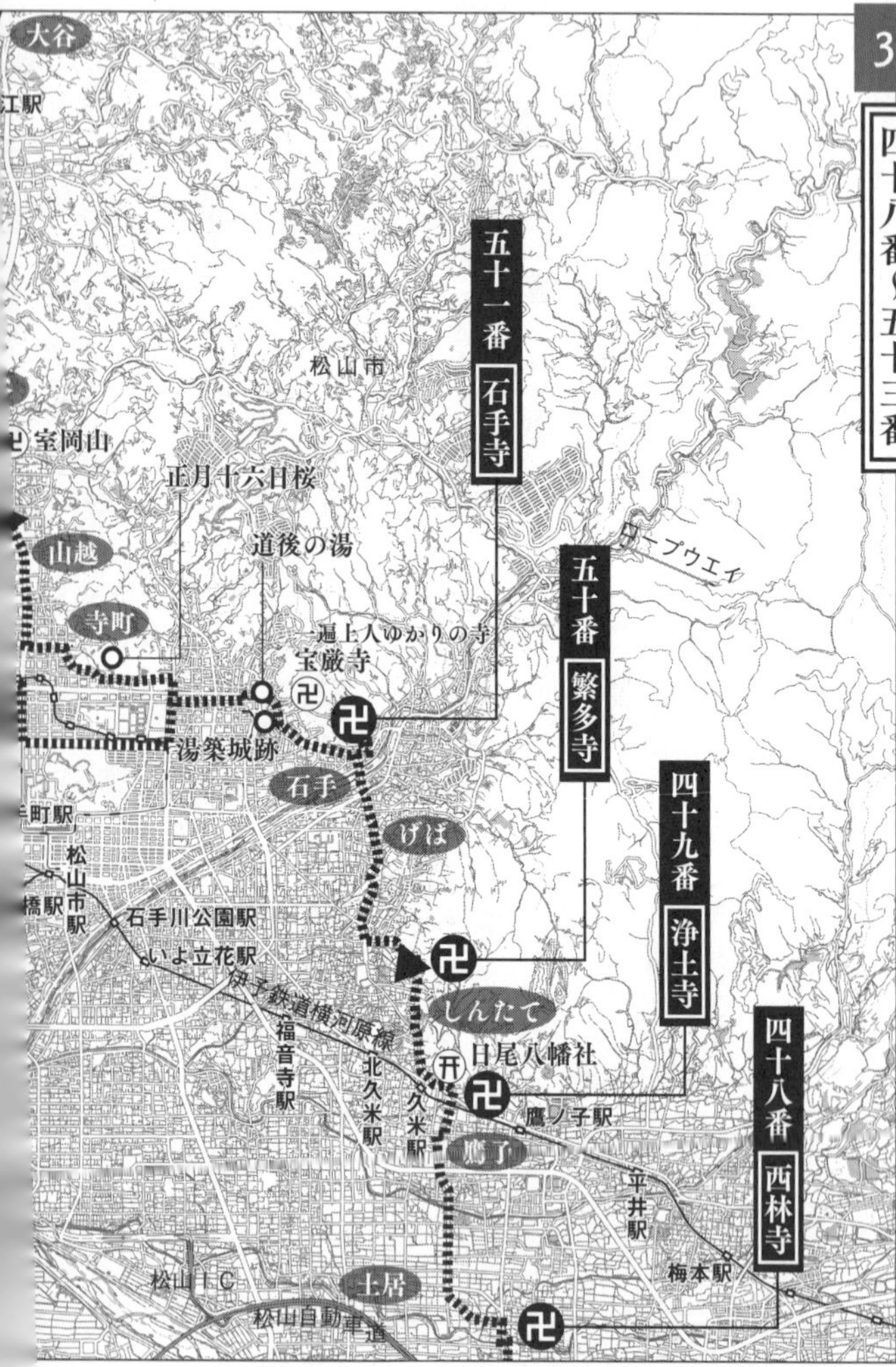
大谷
江駅
五十一番
石手寺
松山市
室岡山
正月十六日桜
道後の湯
山越
寺町
一遍上人ゆかりの寺
宝厳寺
ロープウエイ
五十番
繁多寺
湯築城跡
石手
四十九番
浄土寺
げば
町駅
松山市駅
橋駅
石手川公園駅
いよ立花駅
伊予鉄道横河原線
しんたて
福音寺駅
北久米駅
久米駅
日尾八幡社
四十八番
西林寺
鷹ノ子駅
鷹子
平井駅
梅本駅
松山IC
土居
松山自動車道

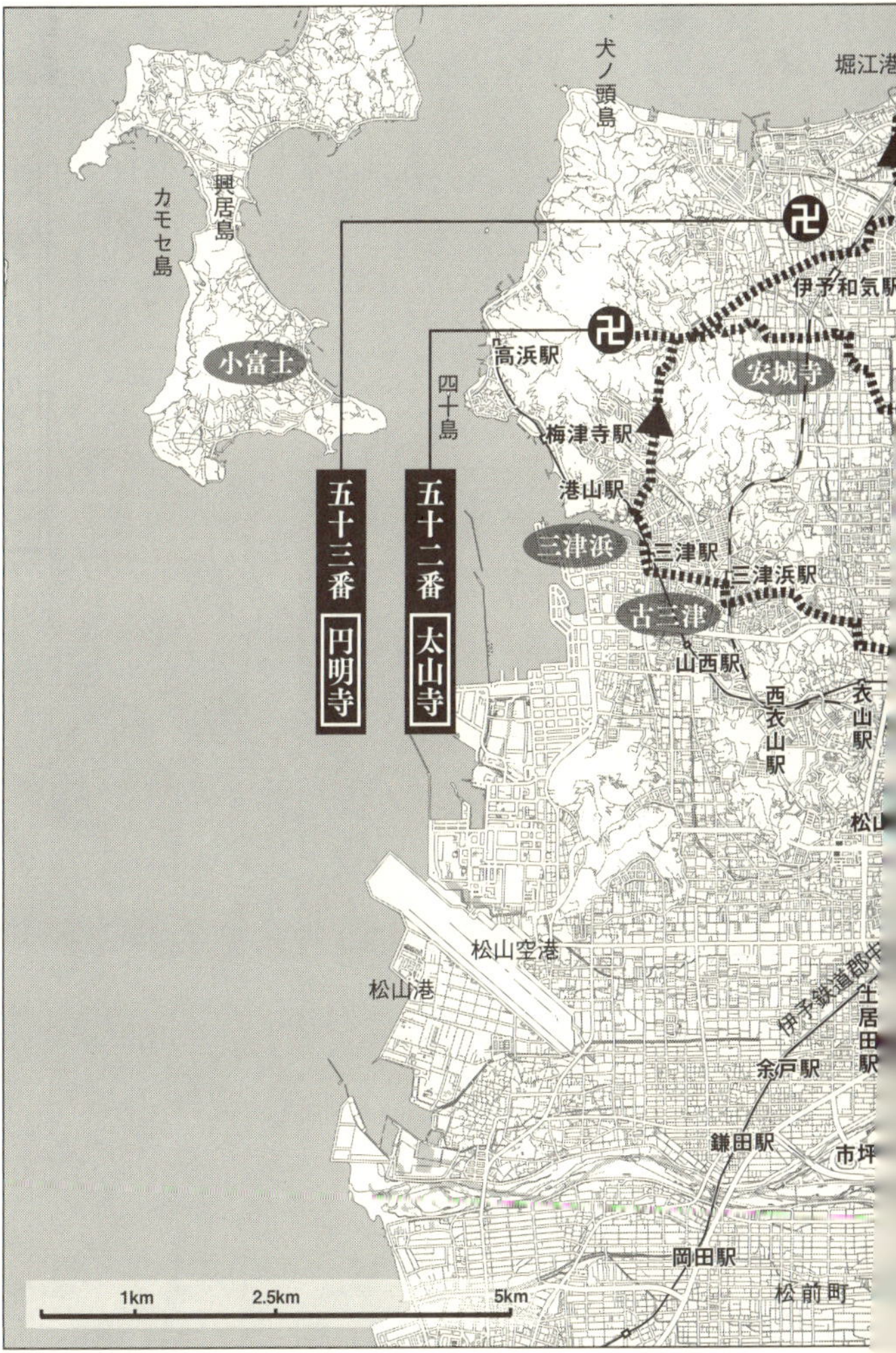

犬ノ頭島
堀江港
興居島
カモセ島
小富士
伊予和気駅
高浜駅
安城寺
四十島
梅津寺駅
港山駅
三津浜
三津駅
三津浜駅
古三津
山西駅
西衣山駅
衣山駅
五十三番
円明寺
五十二番
太山寺
松山空港
松山港
土居田駅
余戸駅
鎌田駅
岡田駅
松前町
1km
2.5km
5km

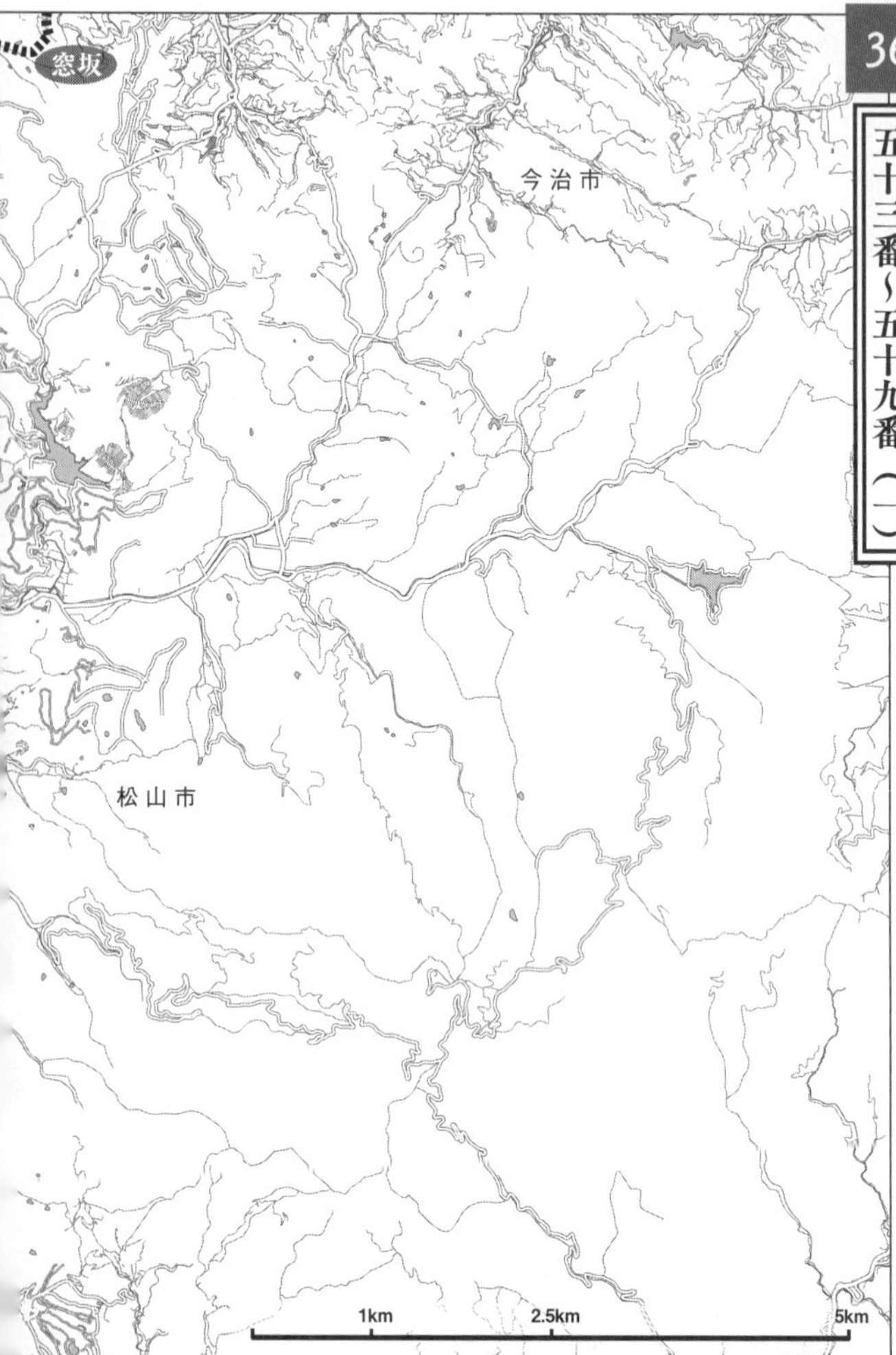
窓坂
今治市
松山市
1km
2.5km
5km

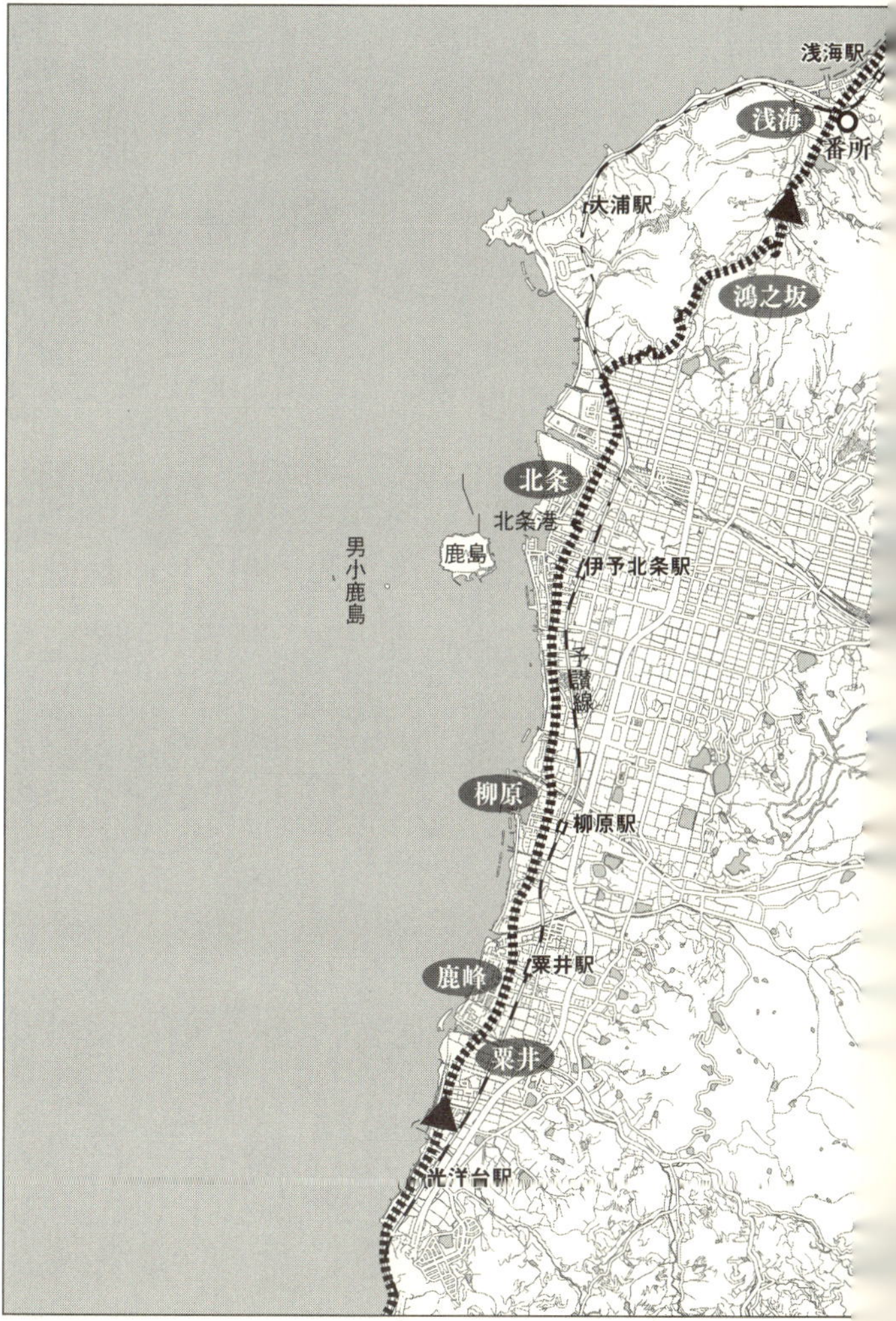

浅海駅
浅海
番所
大浦駅
鴻之坂
北条
北条港
鹿島
男小鹿島
伊予北条駅
予讃線
柳原
柳原駅
粟井駅
鹿峰
粟井
光洋台駅

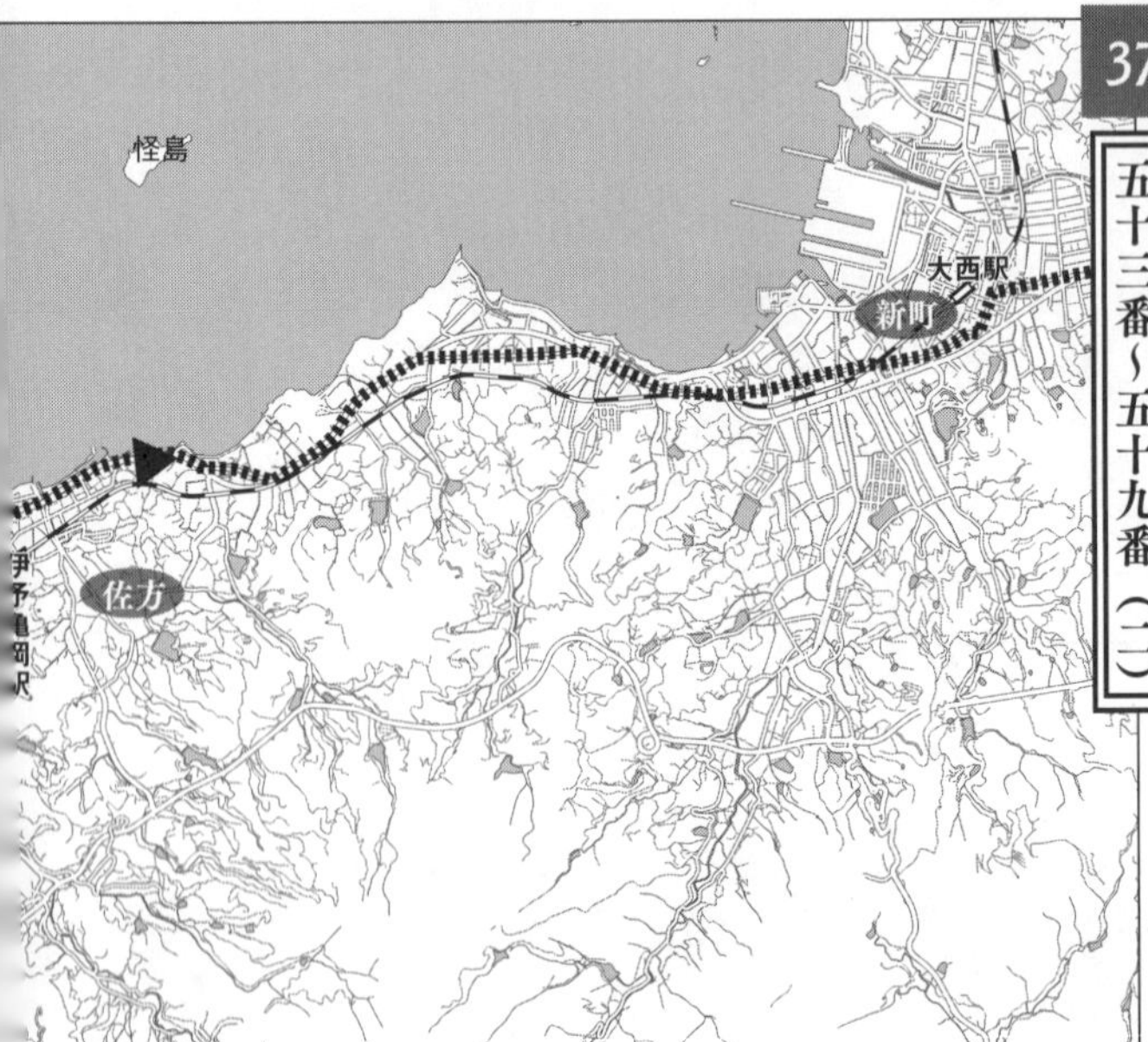
怪島
大西駅
新町
佐方
治市

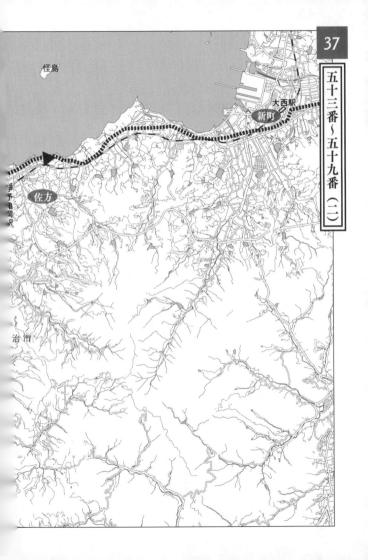

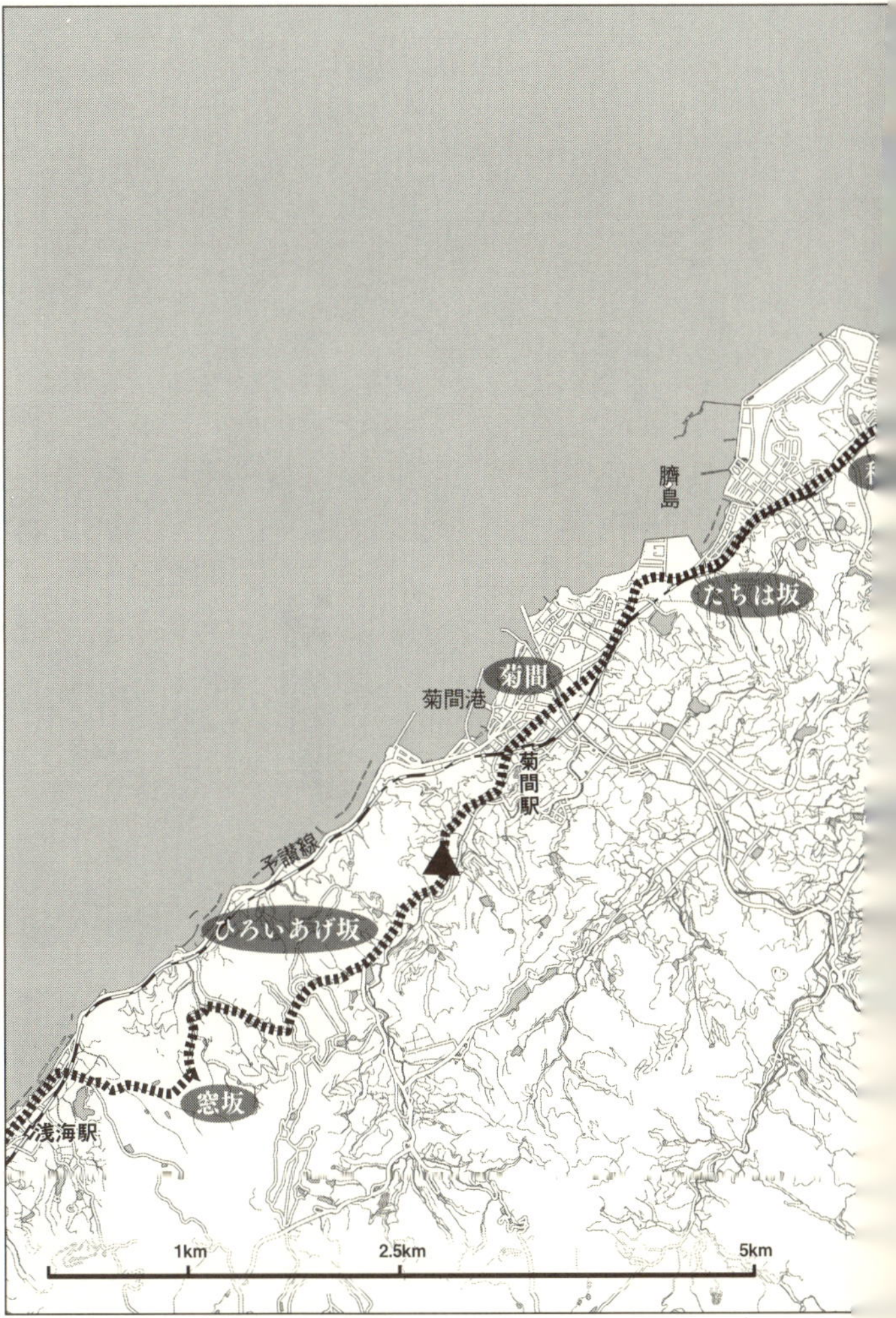

臍島
たちは坂
菊間
菊間港
菊間駅
予讃線
ひろいあげ坂
窓坂
浅海駅
1km
2.5km
5km

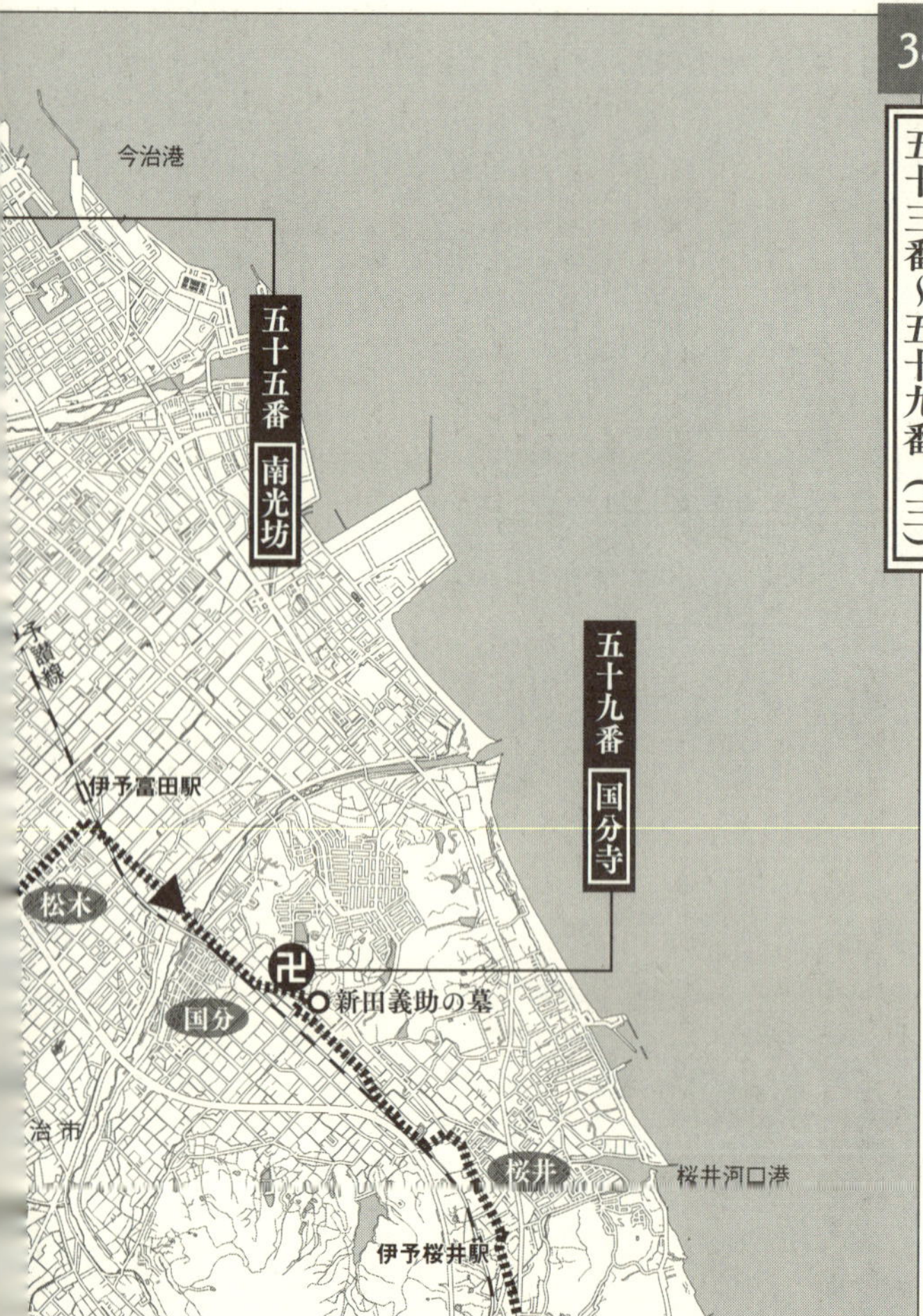
今治港
五十五番
南光坊
予讃線
伊予富田駅
五十九番
国分寺
松木
新田義助の墓
国分
治市
桜井
桜井河口港
伊予桜井駅

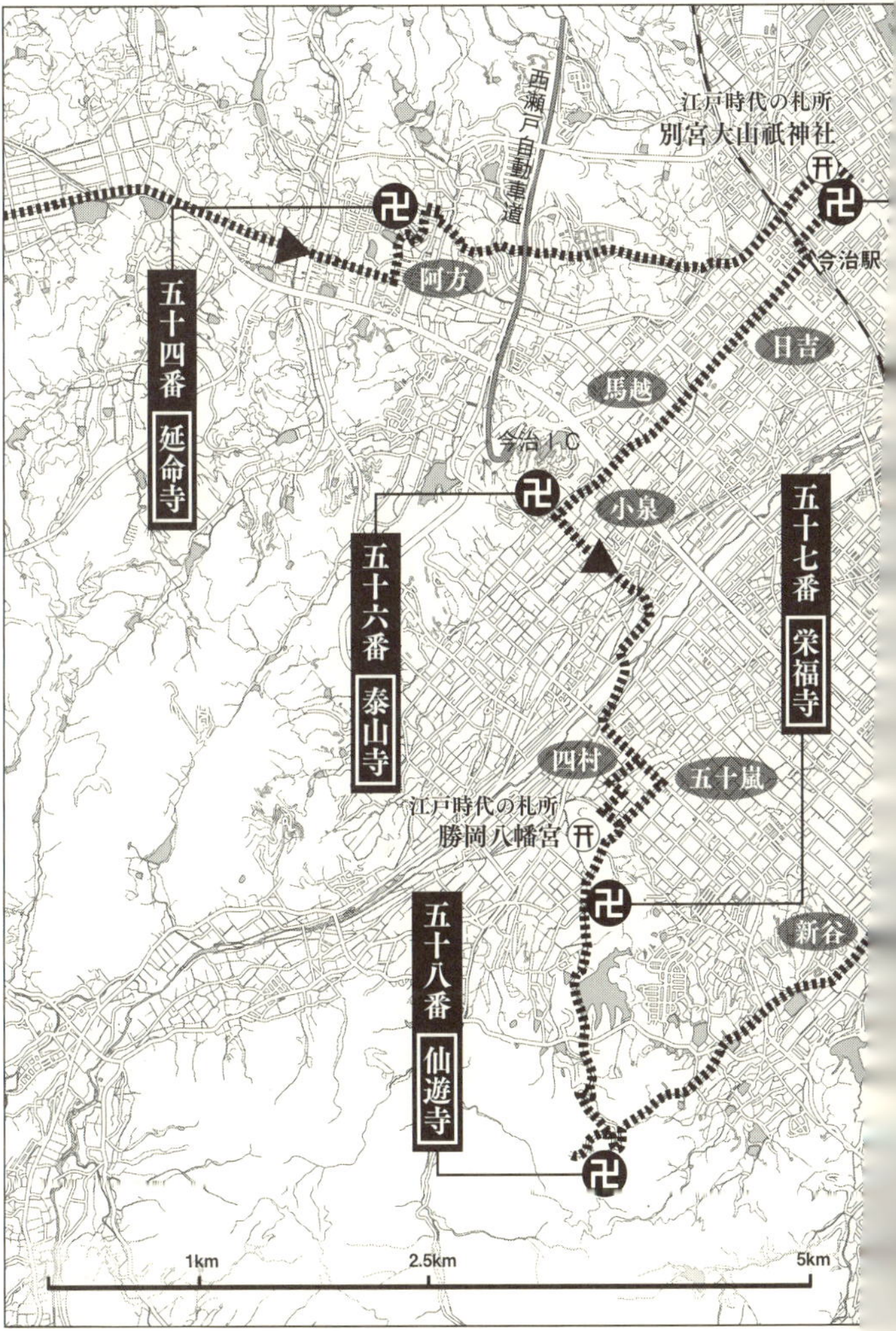

西瀬戸自動車道
江戸時代の札所
別宮大山祇神社
今治駅
阿方
五十四番
延命寺
日吉
馬越
今治ＩＣ
小泉
五十七番
栄福寺
五十六番
泰山寺
四村
五十嵐
江戸時代の札所
勝岡八幡宮
新谷
五十八番
仙遊寺
1km
2.5km
5km

今治湯ノ浦ＩＣ
医王山
世田薬師
梅檀寺
六軒家
今治小松自動車道
予讃線
楠
御来迎臼井水
伊予三芳駅
東予港
大明神河原
北新町
壬生川駅

長沢
今治市
西条市
1km
2.5km
5km

五十九番～六十四番（二）

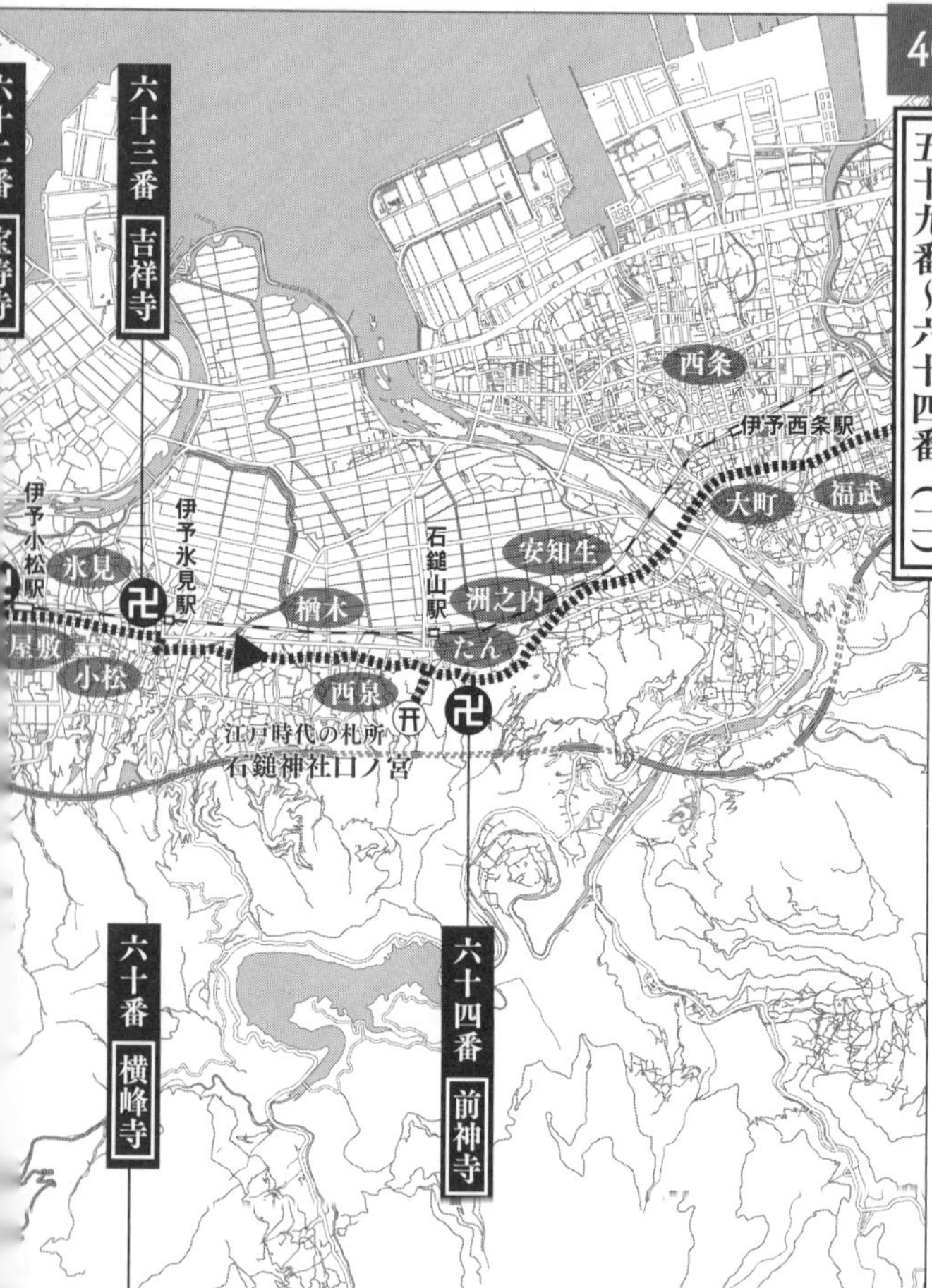
六十二番
六十三番 吉祥寺
伊予小松駅
氷見
伊予氷見駅
屋敷
小松
石鎚山駅
安知生
洲之内
たん
西泉
江戸時代の札所
石鎚神社口ノ宮
西条
伊予西条駅
大町
福武
六十番 横峰寺
六十四番 前神寺

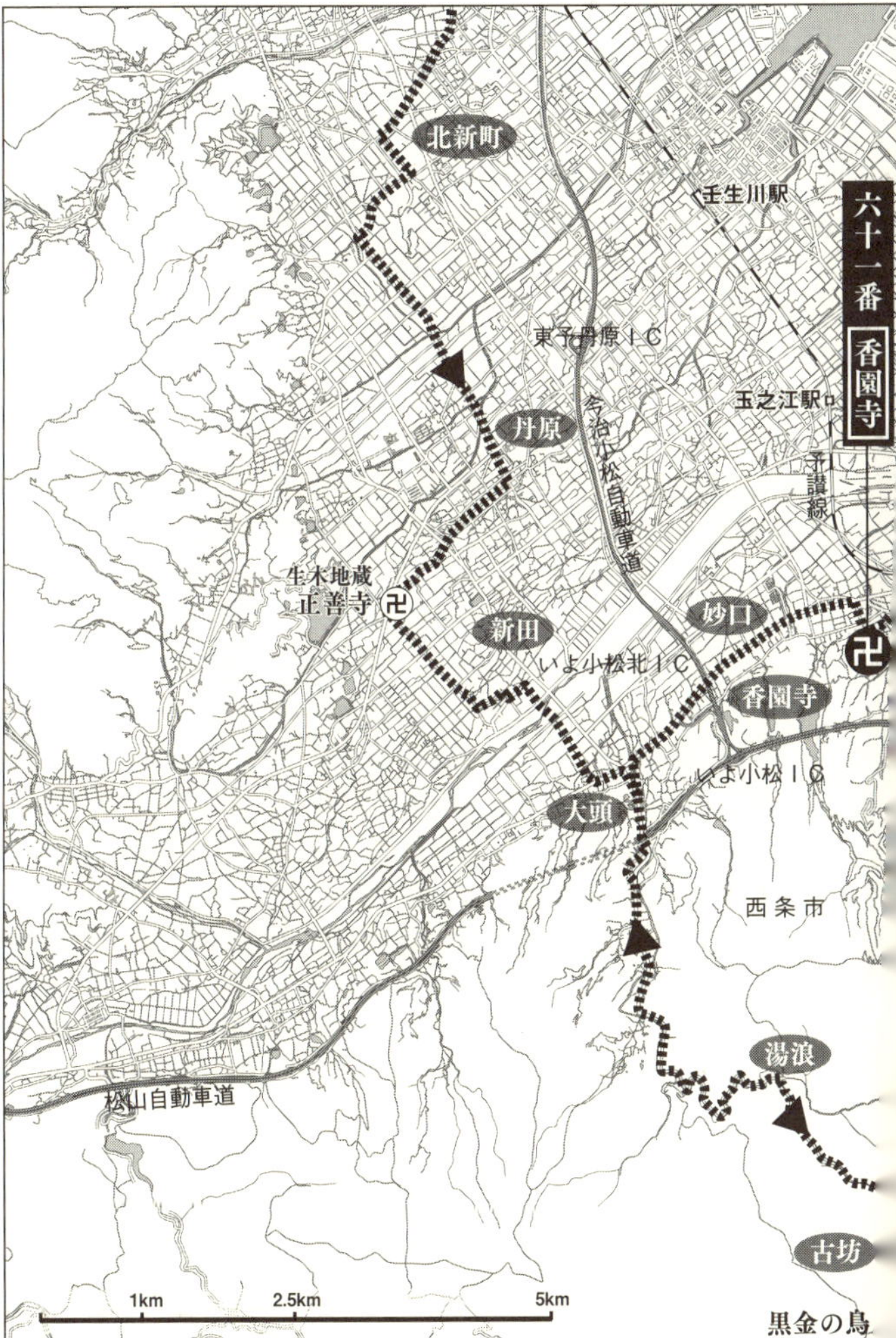
六十一番
香園寺
北新町
壬生川駅
東予丹原ＩＣ
玉之江駅
今治小松自動車道
丹原
予讃線
生木地蔵
正善寺
新田
妙口
いよ小松北ＩＣ
香園寺
いよ小松ＩＣ
大頭
西条市
湯浪
松山自動車道
古坊
1km
2.5km
5km
黒金の鳥

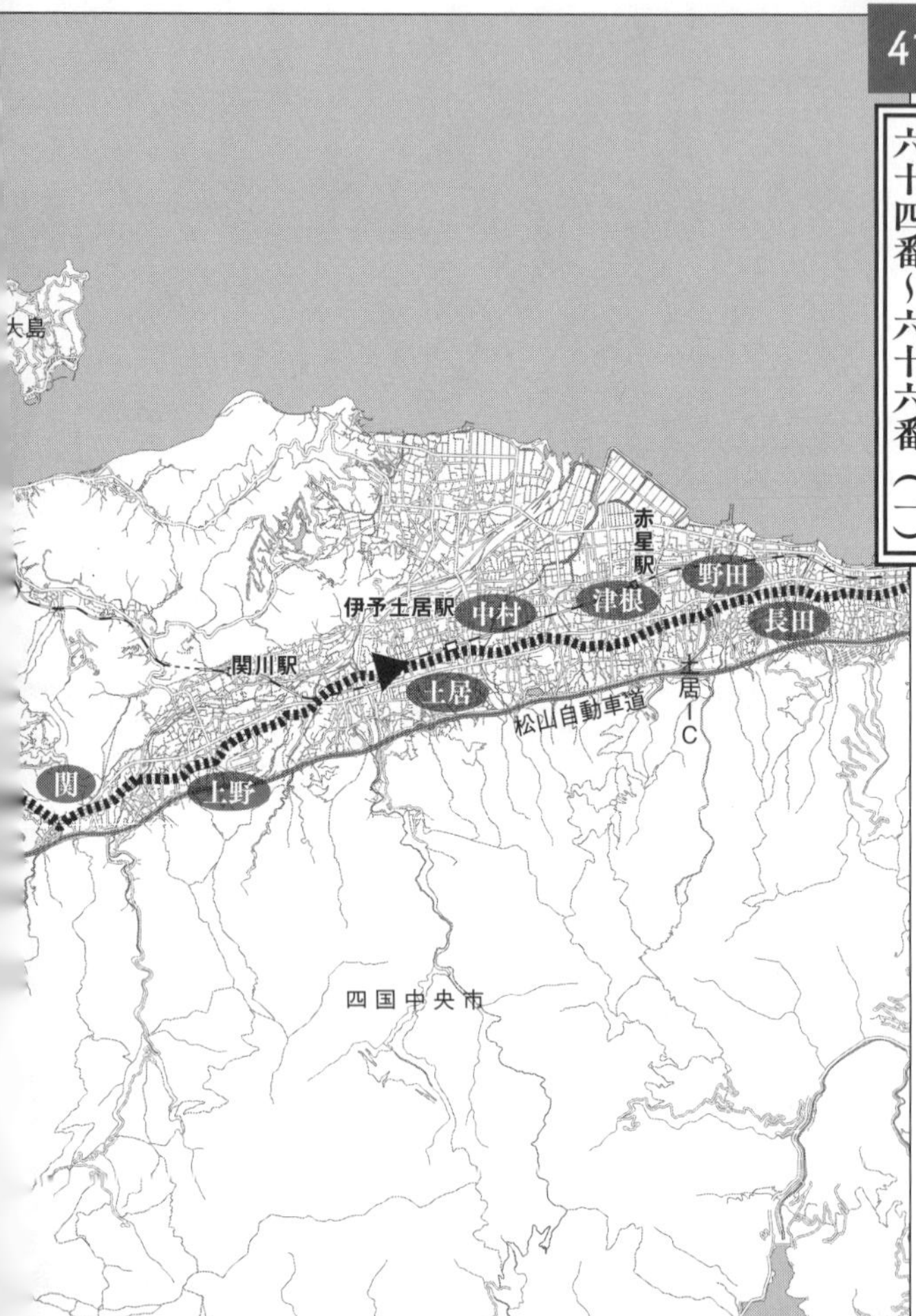
大島
赤星駅
野田
伊予土居駅
中村
津根
長田
関川駅
土居
土居IC
松山自動車道
関
上野
四国中央市

新居浜港
御代島
多喜浜駅
予讃線
新居浜駅
中村
長
池田
国領
角野
中萩駅
萩生
新居浜ＩＣ
上島山
いよ西条ＩＣ
新居浜市
2km
5km
10km

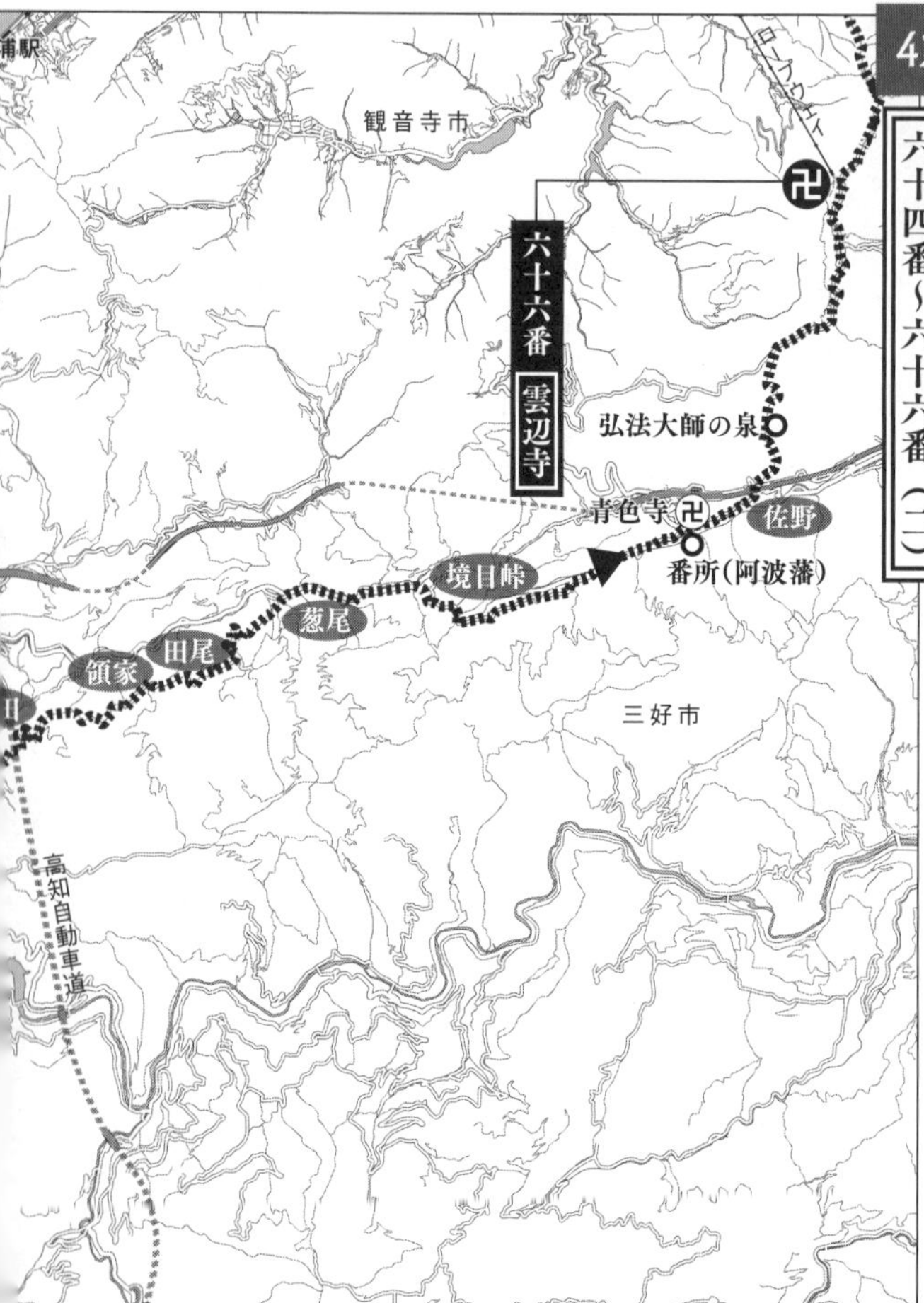
浦駅
観音寺市
ロープウエイ
六十六番
雲辺寺
弘法大師の泉
青色寺
佐野
番所(阿波藩)
境目峠
葱尾
田尾
領家
三好市
高知自動車道
新宮IC

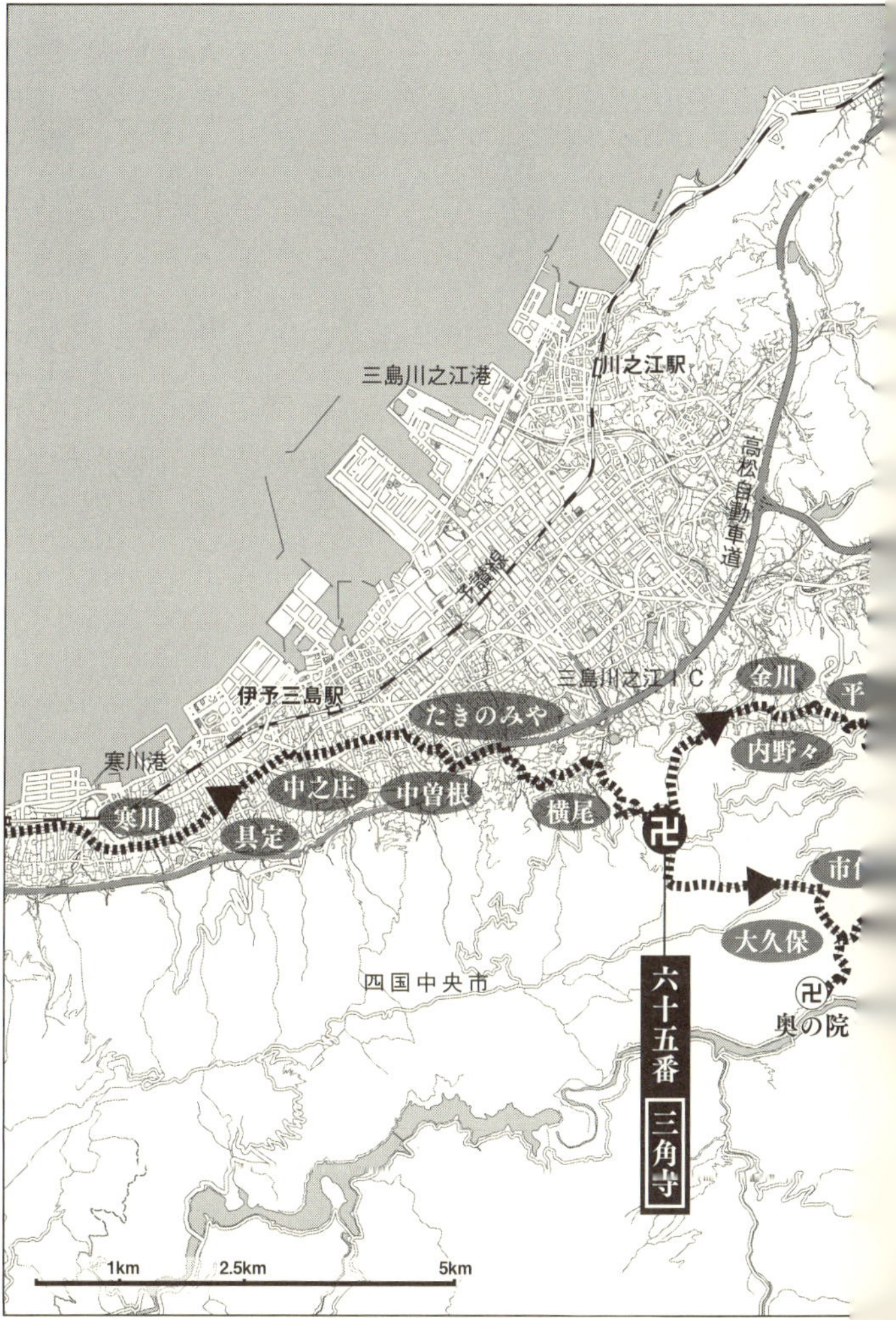

川之江駅
三島川之江港
高松自動車道
予讃線
三島川之江ＩＣ
伊予三島駅
寒川港
たきのみや
金川
内野々
中之庄
中曽根
横尾
寒川
具定
大久保
四国中央市
奥の院
六十五番
三角寺
1km
2.5km
5km

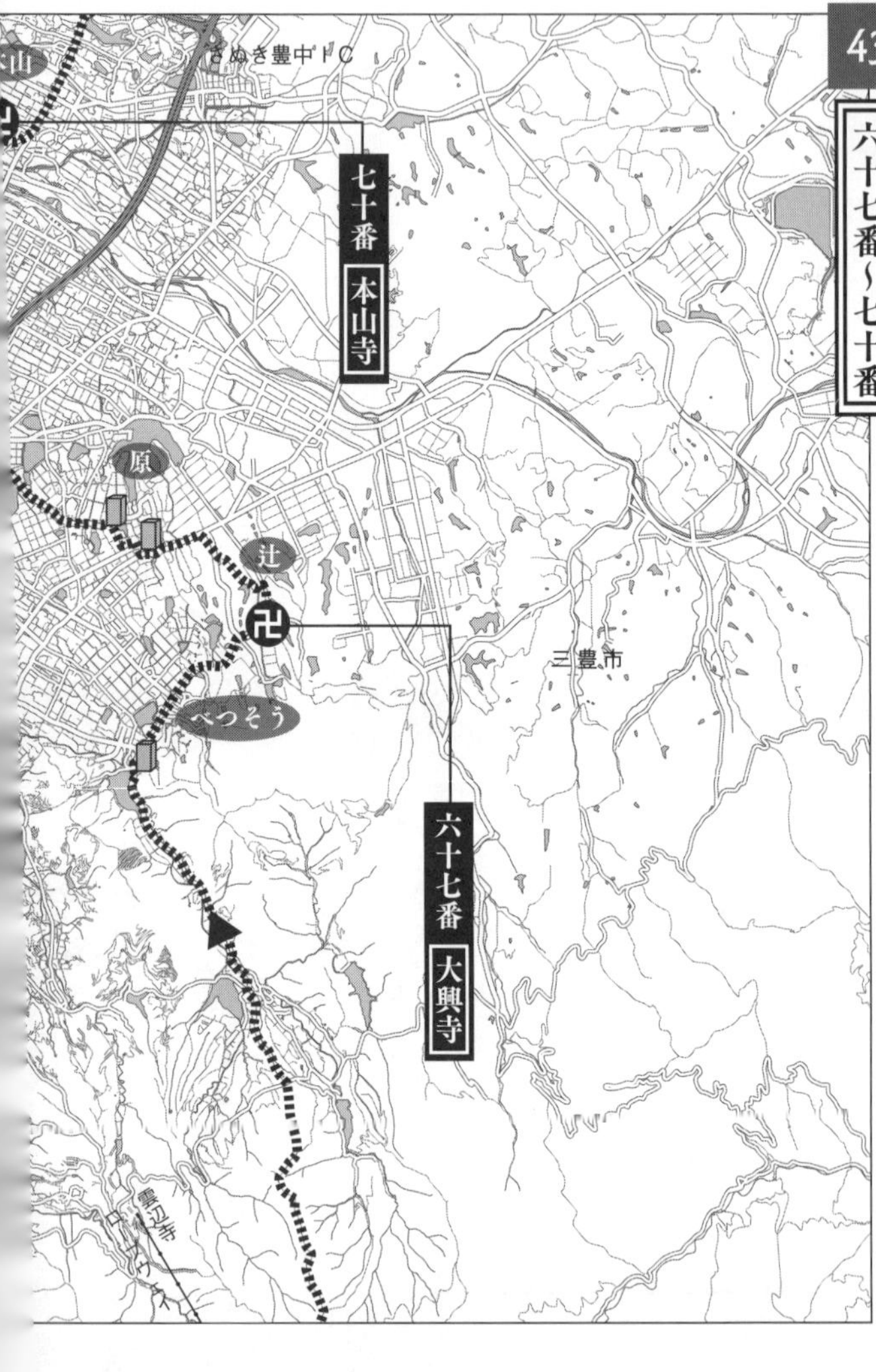
さぬき豊中ＩＣ
七十番
本山寺
原
辻
べつそう
六十七番
大興寺
三豊市
雲辺寺
ロープウェイ

本山駅
有明浜
小岡
流岡
江戸時代の札所
琴弾八幡宮
吉岡
予讃線
観音寺
観音寺駅
観音寺港
出作
池之尻
六十九番
観音寺
六十八番
神恵院
大野原IC
豊浜駅
豊浜港
観音寺市
高松自動車道
1km
2.5km
5km

弘田
上吉田
善通寺駅
土讃線
七十四番 甲山寺
七十五番 善通寺
七十二番 曼荼羅寺
七十三番 出釈迦寺
善通寺市
琴平町
琴平駅
榎井駅
琴電琴平駅
金毘羅宮
三豊市
1km
2.5km
5km

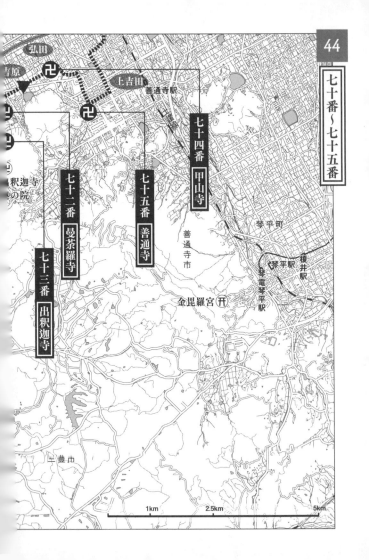

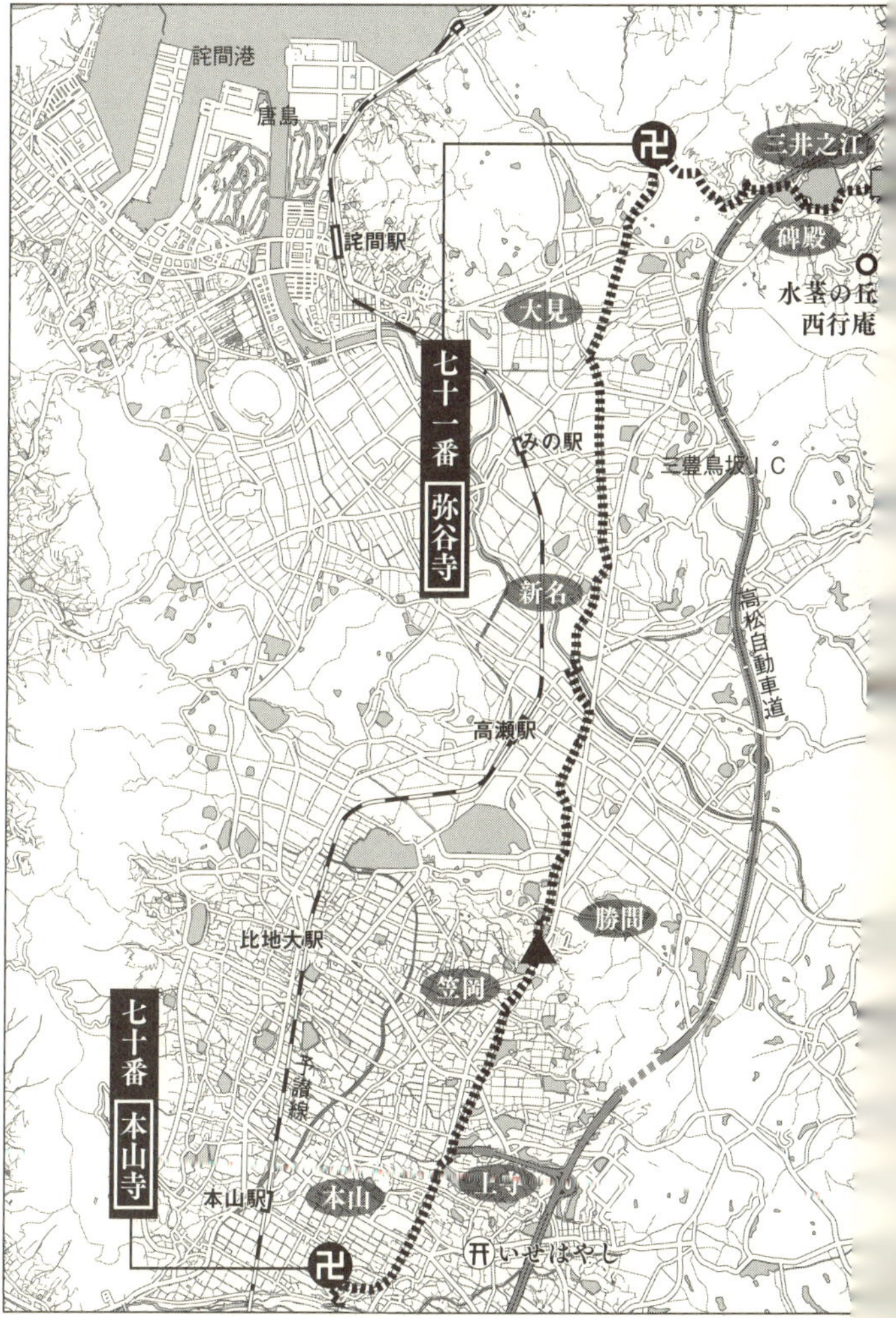
詫間港
唐島
詫間駅
三井之江
碑殿
水茎の丘
西行庵
大見
七十一番
弥谷寺
みの駅
三豊鳥坂ＩＣ
新名
高松自動車道
高瀬駅
勝間
比地大駅
笠岡
七十番
本山寺
予讃線
本山駅
本山
上守
いせはやし

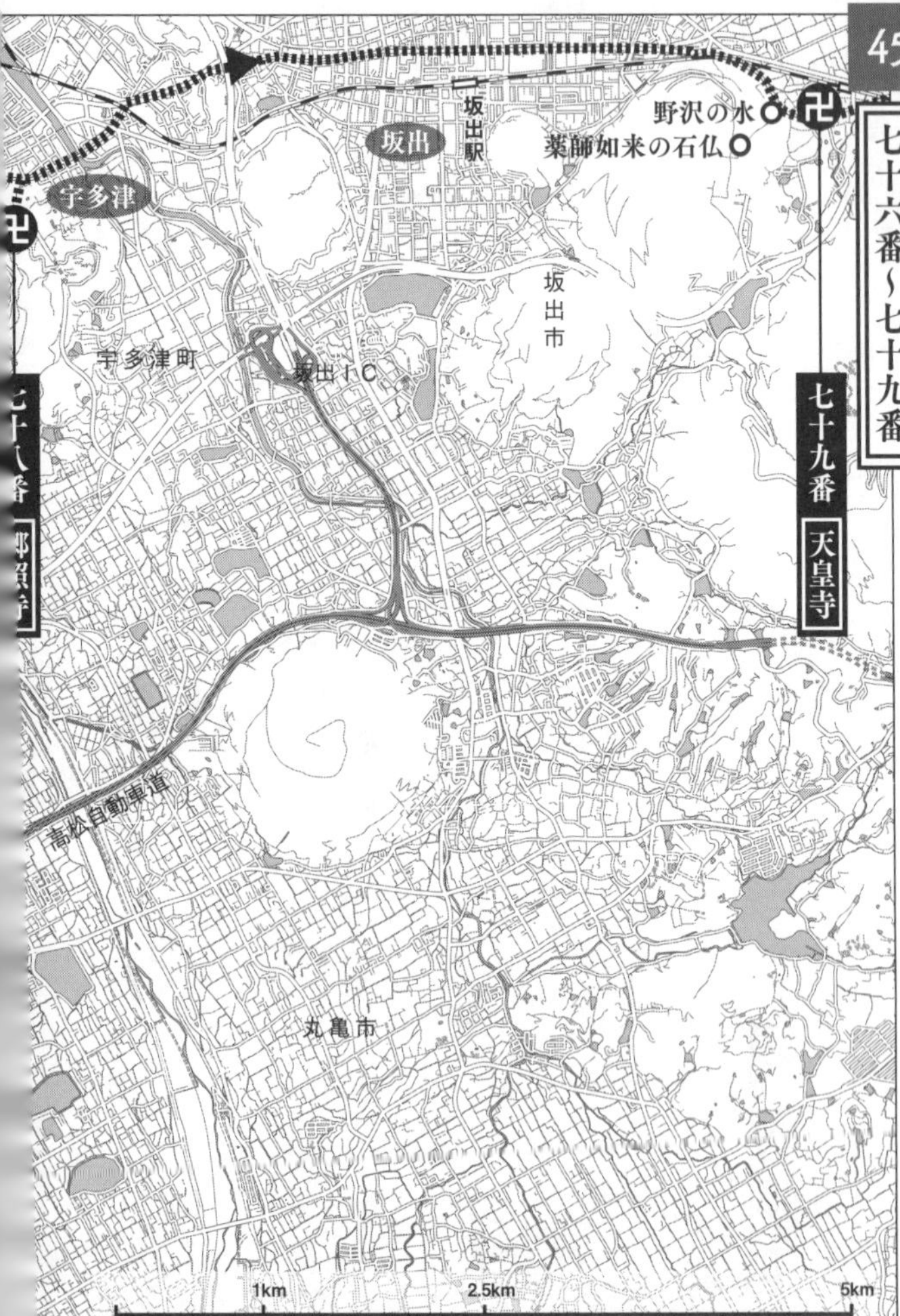
坂出駅
坂出
宇多津
野沢の水
薬師如来の石仏
坂出市
宇多津町
坂出ＩＣ
七十九番
天皇寺
七十八番
郷照寺
高松自動車道
丸亀市
1km
2.5km
5km

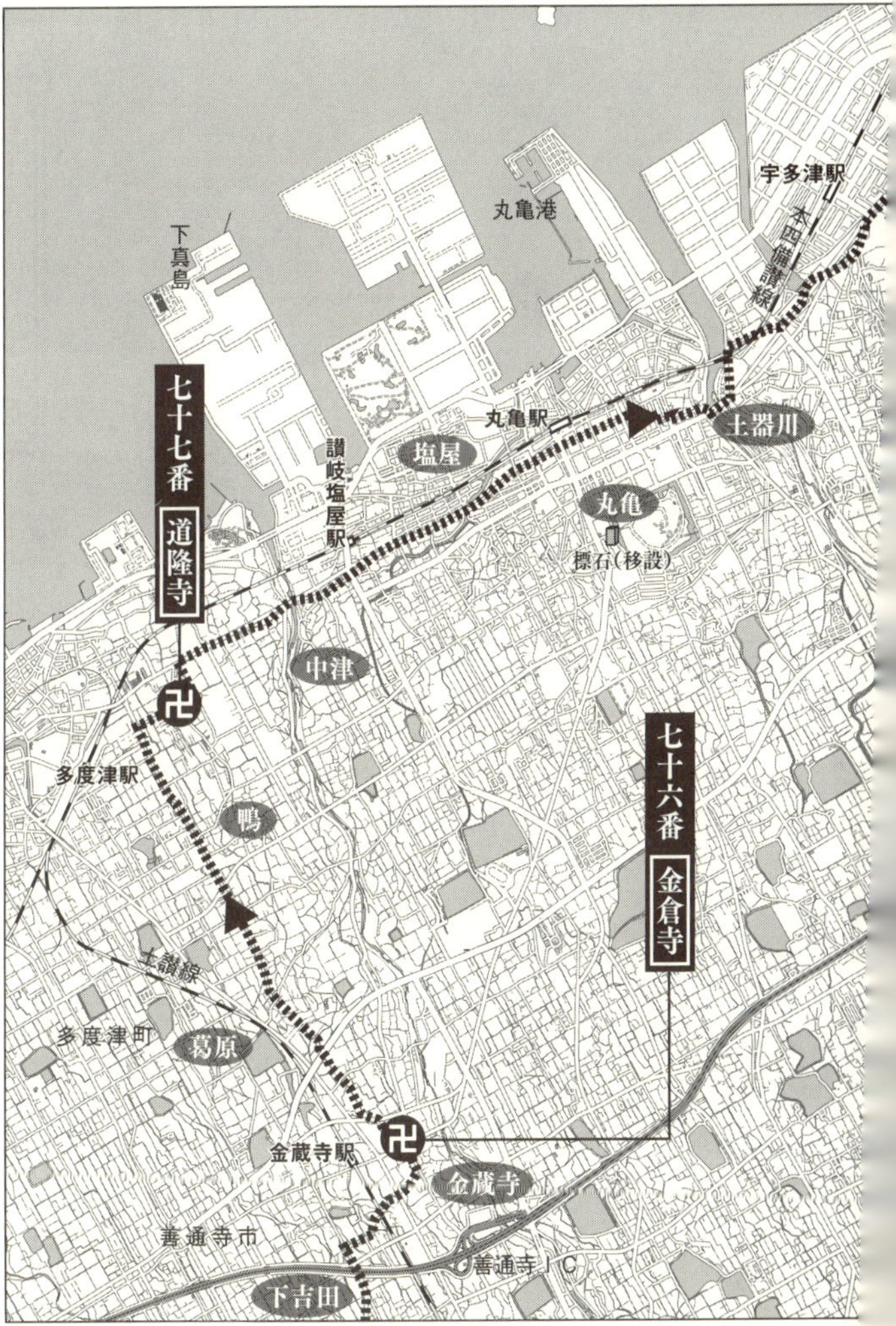
宇多津駅
本四備讃線
丸亀港
下真島
七十七番
道隆寺
丸亀駅
土器川
塩屋
讃岐塩屋駅
丸亀
標石(移設)
中津
多度津駅
鴨
七十六番
金倉寺
土讃線
多度津町
葛原
金蔵寺駅
金蔵寺
善通寺市
善通寺ＩＣ
下吉田

八十二番
根香寺
※現在、瀬戸内海歴史
民俗資料館に移設
現・自衛隊演習場
八十番
国分寺
国分坂
高松市
山口
鬼無駅
八幡の宮
岩田神社
飯田
端岡駅
予讃線
国分駅
高松自動車道
高松西IC

坂出港
児が嶽
八十一番
白峯寺
坂出市
八十場駅
野沢の水
薬師如来の石仏
白峰神社
江戸時代の札所
綾川
加茂
鴨川駅
七十九番
天皇寺
讃岐府中駅
1km
2.5km
5km

屋島
佐藤継信の碑
立石港
駒立岩
移設された眞念の墓
洲崎寺
八栗山上駅
牟礼
田井
潟元
八栗駅
琴電屋島駅
道休の墓
潟元駅
相引
古高松南駅
八栗口駅
屋島駅
讃岐牟礼駅
大町駅
大町
塩屋駅
春日
八十四番
屋島寺
八十五番
八栗寺
水田駅
高松東IC
さぬき三木IC
西前田駅
高田駅
三木町
1km
2.5km
5km

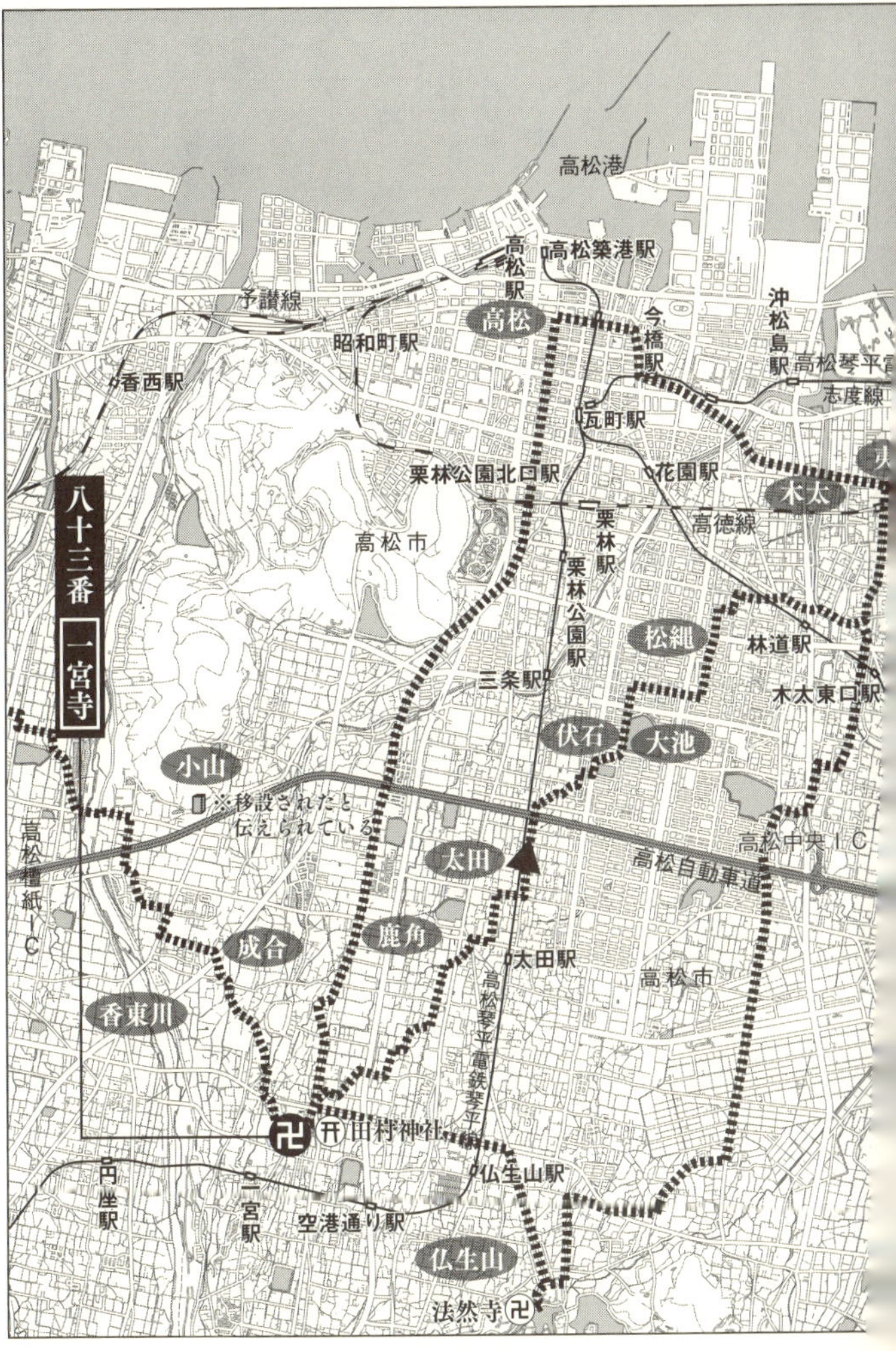
八十三番
一宮寺
高松港
高松築港駅
高松駅
予讃線
昭和町駅
香西駅
今橋駅
沖松島駅
高松琴平電鉄志度線
瓦町駅
花園駅
栗林公園北口駅
栗林駅
高徳線
高松市
栗林公園駅
松縄
林道駅
三条駅
木太東口駅
伏石
大池
小山
※移設されたと
伝えられている
高松中央ＩＣ
高松自動車道
高松檀紙ＩＣ
太田
成合
鹿角
太田駅
高松市
香東川
高松琴平電鉄琴平線
田村神社
円座駅
仏生山駅
一宮駅
空港通り駅
仏生山
法然寺
高松
木太

八十六番～八十八番

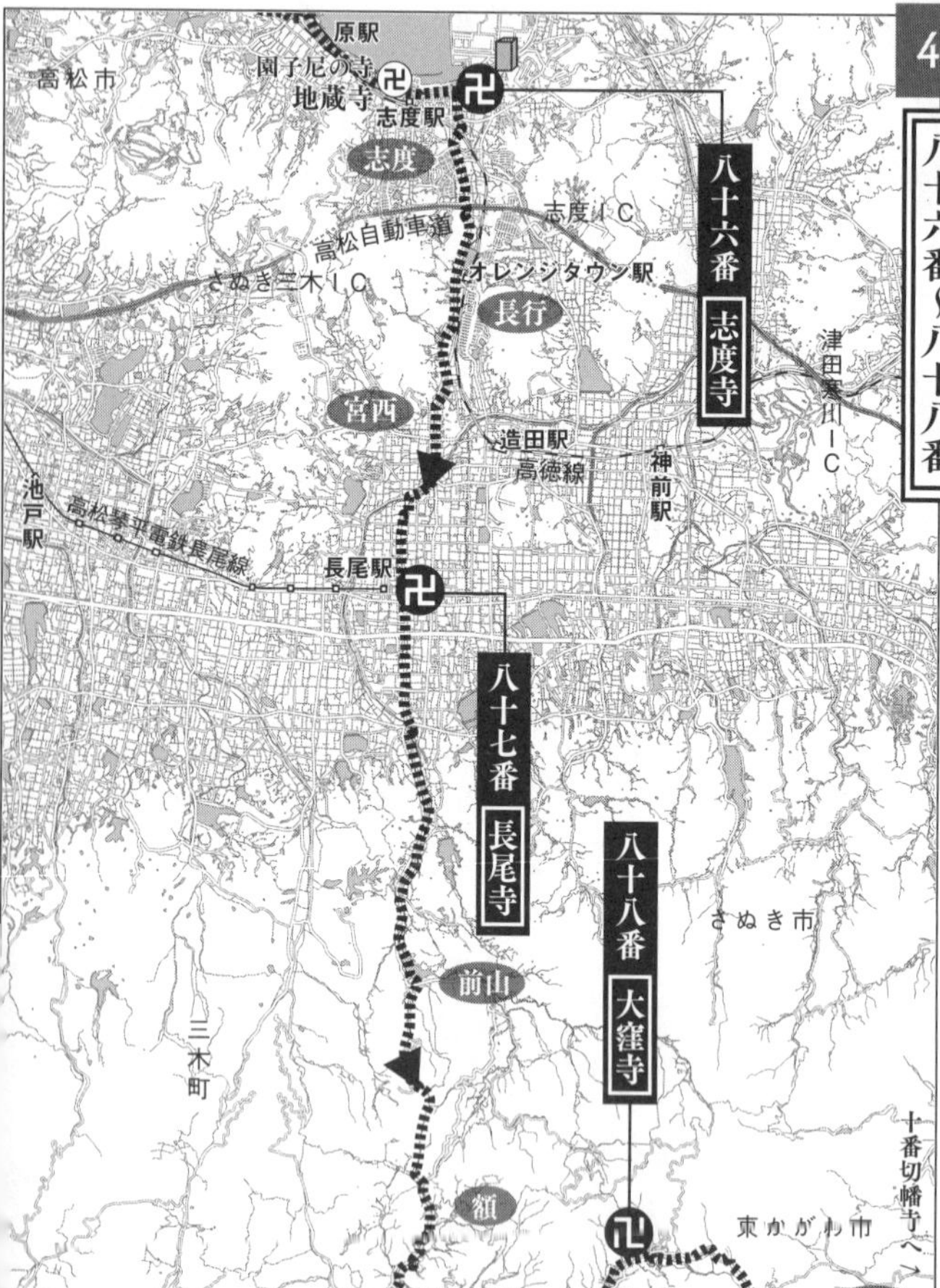

原駅
高松市
園子尼の寺
地蔵寺
志度駅
志度
八十六番
志度寺
志度IC
高松自動車道
さぬき三木IC
オレンジタウン駅
長行
宮西
造田駅
高徳線
神前駅
津田寒川IC
池戸駅
高松琴平電鉄長尾線
長尾駅
八十七番
長尾寺
八十八番
大窪寺
さぬき市
前山
三木町
額
東かがわ市
十番切幡寺へ
長野
護摩山
大影
1km
2.5km
5km

訳者解説

一九九八年と二〇一四年に、私は歩き遍路を体験した。四十七歳と六十三歳の時である。もっとも後者は現在も進行中である。

働き盛りの時に経験した最初の四国遍路は自分を見つめ直す旅だった。五回に分けて区切り打ちした。当時は企業による従業者のリストラが多かった時代で、突然の人生の断裂に、次のライフステージへの覚悟を求めて四国遍路をしているという同世代の人に出会った。この時、四国遍路の道中とは、自分の人生を考える時空間であるということを実感した。

そして不思議なことだが、巡礼で痛感したのは、自分が人間である前に動物であるという感覚だった。人間は文明の進展により、便利で効率的な生活スタイルを作り上げ、理性によって生活を統御しようとしてきた。しかしながら、巡礼ではまず身体で動かなければ目的がとげられないということを思い知らされた。今まで意識することのなかった自分の身体の機能が、ひじょうに重要であることを知った。私の理性や精神は、身体の運動と動物的な情動の上に成り立っているのだということをあらためて感じたのである。

歩きながら日々深まるのは、自分の過去との対峙である。一人で歩くから、話す相手は自分自身で、脈絡もなく過去の自分の記憶や行動、また風景が思い浮かんでくる。こういうことがあったから今の自分があると感じ入り、忘れていた出来事や人の顔が記憶の奥底にあることに気づかされた。

沿道で出会う人がすべて良い人であった。道を教えてくれる人がいて、お接待してくださる人がいた。遍路をしているというだけで自分を善人と扱ってくれる四国の人々がうれしかった。子供たちは挨拶をしてくれるし、あるお寺では朝の出発の折に私を拝んでくださる人がいた。恥ずかしながらも自分の中の良い所を見られている気持ちがした。

高齢の婦人から多額のお接待を申し出られたことがある。丁重にお断りしたが、私と一緒に歩いている弘法大師に捧げているのだといわれた。旅の中で多くの人に支えられる自分を感じた。それまでの生き方が不安だった自分が、自己存在を社会の中で肯定的に考え直し、自分は今のままで生きていていいのだと言われたような気持ちになった。さまざまなものや人に、生かされている自分を感じた。

遍路を終え、もとの生活に戻ると日々の重荷はそのままであったが、遍路として歩んだ遍路道が理想郷のような輝きをもって私の思い出に残っている。
高齢になった私が二回目の遍路行で感じているのは、達成感である。衰えつつある自分の体力のなかで、今日はあそこまで行こうという目的を達成する喜びに満ちている。助けられ、与えられ、感謝することが多くなった。私の日常生活は平穏で、達成することの喜びをこれほどまでに感じることは少ない。ただひたすら歩くこと、それ自体が生きることについて考えることになり、考えることが修行につながっているのだと思う。

現代の私が歩いたルートは、江戸時代の遍路道とほとんど同じである。道路は近代的に整備されてきているが、基本的には眞念の遍路道を踏襲している。十七世紀後半、眞念のいた頃に、遍路道は四国の多くの道の中から選ばれ、八十八の寺院を札所に設定し、それを巡る四国遍路の巡礼が完成した。この経路は、多くの人の慣行によりいつの間にか定まったものだと想像する。この本の著者である眞念は自分で幾度となく遍路を経験し、その遍路道を文字に書きとめ、多くの人に知らせたいと考えた人であった。

眞念のライフヒストリーはあまり詳しくはわからない。住所は「大坂寺嶋」と書いてあることから、現在の大阪市西区千代崎一丁目・二丁目あたりに住んでいたと思われる。本書の姉妹篇である『四國徧禮霊場記』に、寂本《じゃくほん》が眞念を、抖擻《とそう》（頭陀）の桑《そう》門《もん》（修行者）で四国遍路を十数回行っていて、四国の地理や出来事に詳しく、心が熟した人であると書いている。また眞念が書いた『四國徧禮功徳記』では大師に深く仕え、二十数度の遍路を行い、身を忘れ、苦を厭わず善を見てこれを喜ぶ人で、遍路屋を建て、二百余の標石を立てたと、木峯碧渓比丘中宜《きみねへきけいびくちゅうぎ》が跋辞《ばつじ》に書いている。

また眞念の死亡年に関して、土佐清水市市野瀬にある眞念庵に「為大法師眞念追福造營焉　元禄五壬申歳六月廿三日終」と彫られた石地蔵がある（喜代吉榮徳、一九九三）。この記述により死亡年は元禄五（一六九二）年六月二十三日と考えられている。

眞念の墓が、もともあった場所から移されて高松市牟礼町の洲崎寺にある。読みにくいのであるが、「元禄六歳　大坂寺嶋住僧　大法師眞念霊位　六月廿三日　施主安治今竹……」と彫られている。眞念庵の石地蔵の日付からちょうど一年後の日付が記されている。前者の「終」の字を重く考え、こちらの墓はその一年後に建てられたものとされている。大きな卵塔型の墓である。これは貧しい頭陀・聖の墓ではない。四国においても彼を慕っていた人が多くいたことを想像させる。四国遍路を何度も行い、弘法大師に近づいた聖人として、彼の墓石を造りたいと思う人がいた証しだろう。

眞念の墓（高松市洲崎寺）

大坂においても、彼は多くの人の手を借りて本書を仕上げている。本書の版行に際して、財政的援助を野口氏から得たと書いてある。野口氏は寺島の対岸に住む商人だった。距離からいえば眞念とは日常的な付き合いがあってもおかしくない。そして当時の大坂で花開いていた出版文化の恩恵を受けている。版木屋の五郎右衛門や本屋平兵衛の助力も得ている。そしてこのガイドブックに先だって、西国三十三観音の巡礼の案内本がすでに大坂では出版されていた。この巡礼の案内本をお手本にして、『四國邊路道指南』は書かれたと思われる。

眞念は四国で経験したことを、大坂の出

版文化によって現実の本の形にすることができた。当時の大坂の地図に眞念の本にかかわる人の住所の位置を落としこんでみると、全員が非常に狭い範囲に住んでいたことがわかる。大坂という文化的に発展した都市があってこその出版だったのである。

さて本書原本『四國徧禮道指南』は改版本である。いちばん最初の版本のタイトルは『四國邊路道指南』であった(「凡例」六行本)。跋文によって貞享四(一六八七)年の出版と推定されている。改版本である本書原本も跋文に同じ出版年が記されるが、実際は後年の出版であると推定される。

いちばん大きな違いは、一ページあたりの行数が六行(『四國邊路道指南』)であるか、八行(『四國徧禮道指南』)であるかである。また、「遍路」の表記が、「邊路」か、「徧禮」かの違いがある。

大坂における遍路の出版物の版木の権利譲渡の歴史を研究された新居正甫氏によって、この二つの本の出版にかかわる興味深い研究がなされている。新居氏の研究を引用する形で次に紹介しよう(新居正甫『真念「四国遍路道志るべ」の変遷』)。

最初に出版された六行本の『四國邊路道指南』は、近藤喜博氏が紹介した「赤木文庫本」の他に、埋め木や削除などにより元の版木を部分的に改刻、補刻して刷られた本が五種類現存する。

書かれた内容の変化を検討した結果、①赤木文庫本（現在、所在不明）②瀬戸内海歴史民俗資料館本③岩村武勇氏蔵本（現在、所在不明）④天理大学附属天理図書館本（旧高木文庫本）⑤石川武美記念図書館成簣堂文庫本⑥玉川大学図書館本の順に改刻補修されたとみられる（新居氏は著書の附表に、その記述内容の変化を示されている）。

ただし⑤と⑥はほぼ同じ内容の本であるという。そして⑤（と⑥）は序題において本書と同じ「偏禮」の字が使われている。内容的にもこの改版本と類似している。『四國偏禮道指南』の最後のところに書いてあるように版木が摩耗したので、ここでいう⑤（と⑥）を本書の八行本に改版したものと考えられる。

さらに、新居氏は本書『四國偏禮道指南』の出版時期についても推定している。それは本書にも登場する徳島への渡海切手を出していた阿波屋勘左衛門の住所による。最初、江戸堀に住んでいた阿波屋は、遅くとも元禄三（一六九〇）年には堂嶋堀江橋詰に移転していた。一方で、堀江橋が元禄十一（一六九八）年に玉江橋と改名されたという歴史的事実がある。『四國偏禮道指南』で阿波屋の住所が玉江橋と書かれていることにより、本書が元禄十一年以降の出版であることが分かるとしている。

また、『四國徧禮道指南』の新版の『四國徧禮道指南増補大成』が出版されるのが、大坂の市街地の大半が焼失した火事「妙知焼《みょうちや》け」（享保九〔一七二四〕年）以降であることが推測される。というのも、この火事により大坂の多くの版元が被災し、版木を焼失したからである。多くの出版物が新しい版木に起こされる必要があり、『四國徧禮道指南』は『四國徧禮道指南増補大成』という書名で、刊記を示さずに出版されるようになる。だから、この『四國徧禮道指南』（八行本）は、元禄十一年から享保九年の間に出版されたと新居氏は推定している。

また新居氏の作成された「改刻補修の推移」という附表より、先の④天理大学附属天理図書館本の段階で多くの情報が改変され、この八行本の『四國徧禮道指南』の内容に置き換えられていることが分かる。この改版本が眞念の死後の出版であっても、内容の改変については眞念の意図が働いていたと思われる。

八行本は、二種類が現在に伝えられる。本書原本と東北大学附属図書館狩野文庫にある本である。東北大学本が讃岐への上陸地を丸亀とするのに対し、本書では丸亀、志度、高松を上陸地とする。また四国に渡る前に大坂で遍路が情報を収集する場所が、東北大学本で立売堀《いたちぼり》・丸亀屋又右衛門、同籐右衛門方であるのに、本書では北堀江一丁目・田嶋屋伝兵衛と書かれている。一部情報が入れ替えられている。貞享四（一六八七）年に最初の版本が刊行されてから、版木の改刻や焼失、また随時、情報の更新などをされながら、長きにわたって刊行され続けたことがよくわかる。

さてここで、本書の内容について少し立ち入ってみよう。

本書の序の部分に、四国遍路を行う際の一般的な注意が示されている。遍路札の書き方、持ち物、そして宿をほどこす衆の名前である。心ある人に眞念が宿を貸すように奨めたと書いている。

江戸時代、一般大衆の四国遍路への参加で一番問題になったのが宿泊の問題であったと思われる。庶民の旅行が定着していない四国では、宿はなく堂や個人の家を当てにするしかなかった。遍路に善意で宿を施すお接待は、今も形を変えながら四国各地で存続している。

参拝の方式については、寺院では光明真言、大師の宝号を唱え、札所の御詠歌を三回詠むと書いている。現在、一番多く唱えられる般若心経はここには出てこない。各札所の御詠歌をみてみると、寺にまつわる言葉を詠み込みながら宗教的な含意をもつ歌が多い。内容として、浄土や阿弥陀仏をたたえ、人の死後の在り方を思う歌が多い。御詠歌の中には、四国遍路が多種の宗教的な思想の中から創出されたことを想像させるものもある。

またこの時代は神仏混淆の時代であり、修験の寺院も含まれ、各寺院の宗門宗派という区別がおおらかであいまいだったのかもしれない。札所にいくつかの神社も含まれているのも現代とはちがうところである。

巡礼ガイドブックの形式としては、札所ごとに、寺院名、景観、住所、本尊の図像、その姿と大きさ、本尊名、作者名、御詠歌、次の札所までに通過する主な地名や宿を貸す人の名前という順序で連続する。また川渡りは当時の交通の最大の困難であったため、多くの川が書き込まれている。また地蔵堂や観音堂などの堂や社も書かれている。これは遍路が困った時に宿泊可能な場所だったと思われる。

それ以外には、眞念が書きこみたいと思ったであろうことが、所々に多様な情報として書き加えられている。それを分類してみると、歴史的逸話や奇跡にまつわる話、自然観察の話、眞念自身が頭陀修行で得た知識などがある。

歴史的逸話や奇跡にまつわる話の例を挙げよう。屋島寺から八栗寺への道にある源平合戦の遺跡について述べている。歴史物語の世界の話として馴染んでいた場所を訪れる興味を感じる。源義経の身代わりとなって死んだ佐藤継信《さとうつぐのぶ》の墓や弓の名人の那須《なすの》与一《よいち》にゆかりの駒立岩や祈り岩、源氏の本陣がおかれた瓜生ヶ丘《うりゅうがおか》の史跡などについて書いている。ここに書いた洲崎の堂に自分の墓が落ち着くとは思ってもいなかったであろう。

白峯寺では若い修行僧が崖から飛び降りて仏に救われる話が出てくる。弘法大師自身も七歳の時に捨身の行を我拝師山《がはいしざん》で行ったという逸話が残されている。これらから不思議な力に守られている聖地と修行者を書きたかったのだと思う。阿波の八坂坂中で行基《ぎょうき》がなした不思議は、富を持つ者は修行をする者に喜捨を惜しんではならないという教訓であろうか。後年の言いなしでは鯖大師といい、行基が弘法大師に入れ替わる伝説になる。右衛門三郎の伝説も慳貪《けんどん》な心を戒める話となっている。

眞念は鋭い自然観察もしている。

現在も神峯寺《こうのみねじ》の麓《ふもと》の唐浜《とうのはま》では、厚い地層から貝の化石が出土する。切り通しなどでは大量の貝の化石を見ることができる。この石貝の存在により弘法大師が浦人を懲らしめるためになした奇跡の話を信ずることができるのである。

四十一番龍光寺（稲荷宮）手前の光満村の年に七度なる七度栗、松山城下の正月十六日に咲く正月十六日桜など、各地の特異な植物も挙げている。

　また土佐横浪の海岸風景、足摺岬を過ぎて竜串海岸の風景、三坂峠から見下ろした松山平野の風景、琴弾八幡宮より見下ろした観音寺市街と海の風景描写、これは眞念が不思議なものや美しい風景を見落とさない優れた自然観察者の目をもって四国を回っていたことを示している。

　さらに眞念の修行者としての一面が垣間見える箇所もある。札所には挙げなかったが、修行場の記述が出てくる。

　十二番焼山寺では「禅定あり」という簡単な記述であるが、焼山寺で行われていた修行を想起させる。詳しい記述となっているのは、二十番鶴林寺奥の院の慈眼寺本堂近くの鍾乳洞を巡る穴禅定である。私も洞内の狭い穴に身体が引っかかってしまい自分が外の世界に戻れないのではと思うほどの恐怖を味わった。眞念は洞内のありようなどかなり詳しい説明をしている。その近くの灌頂の滝についても朝日により虹がかかる時間を示している。ここは神秘的な奇跡を信じる気持ちにさせてくれる場所である。空海が悟りを開いたという室戸岬の御蔵洞付近の描写も遍路の修行を誘い、また弘法大師に対する崇敬を誘う記述になっている。石鎚山も六月一日から三日までが登山できる禅定の日と紹介している。具体的な記述から眞念が石鎚山で修行の経験があることを容易に想像できる。また八十五番八栗寺にあるように奥の院ありという記述で古い聖地や修行の場が紹介されている所もある。八十八の札所に統一することにより遍路の巡礼地からはずれた、多くの修行の場や聖地を、禅定とか、奥の院という言葉で示していると考えている。

初版本にはあった後書きの最初の部分がこの改版本では省かれている。四国遍路の道のりが三百四里半であると示し、弘法大師が遍路をしたころの道のりは四百八十八里あったという。これは横堂など残りなく拝み巡っていたからだと書いている。この減少分は、遍路の聖地での修行という行為が削られ、八十八の寺院に参拝する巡礼に変わっていく過程を示しているのだろう。

四国遍路の巡礼路は今も生きていると感じる。歩く人の探求心になんらかの答えを投げ返してくれるという意味においてである。歩き遍路の場合は、四国に住む人々とのかかわりにおいて、それを得られることが多い。今に続く伝統という、遍路にまつわり構築された文化の出発点に眞念がいる。巡礼路、札所、景観、宿、お接待など、私たちが四国遍路から得る感慨の多くは、眞念がこの本において最初の筋道を示した

眞念の標石（高松市小山）

ものであるように思える。この『四國徧禮道指南』は出版されて数百年も経過したが、今も十分生きている。ただこの本の存在は、今となっては知られなくなってしまった。この眞念の『四國徧禮道指南』がもう少し認知され、四国遍路を始めようとする人の手助けになることを望んでいる。

さて、本書には原本にはない【地図】を付録としてつけた。訳者が実際の遍路道を歩き、二万五千分の一の地図上に、『四國徧禮道指南』の地名をプロットした。眞念の遍路道のコースを現代の地図上で示す作業には困難な点があった。登場する地名と地名を結ぶ道を選べばいいと考えていたが、道は幾本もあり、その道が江戸時代にあったかどうかも不明である。道路沿いにある江戸時代の道標、町石、遍路墓などを手掛かりに、現場で足を使って探索した。

また、遍路道を調査した文献や地図をも参照した。長年、遍路道を研究されてきた渡邊達雄氏のアドバイスをいただいた。また眞念の道標の研究をなさっている松川和生氏の調査結果も利用させていただいた。そして一番利用させていただいたのが、東海図版編『歴史を歩く旅マップシリーズ　四国遍路地図』であった、記してお礼を申し上げる。

本書を制作するに当たり、講談社学術文庫の園部雅一氏には編集者としてこの本の成立に大きくかかわっていただいた。園部氏の援助に感謝いたします。また江戸時代の文書について初学者である私の読み下し文に懇切丁寧に手を入れてくださった藤澤茜氏、わかりやすい地図を作成してくださった深澤晃平・杉浦貴美子氏にもお礼を申し上げます。

二〇一五年六月二十日

稲田道彦

参考文献

○稲田道彦「最初期の四国遍路のガイドブック『四国邊路道指南』と『四国偏禮道指南』の相違について」『香川大学経済論叢　第85巻1・2号』二〇一二。
○稲田道彦『四國偏禮道指南　読み下し文と解説』香川大学瀬戸内圏研究センター、二〇一三。
○伊予史談会『四国遍路記集　伊予史談会双書　第3集』伊予史談会、一九八一。
○愛媛県生涯学習センター『四国遍路のあゆみ　平成12年度遍路文化の学術整理報告書』愛媛県生涯学習センター、二〇〇一。
○愛媛県生涯学習センター『伊予の遍路道　平成13年度遍路文化の学術整理報告書』愛媛県生涯学習センター、二〇〇二。
○岡部立道『真念の「四国邊路道指南」を読む』私家版、二〇一四。
○岡村庄造・小松勝記「細田周英　四國偏禮繪圖」『四國遍路研究叢書　第四號』四國遍路研究会、二〇〇四。
○喜代吉榮徳「真念墓碑銘刻字」『四国辺路研究　創刊号』一九九三。
○喜代吉榮徳『四国辺路研究　第二七号（へんろ本特集号）』海王舎、二〇〇八。
○高知県教育委員会『高知県歴史の道調査報告書　第2集　ヘンロ道』高知県教育委員会事務局文化財課、二〇一〇。
○五来重『四国遍路の寺　上・下』角川書店、一九九六。
○近藤喜博『四国霊場記集　別冊』勉誠社、一九七四。
○柴谷宗叔『江戸初期の四国遍路——澄禅『四国辺路日記』の道再現』法藏館、二〇一四。
○下西忠『御詠歌でめぐる四国八十八ヵ所』明石書店、二〇〇九。

○瀬戸内海歴史民俗資料館『香川県歴史の道調査報告書　第6集（一）へんろ道（六六番雲辺寺～八八番大窪寺）調査報告書』瀬戸内海歴史民俗資料館、一九九一。
○東海図版編『歴史を歩く旅マップシリーズ　四国遍路地図1　霊山寺～雪蹊寺』『同　2　種間寺～仏木寺』『同　3　明石寺～前神寺』『同　4　三角寺～大窪寺』東海図版、二〇〇八。
○徳島県教育委員会『徳島県歴史の道調査報告書　第5集　遍路道』徳島県教育委員会、二〇〇一。
○新居正甫『真念「四国遍路道志るべ」の変遷　書誌研究その一、その二、その三、その四』本上や（新居氏私家出版）、二〇一四～二〇一五。
○頼富本宏『四国遍路とはなにか』角川書店、二〇〇九。

【読み下し文】校訂　藤澤茜
【地図】作成　深澤晃平・杉浦貴美子

眞念（しんねん）

江戸時代前期の僧侶。『四國徧禮道指南』『四國徧禮功徳記』で四国遍路を民衆に広めた。

稲田道彦（いなだ　みちひこ）

1951年生まれ。東京都立大学大学院理学研究科博士課程（地理学専攻）中退。現在，香川大学経済学部教授，同瀬戸内圏研究センター教授を兼任。専門は文化地理学。著書に『四國徧禮道指南　読み下し文と解説』，『四国遍路から経済を見る』（共著），『景観としての遍路道と遍路の行程の変化』などがある。

講談社学術文庫

定価はカバーに表示してあります。

四國徧禮道指南《しこくへんろみちしるべ》　全訳注《ぜんやくちゅう》
眞念《しんねん》
稲田道彦《いなだみちひこ》 訳注

2015年8月10日　第1刷発行
2021年3月23日　第3刷発行

発行者　渡瀬昌彦
発行所　株式会社講談社
東京都文京区音羽 2-12-21 〒112-8001
電話　編集（03）5395-3512
販売（03）5395-4415
業務（03）5395-3615
装　幀　蟹江征治
印　刷　豊国印刷株式会社
製　本　株式会社国宝社
本文データ制作　講談社デジタル製作

ISBN978-4-06-292316-3

「講談社学術文庫」の刊行に当たって

これは、学術をポケットに入れることをモットーとして生まれた文庫である。学術は少年の心を養い、成年の心を満たす。その学術がポケットにはいる形で、万人のものになることは、生涯教育をうたう現代の理想である。

こうした考え方は、学術を巨大な城のように見る世間の常識に反するかもしれない。また、一部の人たちからは、学術の権威をおとすものと非難されるかもしれない。しかし、それはいずれも学術の新しい在り方を解しないものといわざるをえない。

学術は、まず魔術への挑戦から始まった。やがて、いわゆる常識をつぎつぎに改めていった。学術の権威は、幾百年、幾千年にわたる、苦しい戦いの成果である。こうしてきずきあげられた城が、一見して近づきがたいものにうつるのは、そのためである。しかし、学術の権威を、その形の上だけで判断してはならない。その生成のあとをかえりみれば、その根は常に人々の生活の中にあった。学術が大きな力たりうるのはそのためであって、生活をはなれた学術は、どこにもない。

開かれた社会といわれる現代にとって、これはまったく自明である。生活と学術との間に、もし距離があるとすれば、何をおいてもこれを埋めねばならない。もしこの距離が形の上の迷信からきているとすれば、その迷信をうち破らねばならぬ。

学術文庫は、内外の迷信を打破し、学術のために新しい天地をひらく意図をもって生まれた。文庫という小さい形と、学術という壮大な城とが、完全に両立するためには、なおいくらかの時を必要とするであろう。しかし、学術をポケットにした社会が、人間の生活にとってより豊かな社会であることは、たしかである。そうした社会の実現のために、文庫の世界に新しいジャンルを加えることができれば幸いである。

一九七六年六月　野間省一

日本の古典

市村　宏全訳注
風姿花伝　全訳注

「幽玄」「物学（物真似）」「花」など、能楽の神髄を語り、美を理論化した日本文化史における不朽の能楽書を、精緻な校訂を施した原文、詳細な語釈と平易な現代語訳で読解。世阿弥能楽論の逸品『花鏡』を併録。

2072

倉本一宏訳
藤原行成「権記」（上）（中）（下）全現代語訳

一条天皇や東三条院、藤原道長の信任を得、能吏として順調に累進し公務に精励する日々を綴った日記。宮廷の政治・儀式・秘事が細かく記され、平安中期の貴族の多忙な日常が見える第一級史料、初の現代語訳。

2084〜2086

慈円著／大隅和雄訳
愚管抄　全現代語訳

天皇の歴代、宮廷の動静、源平の盛衰……。摂関家に生まれ、仏教界の中心にあって、政治の世界を対象化する眼を持った慈円だからこそ書きえた稀有な歴史書を、読みやすい訳文と、文中の丁寧な訳注で読む！

2113

横井　清訳（解説・藤田　覚）
新井白石「読史余論」現代語訳

「正徳の治」で名高い大儒学者による歴史研究の代表作。古代天皇制から、武家の発展を経て江戸幕府成立にいたる過程を実証的に描き、徳川政権の正当性を主張。先駆的な独自の歴史観を読みやすい訳文で。

2140

尾藤正英抄訳（解説・高山大毅）
荻生徂徠「政談」

近世日本最大の思想家、徂徠。将軍吉宗の下問に応えて彼が献上した極秘の政策提言書は悪魔的な統治術に満ちていた。反「近代」の構想か。むしろ近代的思惟の萌芽か。今も論争を呼ぶ経世の書を現代語で読む。

2149

奈良本辰也著・訳
吉田松陰著作選　留魂録・幽囚録・回顧録

至誠にして動かざる者は未だ之れ有らざるなり——。幕末動乱の時代を至誠に生き、久坂玄瑞、高杉晋作、伊藤博文らの人材を世に送り出した、明治維新の精神的支柱と称される変革者の思想を、代表的著述に読む。

2202